Le professionnalisme et l'éthique au travail

Le professionnalisme et l'éthique au travail

Sous la direction de
Lyse Langlois

2e ÉDITION

PUL
Presses de
l'Université Laval

Les Presses de l'Université Laval reçoivent chaque année du Conseil des Arts du Canada et de la Société de développement des entreprises culturelles du Québec une aide financière pour l'ensemble de leur programme de publication.

Nous reconnaissons l'aide financière du gouvernement du Canada par l'entremise du Fonds du livre du Canada pour nos activités d'édition.

Ce livre s'inscrit dans le cadre d'une programmation de recherche intitulée *Institutionnalisation et intervention en éthique*, soutenue financièrement par le Fonds québécois de la recherche sur la société et la culture (FQRSC).

Maquette de couverture : Laurie Patry
Mise en pages : Diane Trottier

Dépôt légal 4e trimestre 2014

ISBN 978-2-7637-2178-1
PDF 9782763721798

Les Presses de l'Université Laval
www.pulaval.com

Table des matières

DEUXIÈME PARTIE
LES ASPECTS PRATIQUES DE L'ÉTHIQUE

Préface

Ce livre part d'une réflexion qui a débuté en 2002 lorsque je suis arrivée au sein de l'équipe professorale du Département des relations industrielles. À l'époque, aucun cours en éthique en tant que discipline n'existait dans le programme des relations industrielles et j'étais personnellement préoccupée par cette absence. C'est en discutant avec le professeur Fernand Morin, maintenant retraité, qu'il a été possible de constater que ce dernier abordait la notion de l'éthique dans ses cours de droit. Par la suite, le professeur Jean Sexton, aussi retraité, me faisait part que dès la création du Département, l'abbé Dion donnait un cours appelé « Sociologie et morale professionnelle », qu'il qualifiait d'éthique inspirée de la doctrine chrétienne. Ultérieurement, la « morale professionnelle » s'est dépouillée de son contenu religieux pour suivre les nouvelles tendances qui mettaient l'accent sur les bonnes pratiques à développer en ressources humaines et sur les valeurs associées au développement durable.

L'année 2002 sera marquée par la demande d'un nouveau cours abordant les tendances en éthique appliquée et professionnalisme. Intitulé au préalable « L'éthique et la conduite professionnelle », il est devenu « L'éthique et le milieu de travail » pour finalement être changé, à la suite des recommandations du comité de programme, en « Professionnalisme et éthique en milieu du travail ». Son contenu a énormément évolué grâce aux questionnements et aux besoins des étudiants. Plusieurs de leurs interrogations portaient sur l'identité professionnelle, la loyauté, l'appartenance à un ordre et la signification de l'éthique aujourd'hui. Conséquemment, il est apparu nécessaire de mettre l'accent sur la signification de l'éthique en tant que capacité réflexive et d'exercice au jugement professionnel, de discuter des différentes normativités telles que le droit, la déontologique et les codes de conduite en milieu de travail et d'aborder le phénomène de l'institutionnalisation de l'éthique au sein des organisations privées et publiques.

L'exercice du jugement professionnel et son actualisation lors d'enjeux rencontrés dans le monde du travail a représenté un important volet. Nombre de questions ont été posées par les étudiants : Doit-on surveiller les employés au travail ? Quoi faire lorsque mon employeur ne respecte pas les règles d'affichage et agit par copinage ? Dois-je le dénoncer ? Est-ce « éthique » de le faire ? Comment prendre une décision en l'absence de règles tout en demeurant « éthique » ? Leurs interrogations ont permis de démontrer le désarroi dans lequel ils se trouvaient lorsque mis en situation réelle de décision. La plupart d'entre eux étaient en mesure de bien comprendre l'application des notions déontologiques et juridiques dans certaines des circonstances soulevées. Toutefois, une lacune était perceptible quant à l'exercice même du jugement éthique. Nous avons pu constater qu'en cas de zones grises, surtout lorsque la norme ne pouvait encadrer le processus de réflexion, les étudiants demeuraient perplexes et souvent paralysés quant aux décisions à prendre. L'exercice du raisonnement éthique en situation de dilemme est devenu une importante composante éducative. C'est pourquoi nous trouvons en dernière partie de ce chapitre un modèle de décision intégrant les deux types de raisonnements, technique et éthique, qui peut faciliter la réflexion des futurs professionnels, qu'ils soient dans un contexte de relations de travail ou de gestion des ressources humaines.

De plus, grâce à mon engagement au sein de l'Institut d'éthique appliquée (IDÉA), j'ai pu lancer un appel aux chercheurs membres afin de les solliciter à enrichir ce livre. Les professeurs suivants y ont participé : France Jutras, Luc Bégin, André Lacroix et Anne Chartier. Une biographie accompagne le texte de chacun des auteurs afin que vous puissiez mieux les connaître. Outre à ces collaborateurs, j'ai lancé un appel particulier à deux personnes qui interviennent ou sont intervenues dans le cadre du cours. Il s'agit de Me Sarah Thibodeau, qui dès le départ a collaboré avec enthousiasme à l'enrichissement de l'aspect déontologique et est venu partager la vision d'un ordre professionnel, et de Me Sylvain Déry, un collaborateur tout aussi précieux qui est venu expliquer le rôle de l'Office des professions du Québec. À cette équipe s'est jointe Jennifer Centeno, candidate au doctorat en relations industrielles, et collaboratrice précieuse, qui a fait des entrevues auprès de ceux et celles qui avaient participé à l'institutionnalisation de l'éthique au sein de leurs organisations et a contribué grandement aux chapitres 8 et 9. Ayant pu enseigner ce cours à quelques reprises, elle a su mieux voir les étapes du modèle qui nécessitaient aussi un complément d'information pour cette 2e édition.

Ce livre doit être vu comme une réflexion en chantier et un « work in progress », tout comme doit l'être l'éthique d'ailleurs. D'autres ajouts sont prévisibles afin d'offrir une réflexion continue et d'avant-garde sur le sujet. Je compte inciter mes collaborateurs à venir enrichir leurs propos au fil des années, et ce, grâce à leurs recherches. La réflexion et les commentaires des étudiants sont écoutés attentivement. Au moyen de notre blogue éthique, ils émettent des réflexions qui nous interpellent et qui représentent une importante source de motivation et d'amélioration pour mieux comprendre l'éthique au travail.

Lyse Langlois
Université Laval

Introduction

Cet ouvrage a pour objectif premier d'accompagner les étudiants dans l'apprentissage des concepts et des enjeux propres à l'éthique et au professionnalisme au travail. Son contenu s'articule autour de deux axes – l'un théorique et l'autre pratique.

PREMIÈRE PARTIE – LES FONDEMENTS

Dans le chapitre 1, Sylvain Déry offre un survol de l'Office des professions du Québec (OPQ), organisme gouvernemental autonome responsable de l'encadrement juridique du système professionnel québécois. Prenant soin d'en brosser un portrait ainsi que de ses diverses composantes, l'auteur présente et explore les principales mesures législatives du *Code des professions*.

Dans le chapitre 2, Sarah Thibodeau considère les défis déontologiques et éthiques auxquels sont susceptibles de faire face les membres de l'Ordre des conseillers en ressources humaines agréés (CRHA). Après une présentation de l'Ordre et de son évolution historique, elle en explique le *Code de déontologie* et explore les obligations des professionnels. Elle accorde ensuite une attention particulière aux défis déontologiques et éthiques qui peuvent découler de la pluralité des rôles, du respect du secret professionnel ainsi que de l'obligation de loyauté. Les risques reliés aux conflits d'intérêts et aux pratiques discriminatoires, frauduleuses et illégales sont également abordés.

Dans le chapitre 3, Anne Chartier et Bernard Plante posent un regard sur les défis de la régulation d'une pratique professionnelle. S'intéressant spécifiquement aux individus qui œuvrent dans le domaine de l'informatique, les auteurs explorent les mécanismes d'encadrement de la pratique professionnelle avant de se pencher, dans un premier temps, sur une démarche de création d'un ordre des professionnels de l'informatique et, dans un deuxième temps, sur une démarche d'unification de la formation des spécialistes de l'informatique de gestion.

Dans le chapitre 4, André Lacroix aborde la professionnalisation ainsi que la montée des identités professionnelles. Ayant précisé les notions de professionnel et de professionnalisation, il aborde celle de crise d'identité. Ce faisant, il attire notre attention sur les tensions qui sillonnent nos milieux de travail et qui engendrent des identités professionnelles nouvelles. Soulignant le déplacement de la sphère d'autonomie du travailleur qu'entraînent ces nouvelles identités, il soulève l'importance d'un management fondé sur la gestion des valeurs et sur l'intégration des dimensions éthique et déontologique.

Dans le chapitre 5, France Jutras propose un examen du concept de professionnalisme. Prenant soin de soulever l'importance de cette valeur fondamentale de la pratique professionnelle, elle en aborde l'évolution dans notre société de même que la manière dont sa régulation s'intègre à l'organisation du travail des professionnels. S'appuyant notamment sur le modèle de G.A. Legault (2006), elle explore ensuite les composantes, et les nombreuses dimensions, de la relation professionnelle. Elle propose enfin des pistes qui gagneraient à être considérées afin de soutenir le développement du professionnalisme. Pour ce faire, elle porte son attention sur les liens entre valeurs personnelles et valeurs professionnelles, sur l'interrelation entre formation et pratique professionnelle ainsi que sur le développement du jugement professionnel et de la sensibilité morale.

Dans le chapitre 6, Lyse Langlois examine les périodes marquantes qui ont caractérisé l'éthique en gestion et management. L'auteure s'attarde par la suite aux nuances qui ont caractérisé l'éthique organisationnelle passant d'une formalisation à une institutionnalisation, pour finalement s'attarder aux principales caractéristiques éthiques applicables en gestion des ressources humaines et relations de travail.

Dans le chapitre 7, Luc Bégin examine et clarifie la notion de compétence éthique. Dans un premier temps, trois caractéristiques sont avancées afin de circonscrire cette notion trop souvent équivoque. Rappelant l'importance de l'autonomie de jugement du professionnel, sa réflexion l'amène, dans un deuxième temps, à questionner ce que signifie avoir une compétence éthique en contexte organisationnel. Enfin, il expose en quoi la valorisation de la compétence éthique est souhaitable, tout en attirant l'attention sur le risque que cette valorisation peut comporter.

DEUXIÈME PARTIE – LES ASPECTS PRATIQUES DE L'ÉTHIQUE

Dans le chapitre 8, Jennifer Centeno aborde les principaux jalons de l'institutionnalisation de l'éthique au sein des gouvernements. La première partie propose un survol historique des développements principaux qui ont façonné l'éthique dans ceux du Québec et du Canada au cours des vingt dernières années. La deuxième partie présente les résultats d'entretiens avec trois individus qui jouent aujourd'hui des rôles clés au sein des deux gouvernements de même qu'au sein du Mouvement Desjardins.

Le chapitre 9 s'attarde à la place de l'éthique dans le domaine des relations de travail. Plus spécifiquement il met en évidence le domaine de la négociation collective et le besoin d'une infrastructure intermédiaire qui mérite d'être considérée séparant ainsi le cadre exclusivement réglementaire qui est habituellement mis de l'avant. Une réflexion sur la nécessité de mettre de l'avant une éthique interprofessionnelle de même que les composantes importantes qui encadrent l'agir du professionnel en relation de travail est aussi discutée.

Dans le chapitre 10 se trouve la *Démarche de raisonnement déontologique et éthique adaptée pour les futurs conseillers en relations industrielles et ressources humaines* développée par Lyse Langlois. Alors que la première partie du chapitre apporte quelques précisions sur le modèle en cinq étapes, la deuxième partie propose une mise en situation et invite les futurs professionnels à résoudre une situation en appliquant la démarche réflexive. Une grille de correction est également fournie aux fins d'autoévaluation, de même qu'une grille reproductible pouvant être utiliser pour désoudre d'autres situations complexes.

Première partie

Les fondements

Chapitre 1

L'Office des professions du Québec

Sylvain Déry

Objectifs poursuivis :

- S'initier au fonctionnement des ordres professionnels reconnus au Québec ;
- Identifier les deux types de professions et leurs distinctions respectives ;
- Distinguer les instances qui interviennent dans le cadre du processus disciplinaire professionnel ;
- Comprendre davantage l'univers professionnel québécois au regard de la législation provinciale.

INTRODUCTION

Le législateur québécois a institué en 1974 un organisme gouvernemental autonome pour superviser le dispositif professionnel provincial et veiller à ce que chacun des 46 ordres professionnels accomplisse adéquatement son mandat de protection du public[1]. L'Office des professions du Québec (ci-après l'Office) ne relève d'aucun ministère[2] et est ainsi responsable de l'encadrement juridique du système professionnel québécois. Il voit notamment à l'application du *Code des professions*[3] (ci-après le Code) sanctionné en 1973.

Au sens du Code, est un « professionnel » toute personne qui est titulaire d'un permis délivré par un ordre professionnel et qui est inscrite au tableau de ce dernier[4]. Un tel permis permet d'utiliser un titre réservé aux personnes exerçant cette profession et d'exercer celle-ci de façon exclusive. L'Office regroupe en ce moment plus de 340 000 membres. Seuls les ordres auxquels s'applique le Code peuvent utiliser l'expression « ordre professionnel ».

L'article qui suit est un survol des principales mesures législatives au cœur du régime professionnel québécois.

1. L'OFFICE DES PROFESSIONS DU QUÉBEC

L'Office a pour fonction de veiller à ce que chaque ordre professionnel assure la protection du public[5]. Il peut suggérer la constitution, la fusion ou la dissolution d'un ordre professionnel et proposer l'intégration d'un groupe de personnes à l'un des ordres existants. L'Office peut aussi examiner les mécanismes mis en place au sein d'un ordre professionnel et faire des suggestions quant aux mesures à prendre pour assurer aux professionnels la meilleure formation possible. De plus, l'Office peut suggérer des modifications au Code ainsi qu'aux lois et autres règles régissant les ordres professionnels. C'est également à l'Office que revient la responsabilité de s'assurer que le Conseil

1. À l'époque, il n'y avait que 38 professions reconnues.
2. Monsieur Jean-Marc Fournier, ministre de la Justice, a la responsabilité de l'application des lois professionnelles.
3. *Code des professions*, L.R.Q., chapitre C-26 [à jour au 1er avril 2010].
4. C'est-à-dire la liste des membres en règle.
5. Article 12.

d'administration de chaque ordre adopte les règlements de rigueur et les modifications appropriées le cas échéant.

L'Office doit informer le public des droits et des recours à l'encontre des ordres professionnels et élaborer une documentation propre à favoriser leur exercice. Il doit ainsi proposer un modèle de formulaire permettant la tenue d'une enquête par un syndic ou le dépôt d'une plainte contre un professionnel devant le Conseil de discipline. L'Office peut notamment enquêter sur tout ordre qui ne remplit pas ses devoirs ou qui présente une situation financière déficitaire ou dont les revenus sont insuffisants pour remplir ses devoirs[6].

Les dépenses effectuées par l'Office durant une année financière sont à la charge des membres des différents ordres professionnels[7].

2. LE CONSEIL INTERPROFESSIONNEL

Le Conseil interprofessionnel est institué en vertu du Code et peut être qualifié de discret et méconnu. Essentiellement, son rôle est de donner son avis au ministre de la Justice sur toute question que ce dernier lui soumet et à l'inverse, le saisir de toute question nécessitant une action gouvernementale.

Le Conseil interprofessionnel peut ainsi étudier les problèmes généraux auxquels doivent faire face les ordres professionnels et recommander des actions qu'il juge appropriées, notamment quant aux mesures législatives. Il peut effectuer des recherches et formuler des avis sur toute question relative à la protection du public. Dans l'exercice de ses fonctions, le Conseil interprofessionnel peut former des comités spéciaux pour l'étude de questions particulières et ultimement, proposer au ministre de la Justice des objectifs afin d'assurer la protection du public. À l'instar de l'Office, il peut fournir au public de l'information concernant le système professionnel québécois.

Chacun des ordres doit verser annuellement au Conseil interprofessionnel la contribution exigée par ce dernier pour la bonne administration de ses affaires[8].

---

6. Article 14 ; après avoir obtenu l'autorisation du ministre de la Justice ou à la demande de ce dernier.
7. Article 196.2.
8. Article 21.

3. LES ORDRES PROFESSIONNELS

Tout ordre professionnel est constitué par une loi ou par des lettres patentes[9]. Il est formé des professionnels qui en sont membres et constitue une personne morale[10] administrée par un Conseil d'administration[11].

La constitution d'un ordre professionnel

Pour déterminer si un ordre professionnel doit ou non être constitué ou si un groupe de personnes doit ou non être intégré à l'un des ordres, il est tenu compte d'un ensemble de facteurs.

L'Office considère d'abord les connaissances requises pour exercer les activités. Ensuite, il examine le degré d'autonomie accordé et la difficulté de porter un jugement sur ces activités pour des gens ne possédant pas une formation et une qualification de même nature. Au surplus, l'Office analyse le caractère personnel des interactions, en raison de la relation de confiance et de la nature des relations interpersonnelles en cause. Qui plus est, il considère la gravité du préjudice qui pourrait être subi par les gens recourant aux services de ces personnes. Enfin, l'Office examine le caractère confidentiel des renseignements que ces personnes sont appelées à obtenir dans l'exercice de leur profession[12].

Le Conseil d'administration d'un ordre professionnel

Le Conseil d'administration d'un ordre professionnel est chargé de l'administration générale des affaires de l'ordre et doit veiller à l'application

9. Article 24.
10. Article 28.
11. Articles 61 et 62.
12. Article 60.4. Il faut d'ailleurs noter que le professionnel doit respecter le secret de tout renseignement de nature confidentielle qui vient à sa connaissance dans l'exercice de sa profession. Il ne peut être relevé du secret professionnel qu'avec l'autorisation de son client ou lorsque la loi l'ordonne ou l'autorise par une disposition expresse. Le professionnel peut en outre communiquer un renseignement protégé par le secret professionnel en vue de prévenir un acte de violence, dont un suicide, lorsqu'il a un motif raisonnable de croire qu'un danger imminent de mort ou de blessures graves menace une personne ou un groupe de personnes identifiable. Toutefois, le professionnel ne peut alors communiquer ce renseignement qu'à la ou aux personnes exposées à ce danger, à leur représentant ou aux personnes susceptibles de leur porter secours. Le professionnel ne peut communiquer que les renseignements nécessaires aux fins poursuivies par la communication.

des dispositions constituant l'ordre. Il exerce, par résolution, tous les droits, pouvoirs et prérogatives de l'ordre professionnel[13].

Le Conseil d'administration doit notamment imposer à ses membres l'obligation de prêter le serment de discrétion dont il établit la formule, s'assurer de la formation continue et donner des avis qu'il juge utiles au ministre responsable, à l'Office, au Conseil interprofessionnel et collaborer avec les autorités des établissements d'enseignement du Québec concernés[14].

L'inscription au tableau de l'ordre professionnel

Toute personne qui en fait la demande et qui satisfait aux conditions peut être inscrite au tableau de l'ordre professionnel. Pour ce faire, la personne doit être titulaire d'un permis délivré par le Conseil d'administration, verser les cotisations dont elle est redevable, fournir une garantie contre sa responsabilité professionnelle et acquitter, le cas échéant, toute somme dont le paiement est ordonné[15].

4. LES TYPES DE PROFESSIONS

Au Québec, on retrouve des ordres professionnels à exercice exclusif et d'autres à titre réservé. Dans le cas d'une profession à exercice exclusif, seuls les membres des ordres reconnus peuvent porter le titre et exercer les activités qui leur sont réservées par la loi. Toutefois, dans le cas d'une profession à titre réservé, bien que les membres d'un tel ordre n'aient pas le droit exclusif d'exécuter des activités professionnelles, l'utilisation du titre est limitée à eux seuls.

Nul ne peut agir de manière à donner lieu de croire qu'il est un ordre s'il n'en est pas un[16].

Les professions d'exercice exclusif

Le droit exclusif d'exercer une profession ne peut être conféré aux membres d'un ordre que par une loi. Un tel droit n'est accordé que dans les

13. Sauf ceux qui sont du ressort des membres de l'ordre réunis en assemblée générale.
14. Conformément aux modalités fixées en vertu du deuxième alinéa de l'article 184.
15. Article 46.
16. Articles 30 et 30.1.

cas où la nature des actes posés par ces personnes et la latitude dont elles disposent en raison de la nature de leur milieu de travail habituel sont telles qu'en vue de la protection du public, ces actes ne peuvent être posés par des personnes ne possédant pas la formation et la qualification requises pour être membres de cet ordre[17].

Les professions à titre réservé

Le gouvernement peut, après consultation de l'Office et du Conseil interprofessionnel, constituer par lettres patentes tout ordre professionnel regroupant des personnes auxquelles, en vue de la protection du public, il juge nécessaire d'attribuer un titre réservé[18]. Ces lettres patentes prévoient les titres, les abréviations et les initiales réservés aux membres, la description des activités professionnelles qu'ils peuvent exercer en plus de celles qui sont autrement permises par la loi, les différentes catégories de permis en fonction des activités professionnelles que ces membres peuvent exercer ou des titres qu'ils peuvent utiliser ainsi que les conditions et restrictions auxquelles ils doivent se soumettre lorsqu'ils les exercent ou les utilisent[19].

Ainsi, tout membre d'un ordre professionnel à titre réservé peut exercer les activités professionnelles qui lui sont attribuées. Par exemple, les membres de l'Ordre des conseillers en ressources humaines et en relations industrielles agréés du Québec peuvent exercer l'art d'établir, de maintenir et de modifier les relations entre employés, entre employeurs ou entre employeurs et

17. Articles 26 et 32. Ainsi, au Québec, nul ne peut, de quelque façon, prétendre être avocat, notaire, médecin, dentiste, pharmacien, optométriste, médecin vétérinaire, agronome, architecte, ingénieur, arpenteur-géomètre, ingénieur forestier, chimiste, comptable agréé, technologue en imagerie médicale ou technologue en radio-oncologie, denturologiste, opticien d'ordonnances, chiropraticien, audioprothésiste, podiatre, infirmière ou infirmier, acupuncteur, huissier de justice, sage-femme ou géologue s'il n'est titulaire d'un permis valide et approprié et s'il n'est inscrit au tableau de l'ordre habilité à délivrer ce permis.
18. Article 27.
19. Ainsi, au Québec, nul ne peut utiliser le titre de comptable en management accrédité, de comptable général accrédité, de diététiste, de diététicien, de nutritionniste, de travailleur social, de psychologue, de conseiller en ressources humaines agréé, de conseiller en relations industrielles agréé, de conseiller d'orientation, d'orienteur professionnel, d'urbaniste, d'administrateur agréé, de conseiller en management certifié, d'évaluateur agréé, d'estimateur agréé, d'hygiéniste dentaire, de technicien dentaire, d'orthophoniste, d'audiologiste, de physiothérapeute, de thérapeute en réadaptation physique, de thérapeute en physiothérapie, de technicien en réadaptation physique, de technicien en physiothérapie, d'ergothérapeute, d'infirmier auxiliaire, de technologiste médical, de technologue des sciences appliquées, de technologue professionnel, de technicien professionnel, d'inhalothérapeute, de technicien en inhalothérapie et anesthésie, de traducteur agréé, de terminologue agréé, d'interprète agréé s'il n'est titulaire d'un permis valide à cette fin et s'il n'est inscrit au tableau de l'ordre professionnel concerné.

employés[20]. Toutefois, rien dans ce qui précède ne doit être interprété comme donnant aux membres d'une profession à titre réservé le droit exclusif d'exercer les activités qui sont décrites dans les lettres patentes constituant cet ordre[21]. En effet, il est loisible à une personne n'appartenant pas à une profession à titre réservé de poser néanmoins des actes qui sont généralement accomplis par les membres de ce type de profession[22].

5. LA DÉONTOLOGIE

Nul professionnel ne peut poser un acte dérogatoire à l'honneur ou à la dignité de sa profession ou à la discipline des membres de l'ordre, ni exercer une profession, un métier, une industrie, un commerce, une charge ou une fonction qui est incompatible avec l'honneur, la dignité ou l'exercice de sa profession[23].

Les actes dérogatoires à la dignité de la profession

Constitue un acte dérogatoire à la dignité de sa profession le fait, pour un professionnel, pendant la durée de la relation professionnelle qui s'établit avec la personne à qui il fournit des services, d'abuser de cette relation[24].

Au surplus, un professionnel ne peut, par quelque moyen que ce soit, faire une représentation fausse, trompeuse ou incomplète, notamment quant à son niveau de compétence ou quant à l'étendue ou à l'efficacité de ses services et de ceux généralement assurés par les membres de sa profession[25]. D'ailleurs, un service ou un bien fourni par un professionnel doit être conforme à une déclaration ou à un message publicitaire fait par lui à son sujet; cette déclaration ou ce message publicitaire lie ce professionnel[26].

---

20. Article 37 f).
21. Article 38.
22. Il existe des exceptions prévues à l'article 37.1 en ce qui a trait aux diététistes, orthophonistes, audiologistes, physiothérapeutes, ergothérapeutes, technologistes médicaux et inhalothérapeutes qui peuvent, de façon quasi exclusive, exercer certaines activités professionnelles désormais réservées depuis le 14 juin 2002 (L.Q. 2002 c. 33).
23. Article 59.2.
24. Article 59.1.
25. Article 60.2.
26. Article 60.1.

Le Conseil d'administration d'un ordre professionnel doit adopter, par règlement, un code de déontologie imposant au professionnel des devoirs d'ordre général et particulier envers le public, ses clients et sa profession, notamment celui de s'acquitter de ses obligations professionnelles avec intégrité[27]. Ce code doit contenir, entre autres, des dispositions visant à prévenir les situations de conflits d'intérêts, d'autres définissant, s'il y en a, les professions, métiers, industries, commerces, charges ou fonctions incompatibles avec la dignité ou l'exercice de la profession. Il contient aussi des dispositions visant à préserver le secret quant aux renseignements de nature confidentielle qui viennent à la connaissance des membres de l'ordre dans l'exercice de leur profession, des dispositions énonçant les conditions et modalités d'exercice des droits d'accès et de rectification de même que des dispositions concernant l'obligation pour un professionnel de remettre des documents à son client. Finalement, on y trouve des dispositions énonçant des conditions, des obligations et, le cas échéant, des prohibitions quant à la publicité faite par les membres de l'ordre ainsi que d'autres dispositions identifiant, s'il y en a, les infractions.

Il est également à noter que le Conseil d'administration d'un ordre professionnel, dont des membres réclament des honoraires, doit déterminer, par règlement, une procédure de conciliation et d'arbitrage des comptes que peuvent utiliser les personnes qui les acquittent ou doivent les acquitter[28]. Ainsi, ce règlement doit contenir, entre autres, des articles permettant à une personne de se prévaloir de cette procédure si le compte a déjà été acquitté, en tout ou en partie, pourvu que sa demande de conciliation soit faite dans les 45 jours qui suivent le jour où elle a reçu ce compte ou dans un délai plus long que fixe le règlement.

L'inspection professionnelle

Un comité d'inspection professionnelle doit être institué au sein de chaque ordre professionnel[29]. Le Conseil d'administration doit établir une procédure réglementaire d'inspection et déterminer les normes relatives à la gestion d'un bureau et à la tenue, la détention et le maintien, par un professionnel dans l'exercice de sa profession, des dossiers et biens qui lui sont confiés par un client[30]. Il revient au Comité d'inspection professionnelle de surveiller l'exercice de la profession dans le respect des normes édictées. À la demande du Conseil

27. Article 87.
28. Article 88.
29. Article 109.
30. Article 90.

d'administration ou de sa propre initiative, il peut procéder à une inspection portant sur la compétence professionnelle de tout membre de l'ordre. De plus, le Comité d'inspection informe le syndic lorsqu'il a des motifs raisonnables de croire qu'un professionnel a commis une infraction[31].

La procédure disciplinaire

Il existe trois formes de recours contre un professionnel, soient : les recours disciplinaires, les recours relatifs aux honoraires et les recours judiciaires.

Le syndic de l'ordre professionnel

Le Conseil d'administration de chaque ordre doit nommer un syndic parmi ses membres et, si nécessaire, des syndics adjoints et des syndics correspondants[32]. Un syndic peut, à la suite d'une information voulant qu'un professionnel ait commis une infraction, faire une enquête à ce sujet et exiger qu'on lui fournisse tout renseignement et tout document relatif à cette enquête[33]. Parallèlement, il peut informer le Comité d'inspection professionnelle lorsqu'il a des motifs raisonnables de croire que l'exercice de la profession par un professionnel ou sa compétence professionnelle doit faire l'objet d'une inspection[34].

Par ailleurs, le syndic doit, à la demande du Conseil d'administration d'un ordre professionnel, porter toute plainte qui paraît justifiée. Il peut aussi, de sa propre initiative, agir à cet égard. Une plainte peut également être portée par toute autre personne[35].

31. Article 112.
32. Article 121. Les syndics adjoints et les syndics correspondants sont sous l'autorité du syndic quant à l'exercice de leurs fonctions. Ils ont les mêmes droits, pouvoirs et obligations que le syndic. Toutefois, un syndic correspondant ne peut tenir une enquête que sous la directive d'un syndic et il ne peut proposer la conciliation, porter plainte devant le Conseil de discipline ni porter une décision en appel au Tribunal des professions.
33. Article 122. Le syndic ne peut refuser de faire une enquête pour le seul motif que la demande ne lui a pas été présentée au moyen du formulaire proposé par l'Office.
34. Article 122.1.
35. Article 128.

Le Code accorde 90 jours au syndic pour effectuer son enquête. S'il ne l'a pas terminée à l'expiration de ce délai, il doit en informer par écrit la personne qui en a demandé la tenue et lui faire rapport de son progrès. Tant que l'enquête n'est pas terminée, le syndic doit, tous les 60 jours à compter de l'expiration du délai de 90 jours, présenter un rapport écrit sur son cheminement[36].

À l'issue de son enquête, le syndic peut décider de ne pas porter plainte devant le Conseil de discipline de l'ordre professionnel. Il doit alors expliquer, par écrit, les motifs de sa décision et aviser la personne plaignante de la possibilité de demander l'avis du Comité de révision[37] dans les 30 jours qui suivent la date de réception de la décision[38].

Un comité de révision est constitué au sein de chacun des ordres. Il a pour fonction de donner à toute personne qui le lui demande un avis relativement à la décision d'un syndic de ne pas porter une plainte devant le Conseil de discipline[39]. Le Comité de révision doit ensuite rendre son avis dans les 90 jours suivants[40]. Ce sera soit de conclure qu'il n'y a pas lieu de porter la plainte devant le Conseil de discipline, soit de suggérer au syndic de compléter l'enquête et de prendre une nouvelle décision quant à la possibilité de porter plainte, soit de conclure qu'il y a lieu de porter la plainte devant le Conseil de discipline et de suggérer la nomination d'un syndic *ad hoc* qui, après une enquête, le cas échéant, prendra la décision de porter plainte ou non[41].

Le cheminement d'une plainte

Si, à l'issue de son enquête, le syndic décide de déposer une plainte auprès du Conseil de discipline, il doit alors en informer, par écrit, la personne qui a demandé la tenue d'une enquête[42].

L'instruction de la plainte au Conseil de discipline

Au sein de chaque ordre, un Conseil de discipline est formé de deux membres de l'ordre et d'un président qui est avocat et désigné par le

36. Article 123.1.
37. Article 123.
38. Article 123.4.
39. Article 123.3.
40. Article 123.4.
41. Article 123.5.
42. S'il transmet la demande au Comité d'inspection professionnelle, il doit, en plus, expliquer par écrit à cette personne les motifs de sa décision en ce sens.

gouvernement. Concrètement, une plainte doit être envoyée par le syndic au secrétaire du Conseil de discipline de l'ordre professionnel[43]. Elle doit être présentée par écrit et accompagnée du serment du plaignant[44]. Elle doit indiquer sommairement la nature et les circonstances de temps et de lieu de l'infraction reprochée au professionnel[45]. Puis le professionnel visé par la plainte doit comparaître au siège de l'ordre, personnellement ou par l'intermédiaire d'un avocat, dans les dix jours qui suivent la signification. Il peut alors reconnaître ou non la faute qu'on lui reproche. Dans ce dernier cas, l'acte de comparution peut être accompagné ou suivi dans un délai de dix jours d'une contestation écrite[46]. Toute partie ou tout témoin cité devant le Conseil de discipline a le droit d'être assisté ou représenté par un avocat[47].

Un conseil de discipline peut siéger en tout endroit du Québec[48]. Sauf exception, toute audience est publique[49]. Le secrétaire du Conseil de discipline doit s'assurer que l'audience débute dans un délai raisonnable. À moins de circonstances particulières, celle-ci doit débuter dans les 120 jours qui suivent la signification de la plainte[50].

Évidemment, le président du Conseil de discipline peut, sur requête, rejeter une plainte qu'il juge abusive, frivole ou manifestement mal fondée ou l'assujettir à certaines conditions[51].

Le professionnel visé peut présenter une défense pleine et entière[52]. La plainte, quant à elle, peut être modifiée en tout temps, aux conditions nécessaires à la sauvegarde des droits des parties[53]. Chaque partie peut faire entendre des témoins[54]. Ces derniers doivent répondre à toutes les questions. Leur témoignage est privilégié et ne peut être retenu contre eux devant une instance juridictionnelle. Ils ne peuvent, au surplus, invoquer le secret professionnel pour refuser de répondre[55].

---

43. Article 126.
44. Article 127. Le Conseil de discipline ne peut refuser de faire une enquête pour le seul motif que la demande ne lui a pas été présentée au moyen du formulaire proposé par l'Office.
45. Article 129.
46. Article 134.
47. Article 135.
48. Article 137.
49. Article 142.
50. Article 139.
51. Article 143.1.
52. Article 144.
53. Article 145.
54. Article 146.
55. Article 149.

La décision du Conseil de discipline

Le Conseil de discipline peut rejeter une plainte. Dans le cas où il déclare le professionnel coupable d'une infraction, les parties peuvent se faire entendre au sujet de la sanction. Celle-ci doit être imposée dans les 60 jours qui suivent la déclaration de culpabilité[56] et être infligée pour chacun des chefs contenus dans la plainte[57]. Le Conseil de discipline peut ainsi réprimander, radier de façon temporaire ou permanente du tableau de l'ordre professionnel[58], imposer une amende, ordonner le remboursement de sommes dues, ordonner la communication ou la modification d'information, révoquer un permis de pratique ou limiter le droit d'exercer des activités professionnelles. La décision du Conseil de discipline imposant une ou plusieurs de ces sanctions peut comporter des conditions et modalités. Elle peut également prévoir que les sanctions, le cas échéant, soient consécutives. La décision du Conseil de discipline imposant une ou plusieurs sanctions est exécutoire à l'expiration des délais d'appel selon les conditions et modalités qui y sont indiquées, à moins que, sur demande du plaignant, le Conseil de discipline n'en ordonne l'exécution provisoire nonobstant appel, dès sa signification[59].

Le Tribunal des professions

Le Tribunal des professions est institué pour entendre en appel les décisions du Conseil de discipline des ordres professionnels[60]. Il est formé de trois juges pour l'audition de l'appel[61]. Il y a appel de plein droit au Tribunal des professions d'une décision du Conseil de discipline ordonnant une radiation provisoire ou une limitation provisoire du droit d'exercer des activités professionnelles, accueillant ou rejetant une plainte ou imposant une sanction[62]. Toute autre décision du Conseil de discipline peut être portée en

---

56. Article 150.
57. Article 156.
58. Le Conseil de discipline doit lors de la décision imposant une radiation temporaire, une limitation ou une suspension temporaire du droit d'exercer des activités professionnelles décider si un avis de cette décision doit être publié dans un journal circulant dans le lieu où le professionnel a son domicile professionnel et dans tout autre lieu où le professionnel a exercé ou pourrait exercer sa profession.
59. Article 158. Toutefois, une décision du Conseil de discipline imposant une radiation permanente, une révocation de permis ou de certificat de spécialiste, une limitation ou une suspension permanente du droit d'exercer des activités professionnelles est exécutoire dès sa signification à l'intimé.
60. Article 162.
61. Article 163.
62. Article 164. C'est le cas aussi d'une décision du Conseil de discipline concernant la publication d'un avis et d'une décision concernant le paiement des frais de la publication d'un tel avis.

appel, sur permission du Tribunal. La requête doit contenir un énoncé détaillé des motifs d'appel et être déposée au greffe de la Cour du Québec dans les 30 jours qui suivent la date de la décision dont il y a appel. Toute partie a le droit d'être assistée ou représentée par un avocat[63] et les audiences sont publiques[64].

Le Tribunal peut confirmer, modifier ou infirmer toute décision qui lui est soumise et rendre la décision qui, à son jugement, aurait dû être rendue en premier lieu. Il peut notamment substituer une sanction imposée par le Conseil de discipline à toute autre sanction si, à son jugement, elle aurait dû être imposée en premier lieu. Il possède le pouvoir de condamner l'une ou l'autre des parties aux déboursés ou de les répartir entre elles[65].

Chaque décision du Conseil de discipline ou du Tribunal des professions est transmise par le secrétaire du Conseil de discipline à l'Office dans les 45 jours qui suivent la décision[66]. Le secrétaire du Conseil de discipline doit faire parvenir à chacun des membres de l'ordre auquel appartient un professionnel qui fait l'objet d'une radiation provisoire, temporaire ou permanente du tableau, dont le droit d'exercice est limité ou suspendu ou dont le permis ou le certificat de spécialiste est révoqué, un avis de la décision définitive rectifiant une telle décision ou du tribunal rectifiant ou révisant une telle décision. Cet avis doit comprendre le nom du professionnel, le lieu de son domicile professionnel, le nom de l'ordre dont il est membre, sa spécialité, le cas échéant, la date et la nature des faits qui lui sont reprochés ainsi que la date et un sommaire de la décision. De plus, le secrétaire du Conseil de discipline doit faire publier cet avis dans un journal qui circule dans le lieu où le professionnel visé a son domicile professionnel lorsqu'il fait l'objet d'une radiation permanente, d'une limitation ou d'une suspension permanente de son droit d'exercice ou d'une révocation de son permis ou de son certificat de spécialiste[67].

CONCLUSION

Sanctionné en 1973, le *Code des professions* a donné lieu, en 1974, à la création de l'Office des professions du Québec. Étonnamment, l'Office ne

---

63. Article 170.
64. Article 173. Toutefois, le tribunal peut, d'office ou sur demande, ordonner le huis clos ou interdire la divulgation, la publication ou la diffusion de renseignements ou de documents dans l'intérêt de la morale ou de l'ordre public.
65. Article 175.
66. Article 179.
67. Article 180.

relève d'aucun ministère, mais plutôt du ministre responsable de l'application des lois professionnelles. Il compte aujourd'hui 45 ordres professionnels reconnus ayant pour principal objectif la protection du public. On y distingue les ordres à exercice exclusif des ordres à titre réservé. En effet, dans le premier cas, seuls les membres des ordres reconnus peuvent porter le titre et exercer les activités qui leur sont réservées par la loi alors que dans le deuxième cas, les membres n'ont pas le droit exclusif d'accomplir des activités professionnelles, mais l'utilisation du titre leur est réservée.

Malgré tout ce qui précède, il importe de rappeler qu'aux recours disciplinaires s'ajoutent les recours judiciaires. Ainsi, le professionnel peut très bien se voir imposer une ou plusieurs sanctions, parmi lesquelles on note la réprimande, la radiation du tableau des membres de l'ordre, la révocation du permis d'exercice, etc., et être poursuivi parallèlement devant les tribunaux civils ou criminels. Contrairement aux recours disciplinaires, les recours judiciaires sont entendus par les tribunaux de droit commun, non limités au domaine des professions. Cet aspect pourrait faire l'objet d'une publication indépendante.

QUESTIONS DE COMPRÉHENSION

1. En vertu de quels critères une profession peut-elle être constituée en ordre ?
2. Qu'est qui différencie un ordre à exercice exclusif et d'un ordre à titre réservé ?
3. À qui doit-on s'adresser pour se plaindre des agissements d'un professionnel ?
4. Quel est le délai prévu pour le traitement d'une plainte par un ordre ?
5. Quels avis disciplinaires peuvent faire l'objet d'un appel sans permission devant le Tribunal des professions ?

Biographie de Sylvain Déry

Sylvain Déry est avocat. Il se consacre depuis plusieurs années au droit professionnel. Il travaille actuellement comme conseiller aux plaintes au sein du système de santé et de services sociaux. Cela l'amène inévitablement à jongler avec l'ensemble des règles qui sont applicables en cette matière.

Chapitre 2

Les défis déontologiques et éthiques des conseillers en ressources humaines agréés (CRHA) et des conseillers en relations industrielles agréés (CRIA)

Sarah Thibodeau

Objectifs poursuivis :

- Découvrir les principales obligations déontologiques que doivent respecter les membres de l'Ordre des conseillers en ressources humaines agréés ;
- Réfléchir aux défis éthiques et déontologiques auxquels font face les CRHA et les CRIA dans l'exercice de leur profession au sein des organisations.

INTRODUCTION

Le système professionnel québécois est constitué de 45 ordres et regroupe plus de 340 000 professionnels. Ceux-ci sont présents dans tous les secteurs d'activité économique : santé, relations humaines, droit, administration, affaires, génie et aménagement.

Le système professionnel québécois a été créé en 1973 par une loi-cadre, le *Code des professions*. La même année, la *Loi sur la protection du consommateur* était aussi adoptée. Les deux lois visent le même but : la protection du public.

Il y a deux types d'ordres : ceux dont le titre professionnel et certaines activités sont réservées en exclusivité à leurs membres (par exemple, avocat, ingénieur ou médecin) et ceux dont seul le titre professionnel est réservé en exclusivité à leurs membres (par exemple, psychologue, conseiller en orientation, diététiste ou conseiller en ressources humaines agréé et conseiller en relations industrielles agréé).

Malgré ces différences, ces deux types d'ordres – à exercice exclusif et à titre réservé – ont les mêmes responsabilités et obligations. Selon le *Code des professions*, la principale fonction des ordres professionnels est d'assurer la protection du public par le contrôle de l'exercice de la profession par leurs membres[1].

Pour ce faire, il existe plusieurs mécanismes. Lors de l'admission, d'abord, des critères précis sont appliqués. Ensuite, l'inspection professionnelle joue un rôle préventif en s'assurant auprès d'un échantillon de membres annuellement que ces derniers possèdent la compétence et les habiletés nécessaires à l'exercice de la profession et à la gestion de leur pratique professionnelle. Enfin, sur le plan disciplinaire, le syndic et le Conseil de discipline interviennent en cas de non-respect par un membre de son code de déontologie.

L'Ordre a été créé le 6 juillet 1973 par le *Code des professions*. Ses racines sont toutefois plus lointaines. En 1961, les diplômés en relations industrielles de l'Université Laval et de l'Université de Montréal, déjà regroupés depuis 1946 en associations de diplômés en relations industrielles, décident de former une seule et unique association dénommée Association des diplômés en

---

1. Article 23 du *Code des professions*, L.R.Q., c. C-26.

relations industrielles de l'Université Laval et de l'Université de Montréal. À cette occasion, ils demandent à l'Assemblée législative l'autorisation de constituer une société. C'est ainsi qu'une loi privée, sanctionnée le 13 mars 1963, crée la Société des conseillers en relations industrielles.

Désireux de crédibiliser la profession en rassemblant l'ensemble des professionnels de la gestion des ressources humaines dans une même organisation, l'Ordre et l'Association des professionnels en ressources humaines du Québec signent, le 12 février 1997, une convention de regroupement qui prend effet le 1er juillet 1997.

Par la signature de cette entente, les deux organismes expriment leur volonté non seulement de promouvoir toutes les branches de la gestion des ressources humaines, mais aussi d'augmenter la confiance du public envers la profession. À cet égard, ils manifestent également un grand souci de la professionnalisation et du perfectionnement de leurs membres, de sorte qu'ils puissent gérer efficacement les grandes transformations actuelles dans leur domaine. Fort de l'expertise des deux organismes, l'Ordre peut désormais concentrer ses efforts sur le développement de la profession et accroître sa crédibilité sur toutes les questions relatives au monde du travail.

Dans la foulée de ce regroupement, l'Ordre présente au gouvernement une demande d'ajout du titre réservé de conseiller en ressources humaines agréé pour ses membres. Il veut ainsi garantir au public une protection accrue et refléter l'évolution de la profession, qui s'occupe maintenant de tous les aspects de la personne en milieu de travail. C'est ainsi que, depuis le 14 juin 2000, les titres de conseiller en ressources humaines agréé et de conseiller en relations industrielles agréé sont réservés en exclusivité aux membres de l'Ordre.

L'Ordre regroupe aujourd'hui plus de 10 000 membres, candidats et étudiants, dont 5 600 CRHA et 2 400 CRIA. Il est le seul organisme voué à la protection du public habilité par le *Code des professions* à décerner ces titres professionnels.

Présents dans tous les milieux, les CRHA et les CRIA contribuent à l'établissement et au maintien d'un climat de travail sain et d'un environnement organisationnel efficace et sécuritaire qui respecte la spécificité de la personne en milieu de travail. Ils représentent aussi l'employeur ou l'employé dans les divers champs de pratique de la gestion des ressources humaines, notamment en relations du travail, en dotation, en formation, en santé et sécurité du travail, en développement organisationnel et en rémunération.

1. LE *CODE DE DÉONTOLOGIE DES CRHA ET DES CRIA*[2]

La déontologie prend tout son sens dans un monde où se produisent d'importants bouleversements. Dans un contexte où la confiance du public est ébranlée, les professionnels ont plus que jamais un rôle clé à jouer dans les entreprises publiques et privées.

Le respect d'un code de déontologie par les membres est donc un élément fondamental de leur appartenance à l'Ordre. Le Code sert de guide au professionnel et l'aide à adopter une conduite respectant les principes acceptés et reconnus par la profession.

À cet égard, il faut noter qu'il existe une distinction importante entre la déontologie et l'éthique. Selon *Le Larousse*, la déontologie est « l'ensemble des devoirs qu'impose à des professionnels l'exercice de leur métier ». C'est donc un ensemble de normes, contenues dans un code de déontologie, qui ont une « force obligatoire », c'est-à-dire qu'un CRHA ou un CRIA est tenu de les respecter, faute de quoi il commet une infraction disciplinaire et peut encourir des sanctions.

Quant à elle, l'éthique est une discipline ayant pour objet l'examen des principes moraux qui sont à la base de la conduite d'un individu ou d'un groupe.

Ainsi, deux professionnels peuvent prendre des décisions éthiques différentes à l'égard d'un problème rencontré dans l'exercice de leur profession, sans qu'une décision ne soit meilleure ou pire que l'autre. En matière déontologique, toutefois, tous les professionnels doivent suivre les mêmes règles : il n'y a pas de choix possible.

Il est important de souligner que les règles déontologiques n'ont pas réponse à tout et ne sont pas toujours suffisantes pour aider un professionnel à résoudre un problème. C'est là que l'éthique devient utile et nécessaire.

Le champ d'application

Le *Code de déontologie des CRHA et des CRIA* adopté par l'Ordre et approuvé par le gouvernement, est un règlement qui a force de loi. Comportant quinze sections, le Code contient une série de devoirs envers le public, les clients et la profession qui concernent, entre autres, la compétence, l'intégrité, la conduite, le désintéressement, l'indépendance, la diligence, la disponibilité,

2. *Code de déontologie des CRHA et des CRIA*, L.R.Q., c. C-26, r. 52.01.

les honoraires, la responsabilité et le secret professionnel. Il énumère également une série d'actes dérogatoires à la dignité de la profession.

Bien que le Code ne le mentionne pas expressément, il faut comprendre que le mot « client » désigne aussi bien un client au sens classique du terme (qui paie des honoraires pour un service donné) qu'un employeur à qui l'on rend des services professionnels dans le cadre du travail. La notion de client recoupe, en effet, un ensemble de réalités : la jurisprudence à ce sujet indique qu'il s'agit d'une notion qui ne doit pas être interprétée restrictivement. Bref, tout individu qui requiert les services et avis professionnels d'un CRHA ou d'un CRIA peut être considéré comme un client.

Le Code est d'ordre public, c'est-à-dire qu'il a préséance sur toute autre obligation, par exemple sur celles qui découlent du contrat de travail du professionnel. Ainsi, le CRHA ou le CRIA qui exerce en entreprise est tenu de respecter le *Code de déontologie des CRHA et des CRIA* au même titre que le membre qui exerce en tant que consultant en pratique privée.

Le survol des obligations déontologiques

Le premier *Code de déontologie des CRHA et des CRIA* a été adopté en 1973. Il a subi des modifications importantes en 1998 et certains articles ont été ajoutés en 2003. Des 78 articles qu'il contient, on dégage cinq grandes obligations fondamentales :

1. Posséder et maintenir un niveau de compétence adéquat et assumer pleinement ses responsabilités.
2. Exercer pleinement son devoir de conseil et maintenir une relation de confiance avec ses clients.
3. Éviter les conduites discriminatoires, frauduleuses et illégales.
4. Agir en toute indépendance et éviter les conflits d'intérêts.
5. Respecter le secret professionnel à l'égard des renseignements confidentiels.

Posséder et maintenir un niveau de compétence adéquat et assumer pleinement ses responsabilités

Selon l'article 2, le CRHA ou le CRIA doit s'acquitter de ses obligations professionnelles avec compétence et intégrité. Il doit rendre des services professionnels de qualité. De plus, l'article 3 indique qu'il doit exercer sa profession en tenant compte des normes de pratique généralement reconnues et des règles de l'art et qu'il doit prendre les moyens pour maintenir ses connaissances à jour.

Le CRHA ou le CRIA doit tenir compte des limites de ses aptitudes, de ses connaissances et des moyens dont il dispose pour exécuter son mandat. Notamment, il doit éviter d'entreprendre un mandat pour lequel il n'est pas suffisamment préparé, sans obtenir l'assistance nécessaire. Il ne peut non plus accepter un mandat pour lequel il n'a pas acquis en temps utile la compétence requise ou n'est pas en mesure de l'acquérir (article 4).

Il doit aussi s'abstenir d'exercer sa profession ou de poser certains actes professionnels dans des conditions ou des états susceptibles de compromettre la dignité de la profession ou la qualité des services qu'il fournit (article 5).

L'article 31, que l'on trouve dans tous les codes de déontologie du système professionnel québécois, prévoit que le CRIA ou le CRHA doit engager pleinement sa responsabilité civile. Il lui est donc interdit d'insérer dans un contrat de service une clause excluant directement ou indirectement, en totalité ou en partie, sa responsabilité civile personnelle. De même, il ne peut signer un contrat contenant une telle clause. Ainsi, le membre de l'Ordre doit endosser pleinement les conseils, avis et recommandations qu'il rend à ses clients. Fait très important à noter, tous ses conseils ou avis engagent sa responsabilité, peu importe qu'ils aient été rendus dans un cadre formel (avec un mandat écrit et moyennement le paiement d'honoraires ou d'un salaire) ou informel et bénévole (avis rendus à des parents, des amis, des connaissances, des voisins, etc.).

Ajoutons que le CRHA ou le CRIA ne doit jamais oublier qu'il engage sa responsabilité pour les conseils, avis ou informations qu'il fournit et qui sortent de son champ d'expertise. Par exemple, un membre de l'Ordre qui fournirait des conseils juridiques erronés ne pourrait alléguer qu'il ne peut être tenu responsable parce qu'il n'est pas avocat.

Exercer pleinement son devoir de conseil et maintenir une relation de confiance avec ses clients

L'article 38 prévoit qu'avant de donner des avis ou des conseils au client, le CRHA ou le CRIA doit chercher à avoir une connaissance complète des faits. Dès que possible, il doit informer son client de l'ampleur et des modalités d'exécution du mandat que ce dernier lui a confié et obtenir son consentement à ce sujet. Si, en cours de route, survient un fait nouveau pouvant en modifier l'ampleur ou les modalités d'exécution, il doit en informer son client dès que possible et obtenir de nouveau son consentement (article 38, 2e et 3e alinéas).

Le CRHA ou le CRIA doit par ailleurs exposer au client, d'une façon complète et objective, la nature et la portée du problème qui ressort de l'ensemble des faits portés à sa connaissance. Il doit de plus l'informer des risques inhérents et prévisibles associés à une solution envisagée pour résoudre un problème (article 39). Il doit aussi, à la demande du client, rendre compte du progrès de l'exécution du mandat (article 45).

Il ne doit donc pas se contenter de fournir le service professionnel demandé. Il doit aussi donner au client les explications nécessaires à l'appréciation et à la compréhension des services professionnels qu'il lui rend (article 41).

Enfin, selon l'article 47, le CRHA ou le CRIA ne doit pas mettre fin unilatéralement à un mandat, sauf pour un motif juste et raisonnable. Cet article contient une liste, non exhaustive, de motifs justes et raisonnables, notamment le fait d'être trompé par le client. S'il entend mettre fin unilatéralement à la relation professionnelle, le membre de l'Ordre doit donner un avis préalable à son client et s'assurer que celui-ci n'en subira pas de préjudice (article 48).

Éviter les conduites discriminatoires, frauduleuses et illégales

Le CRHA ou le CRIA doit éviter d'avoir recours à des pratiques discriminatoires, frauduleuses ou illégales et refuser de participer à de telles pratiques. De fait, il doit éviter, en vertu de l'article 12, toute attitude ou méthode susceptibles de nuire à la réputation de la profession et à son aptitude à servir l'intérêt public.

Le fait de conseiller ou d'encourager quelqu'un à poser un acte discriminatoire, frauduleux ou illégal (article 50, alinéa 2) est considéré par le *Code de déontologie des CRHA et des CRIA* comme un acte dérogatoire à la dignité de la profession. Il en va de même pour la production, sans indiquer de réserve appropriée, d'une déclaration ou d'un rapport que le CRHA ou CRIA sait être incomplet ou faux.

Cette obligation va encore plus loin. En plus d'aviser son client, devant une situation où un tiers tente d'influencer son travail, il est sage pour le professionnel d'informer ce tiers que ses agissements et ce qu'il demande de faire sont contraires aux obligations déontologiques du CRHA ou des CRIA.

Agir en toute indépendance et éviter les conflits d'intérêts

L'indépendance du professionnel est l'un de ses attributs marquants, avec le devoir d'engager pleinement sa responsabilité. Cette indépendance peut revêtir plusieurs aspects.

L'article 14 énonce que le CRHA ou le CRIA « doit subordonner son intérêt personnel à celui du client ». Il doit aussi faire preuve de désintéressement et d'objectivité lorsque des personnes autres que ses clients lui demandent des informations (article 15).

Le CRHA ou le CRIA peut représenter un client, quelle que soit son opinion personnelle sur la position que celui-ci a prise dans le dossier (article 16). Cependant, il doit sauvegarder en tout temps son indépendance professionnelle (article 19), notamment en :

1. ignorant toute intervention d'un tiers qui pourrait influer sur l'exécution de ses obligations professionnelles au préjudice d'un client ;
2. évitant d'accomplir une tâche contraire à sa conscience professionnelle ou aux principes régissant l'exercice de sa profession ;
3. évitant toute situation où il serait en conflit d'intérêts.

Le Code précise que, de façon générale, un membre de l'Ordre est en conflit d'intérêts lorsque les intérêts en présence sont tels qu'il peut être porté à préférer certains d'entre eux à ceux du client ou que sa loyauté envers celui-ci peut en être défavorablement affectée (article 19). Dès qu'il constate qu'il se trouve dans une situation de conflit d'intérêts, le CRHA ou le CRIA doit en aviser son client et lui demander s'il l'autorise à continuer ce mandat malgré l'existence de ce conflit (article 37). Une dénonciation par écrit de cette situation est la meilleure solution.

Respecter le secret professionnel à l'égard des renseignements confidentiels

Le secret professionnel sert à protéger les personnes qui font des confidences à un membre de l'Ordre et vise à établir un climat de confiance entre son client et lui. Selon l'article 9 de la *Charte des droits et libertés de la personne* :

> Toute personne tenue par la loi au secret professionnel et tout prêtre ou autre ministre du culte ne peuvent, même en justice, divulguer les renseignements confidentiels qui leur ont été révélés en raison de leur état ou profession, à moins qu'ils n'y soient autorisés par celui qui leur a fait ces confidences ou par une disposition expresse de la loi.
>
> Le tribunal doit, d'office, assurer le respect du secret professionnel.

Pour que la protection du secret professionnel puisse s'appliquer, l'existence d'une intervention professionnelle est nécessaire. L'information doit avoir été révélée au membre de l'Ordre dans le cadre de ses fonctions et en sa qualité de professionnel.

De plus, pour être protégée, l'information doit avoir un caractère confidentiel, secret, intime, personnel. En font partie, par exemple : les faits de la vie privée qui ne sont pas généralement connus du public, l'état de santé, la situation familiale et sociale, la situation financière, la vie religieuse, la réputation ou les affaires juridiques. Bref, la communication doit concerner un problème qui ne regarde que soi-même. Les faits notoires, connus de tous, ne sont donc pas visés par le secret. Par ailleurs, il peut s'agir d'information donnée ou reçue verbalement.

En outre, le *Code des professions* prévoit que tout professionnel :

1. doit respecter le secret de tout renseignement de nature confidentielle qui vient à sa connaissance dans l'exercice de sa profession ;
2. ne peut être relevé du secret professionnel qu'avec l'autorisation de son client ou lorsque la loi l'ordonne.

Enfin, l'article 51 du *Code de déontologie* prévoit qu'à cette fin, le CRHA ou le CRIA doit :

3. s'abstenir de faire usage de tels renseignements au préjudice du client ou en vue d'obtenir, directement ou indirectement, un avantage pour lui-même ou pour autrui ;
4. prendre les mesures nécessaires pour que ses collaborateurs et les personnes qu'il a sous son autorité ou sa supervision ne divulguent pas ou ne se servent pas de tels renseignements qui viennent à leur connaissance dans l'exercice de leurs fonctions ;
5. éviter de tenir ou de participer à des conversations indiscrètes au sujet d'un client et des services qui lui sont rendus.

Il est possible d'être relevé de l'obligation de respecter le secret professionnel lorsque la loi l'ordonne expressément, par exemple dans le but de prévenir un acte de violence, dont un suicide.

Un CRHA ou un CRIA peut aussi être relevé de son obligation de secret professionnel si la personne qui lui a fait des confidences l'y autorise. Cette autorisation doit être volontaire et claire : elle ne se présume pas. Elle porte alors uniquement sur un élément particulier et non sur l'ensemble des confidences découlant de la relation professionnelle.

Le droit au respect du secret professionnel appartient à la personne qui fournit les renseignements confidentiels. Il n'est donc pas nécessaire de payer des honoraires professionnels ou un salaire pour que le privilège s'applique. En effet, il peut arriver que la personne qui paye les services professionnels ne soit pas la même que celle qui donne le mandat, que celle qui reçoit le travail final ou que celle qui fait l'objet des services professionnels. C'est le cas, par exemple, d'un programme d'aide aux employés dont les coûts sont défrayés par l'employeur. En vertu de ce programme, les employés ont accès à des consultations gratuites données par des professionnels. Dans cette circonstance, ce sont ces employés qui bénéficient du droit au secret professionnel et non l'employeur qui paie pour le programme.

2. LES DÉFIS DES CRHA ET DES CRIA

La pluralité de rôles, de mandats et de clients

Parce qu'ils sont au cœur des relations de travail dans les entreprises, les membres de l'Ordre sont régulièrement appelés à agir successivement pour des clients internes aux intérêts parfois opposés.

C'est ainsi que, dans l'exercice de sa profession, le CRHA ou le CRIA peut avoir des obligations envers deux parties : la direction et les employés. Ainsi, lorsqu'il négocie une convention collective pour le compte de l'employeur, il joue un rôle de représentant et de conseiller. Il est mandaté pour défendre les intérêts de l'entreprise à la table de négociation. Toutefois, s'il est mandaté par l'employeur pour appliquer la procédure relative au harcèlement psychologique et mener une enquête interne à la suite de la dénonciation d'un cas de harcèlement, il a alors un rôle neutre et indépendant d'enquêteur à la recherche des faits et non de « défenseur » des intérêts de l'entreprise.

Voici un exemple. Souhaitant entreprendre des traitements médicaux, un employé demande de l'information sur le régime d'assurance de l'entreprise. Le CRHA ou le CRIA exerce son rôle de conseiller à l'égard de l'employé, qui devient son client. L'information échangée est confidentielle et protégée par le secret professionnel.

On le voit, un employé qui s'adresse à un membre de l'Ordre dans l'exercice de sa profession est un client, avec toutes les obligations qui y sont reliées. Le mandat peut être ponctuel, sporadique et de courte durée : l'employé demeure le client du CRHA ou du CRIA, même si ce n'est que brièvement et à des fins très spécifiques.

Le secret professionnel, le conflit d'intérêts et la bonne foi

Sa situation particulière dans l'entreprise peut parfois placer le CRHA ou le CRIA devant un dilemme entre l'obligation de loyauté envers son employeur (issue du *Code civil* du Québec) et celle du respect du secret professionnel (issue de la *Charte des droits et libertés de la personne*, du *Code des professions* et du *Code de déontologie des CRHA et des CRIA*).

Autant que possible, il doit faire les mises en garde appropriées aux personnes qui le consultent (employeur ou employé) avant qu'elles ne lui communiquent des renseignements confidentiels. Il doit s'assurer qu'elles sont pleinement informées des utilisations éventuelles des renseignements confidentiels qui lui sont dévoilés et éviter de les induire en erreur. La personne qui consulte un CRHA ou un CRIA doit connaître les limites du rôle de celui-ci et doit savoir si l'entretien sera protégé par le secret professionnel et s'il demeurera confidentiel. Par exemple, si cette personne sait qu'il agit pour le compte de l'employeur et que ses propos peuvent lui être rapportés, elle fera un choix plus judicieux des renseignements qu'elle divulguera.

Bref, la transparence est la meilleure approche à adopter. Ainsi, le personnel doit être informé que toute information relative au harcèlement psychologique ou sexuel ne pourra être protégée par le secret professionnel. En effet, puisque les entreprises ont le devoir d'éradiquer ces formes de harcèlement dans leur milieu de travail, aucune personne ne peut avoir le mandat de « protéger » une situation de harcèlement.

Sur un autre plan, comme les changements de rôles peuvent être fréquents et rapides et que le cumul de plusieurs fonctions au sein d'une organisation peut créer une confusion des rôles, le CRHA ou le CRIA doit régulièrement clarifier son ou ses rôles. Cette clarification lui permet de dissiper tout malentendu de part et d'autre et d'éviter de se placer en situation de conflit d'intérêts lorsque les intérêts de ses clients (la direction et les employés) s'opposent.

En effet, comme il a déjà été mentionné, le CRHA ou le CRIA doit maintenir son indépendance professionnelle, peu importe les circonstances. Selon l'article 17 du *Code de déontologie des CRHA et des CRIA*, s'il fait face à des intérêts divergents, il doit « préciser la nature de ses fonctions ou de ses responsabilités et doit tenir toutes les parties intéressées informées qu'il cessera d'agir si la situation devient inconciliable avec son devoir d'indépendance ». De façon générale, lorsqu'un membre de l'Ordre réalise qu'il est dans une situation de conflit d'intérêts ou que son indépendance professionnelle est mise en question, il doit aviser les parties concernées de ce fait et prendre les mesures nécessaires pour rectifier la situation, même si cela peut exiger de lui de mettre fin au mandat confié par un client (article 47).

Le CRHA ou le CRIA doit, si le bien du client l'exige et avec l'autorisation de ce dernier, consulter un autre membre de l'Ordre, un membre d'un autre ordre professionnel ou toute autre personne compétente ou le diriger vers l'une de ces personnes (article 36). S'il y a un conflit d'intérêts concret (pas simplement une possibilité de conflit), le bien du client pourrait être de l'adresser à un collègue qui serait en mesure de mieux l'aider.

Précisons que les articles 6 et 7 du *Code civil* du Québec imposent l'obligation plus générale de bonne foi. En voici un exemple : un employé approche le professionnel membre de l'Ordre et lui révèle certains faits, sans que ce dernier n'ait pu le mettre en garde contre les limites de son secret professionnel. Un professionnel de bonne foi avertirait l'employé de ces limites et ferait comme s'il n'avait pas eu connaissance de ces faits ; mais un professionnel de mauvaise foi pourrait s'empresser de les révéler à l'employeur et ainsi briser son lien de confiance avec l'employé. Une telle situation est très ambiguë ; il est donc important de trouver un équilibre entre deux extrêmes : le professionnel n'est pas l'indicateur du patron, sans pour autant être le complice des employés.

La préséance du secret professionnel sur le contrat d'emploi

Même un employeur n'a pas le droit de connaître les renseignements protégés par le secret professionnel en la possession d'un CRHA ou d'un CRIA, et ce, malgré l'existence de l'obligation de loyauté et de subordination envers l'employeur. En effet, la jurisprudence a clairement établi que les obligations déontologiques d'un professionnel ont préséance sur tout contrat d'emploi. C'est ce qu'a établi le Tribunal des professions dans l'affaire *Dembri* c. *Ordre des psychologues*.

Dans cette affaire, une psychologue qui travaillait pour l'Institut Pinel avait décidé de montrer à des collègues du matériel de test d'un patient qu'elle avait expertisé. Condamnée par le comité de discipline de son ordre, la psychologue a décidé d'en appeler au Tribunal des professions, en faisant valoir une directive de l'établissement permettant le partage de cette information.

Le Tribunal des professions a rejeté l'appel en indiquant que le consentement du patient visé était nécessaire avant d'exhiber le matériel de test et que, de toute façon, « un employeur ne saurait imposer des conditions d'emploi qui soustrairaient un professionnel à ses obligations déontologiques ».

Donc, c'est clair : le respect du secret professionnel doit primer sur les autres règles issues du contrat de travail.

Par ailleurs, il n'est pas mauvais de rappeler que toute entreprise doit respecter certaines obligations en matière de protection des renseignements personnels et que, en regard de cette question, ce n'est pas seulement le secret professionnel qui est concerné. En effet, avant même que le secret professionnel ne soit en cause, les lois québécoise et fédérale sur la protection des renseignements personnels imposent aux entreprises le respect de la confidentialité des renseignements personnels qu'elles détiennent au sujet de leurs employés. Partant de là, il faut savoir que ces lois exigent que seules les personnes qui ont besoin de ces renseignements dans l'exercice de leurs fonctions y aient accès. En clair, même un gestionnaire ou un dirigeant de haut niveau n'y a pas un droit d'accès automatique, sans que cela ne soit justifié par la nature de ses fonctions.

L'obligation de loyauté et les pratiques discriminatoires, frauduleuses et illégales

L'obligation de loyauté inscrite dans le *Code civil* du Québec impose-t-elle à un salarié de suivre les directives d'un employeur même si, ce faisant, il viole la *Charte des droits et libertés de la personne*[3] ?

L'obligation de loyauté est prévue en ces termes à l'article 2088 du *Code civil*:

> Le salarié, outre qu'il est tenu d'exécuter son travail avec prudence et diligence, doit agir avec loyauté et ne pas faire usage de l'information à caractère confidentiel qu'il obtient dans l'exécution ou à l'occasion de son travail.
>
> Ces obligations survivent pendant un délai raisonnable après cessation du contrat, et survivent en tout temps lorsque l'information réfère à la réputation et à la vie privée d'autrui.

Cette obligation de loyauté est la plupart du temps négative, c'est-à-dire qu'elle a été interprétée dans la jurisprudence comme étant une obligation de ne pas faire (ne pas faire preuve de malhonnêteté, ne pas utiliser de l'information confidentielle obtenue pendant l'emploi, ne pas faire compétition à l'employeur, etc.). La jurisprudence a aussi défini l'obligation de l'employé comme étant un devoir de probité, de droiture, d'honnêteté, de bonne foi et de fidélité.

La notion de loyauté a été explicitée par la jurisprudence qui associe à ce concept des termes tels que fidélité, obéissance, respect, honnêteté, bonne

---

3. L.R.Q., c. C-12.

foi, civilité, confidentialité, exclusivité des services fournis par l'employé, diligence, compétence et discrétion.

Il faut noter que l'intensité du devoir de loyauté varie en fonction du niveau hiérarchique du salarié dans l'entreprise ou des fonctions spécifiques qu'il y exerce. Ainsi, de par sa position, le dirigeant d'une entreprise n'a pas les mêmes obligations qu'un employé. Plus son poste est élevé dans la hiérarchie ou plus ses responsabilités sont importantes, plus l'obligation de loyauté de l'employé est grande.

Toutefois, il ne faudrait pas croire qu'au nom de l'obligation de loyauté, un acte de discrimination exigé d'un salarié par son employeur devient légitime. C'est ce que nous enseigne l'affaire du *Resto Bar le Surf*[4]. Celle-ci a clairement établi que les salariés qui exercent de la discrimination à la demande de leur employeur ne sont pas exonérés de leur responsabilité personnelle.

Dans cette affaire, deux clients de race noire s'étaient vu refuser l'accès à un bar. Les propriétaires du restaurant avaient, en effet, instauré une politique de bannissement général de ce type de clients en invoquant des méfaits commis par le passé par de jeunes Noirs ainsi que des plaintes de la clientèle. De l'avis des propriétaires du bar, ce sont des raisons commerciales et non raciales qui justifiaient à leurs yeux la discrimination en vigueur dans leur établissement. Par ailleurs, les propriétaires souhaitaient que les employés soient dégagés de leur responsabilité à l'égard de l'application de la politique discriminatoire, puisqu'ils n'avaient eu d'autre choix que de suivre ces instructions en vertu de leur obligation de loyauté.

Le Tribunal indiqua qu'il ne pouvait approuver cette prétention. Le juge s'exprime en ces termes :

> D'autre part, le pouvoir de direction de l'employeur ne saurait s'étendre jusqu'à lui permettre d'exiger de l'employé qu'il agisse à l'encontre de la loi ou de l'ordre public. Dans un tel contexte, l'employé se doit de refuser de poser un geste illégal sinon il engage sa propre responsabilité vis-à-vis [de] la tierce personne, victime du préjudice alors subi. L'employé conserve ses recours contre son employeur, le cas échéant.

Il faut retenir de cette décision qu'un salarié doit refuser d'accomplir un geste ou d'appliquer une politique discriminatoire, même si son employeur l'exige. Sinon, ce salarié engage sa propre responsabilité à l'égard des personnes qui seront victimes d'un préjudice. Il va de soi qu'une telle recommandation est plus facile à énoncer qu'à mettre en pratique et qu'elle n'est pas sans conséquence. Un employé qui refuserait de suivre les directives illégales de

4. *Commission des droits de la personne et des droits de la jeunesse* c. *2314-4207 Québec inc.* (Resto Bar le Surf) 2007 QCTDP 9 (Azimut).

son employeur pourrait en subir les contrecoups dans son milieu de travail en général. Il pourrait être mis de côté, isolé, coupé de l'information, etc. Sans compter que des mesures disciplinaires, tel le congédiement, pourraient aussi être imposées. Un employé ainsi congédié serait alors forcé de contester cette mesure devant les instances appropriées, en alléguant son illégalité et en plaidant qu'il a seulement agi en personne « prudente et diligente », comme le lui recommande le Tribunal des droits de la personne et des droits de la jeunesse.

Pour sa part, en tant que professionnel, le CRHA ou le CRIA est de surcroît tenu de respecter les dispositions fondamentales de son code de déontologie qui en font en quelque sorte un « gardien de la légalité ». L'alinéa 5 de l'article 47 prévoit d'ailleurs qu'il peut mettre fin unilatéralement au mandat lorsqu'il y a incitation, de la part du client, à l'accomplissement d'un acte discriminatoire, frauduleux ou illégal.

Face à de telles situations, il vaut mieux parfois user de son pouvoir de persuasion et de la valeur de son jugement professionnel pour amener le client ou l'employeur à revoir sa position. Il y a fort à parier que le client, mis au courant des risques de telles approches et des conséquences négatives possibles, suivra les conseils du membre de l'Ordre.

La dénonciation d'une situation de discrimination

La *Charte des droits et libertés de la personne*, à l'article 10, interdit toute forme de discrimination en ces termes :

> Toute personne a droit à la reconnaissance et à l'exercice, en pleine égalité, des droits et libertés de la personne, sans distinction, exclusion ou préférence fondée sur la race, la couleur, le sexe, la grossesse, l'orientation sexuelle, l'état civil, l'âge, sauf dans la mesure prévue par la loi, la religion, les convictions politiques, la langue, l'origine ethnique ou nationale, la condition sociale, le handicap ou l'utilisation d'un moyen pour pallier ce handicap.
>
> Il y a discrimination lorsqu'une telle distinction, exclusion ou préférence a pour effet de détruire ou de compromettre ce droit.

En matière d'emploi, l'article 16 indique quant à lui :

> Nul ne peut exercer de discrimination dans l'embauche, l'apprentissage, la durée de la période de probation, la formation professionnelle, la promotion, la mutation, le déplacement, la mise à pied, la suspension, le renvoi ou les conditions de travail d'une personne ainsi que dans l'établissement de catégories ou de classifications d'emploi.

Un salarié membre d'un ordre professionnel peut-il dénoncer une situation de discrimination au même titre qu'un salarié non régi par le *Code des professions*? En d'autres mots, les règles relatives à l'obligation de loyauté et à la possibilité de dénoncer publiquement une situation discriminatoire sont-elles applicables de la même façon à un CRHA ou à un CRIA?

Rappelons que l'article 12 du *Code de déontologie des CRHA et des CRIA* interdit aux membres de l'Ordre d'avoir recours à des pratiques discriminatoires, frauduleuses ou illégales. L'article 19 (2) spécifie quant à lui que le membre doit en tout temps sauvegarder son indépendance professionnelle et notamment éviter d'accomplir une tâche contraire à sa conscience professionnelle. Mais, d'un point de vue déontologique, un membre de l'Ordre qui constate un cas de discrimination ne peut se contenter de refuser d'exécuter le mandat sans autre explication. Il doit informer son employeur des risques inhérents et prévisibles associés au fait de procéder à de la discrimination, tels les risques de poursuites et les pénalités qui peuvent être imposées, sans oublier les retombées négatives d'une mauvaise couverture médiatique si la pratique discriminatoire et illégale était rendue publique (article 39).

En raison de leur appartenance au système professionnel, les membres de l'Ordre sont assujettis à des règles statutaires en plus de leurs obligations contractuelles envers leur employeur. Certains autres professionnels, dont les policiers et les agents de la Gendarmerie royale du Canada, sont placés dans une situation semblable par les lois qui encadrent leur pratique.

Ainsi, il existe une décision impliquant une policière qui pourrait être appliquée par analogie à un CRHA ou à un CRIA qui constaterait des pratiques discriminatoires dans une entreprise ou chez un client. Dans l'affaire *Ville de Montréal* c. *Fraternité des policiers et policières de Montréal Inc.*[5], une salariée contestait une suspension sans solde de quatre jours. Elle avait dénoncé par lettre à un journaliste l'absence de registre pour consigner les présences ou absences de pédophiles dont la Cour exige qu'ils se rapportent à intervalles réguliers à un poste de police. Elle estimait de son devoir de dénoncer cette lacune au nom de la protection du public en général et des enfants en particulier.

L'arbitre a estimé qu'il n'y avait pas de violation de son obligation de loyauté, car la policière avait, avant de dénoncer la situation aux médias, épuisé tous les recours internes. Toutefois, il a été d'avis qu'en dénonçant publiquement la situation, elle avait manqué à son serment de discrétion. Il s'est exprimé en ces termes:

> Par ce serment, tout officier de police s'engage à plus que la simple obligation de loyauté qui incombe à tout salarié. L'agent de la paix accepte par ce serment

5. AZ-50377310 (Azimut).

> de ne pas révéler en aucune circonstance des faits dont il a connaissance dans l'exercice de sa profession.
>
> La jurisprudence est très exigeante pour le policier. Même lorsqu'il s'agit de prévenir un crime, il n'est pas autorisé à passer outre à son serment de discrétion. Évidemment, les motifs pour lesquels le policier contrevient à son obligation de discrétion sont des facteurs pertinents quant à la sanction, mais ils ne le sont pas pour ce qui concerne son obligation elle-même.
>
> Même si je suis d'avis que le sergent Vachon n'a pas contrevenu à son obligation de loyauté, il demeure qu'elle a enfreint son serment de discrétion. Mais considérant l'ensemble des circonstances, notamment sa motivation, sa bonne foi, son dossier disciplinaire vierge, j'estime qu'une réprimande doit être substituée à sa suspension d'une journée.

Donc, si un salarié est tenu au secret professionnel, il lui est impossible de dénoncer les pratiques discriminatoires de son employeur ou de les critiquer publiquement sans enfreindre ses obligations déontologiques et mettre en cause sa responsabilité professionnelle. C'est le cas des CRHA et des CRIA.

On constate donc qu'il peut parfois exister, pour les membres de l'Ordre, un conflit de normes au sein même de leur propre code de déontologie.

Si un CRHA ou un CRIA décidait néanmoins de faire cette dénonciation, il s'exposerait à des mesures disciplinaires de la part de son employeur, certes, mais également à une sanction disciplinaire imposée par le Conseil de discipline de son ordre professionnel. La sanction pourrait toutefois être peu sévère, compte tenu du contexte.

CONCLUSION

Lorsque le CRHA ou le CRIA travaille pour des parties aux intérêts opposés, il devrait préciser la nature de ses fonctions ou de ses responsabilité et informer toutes les parties intéressées qu'il cessera d'agir si la situation devient inconciliable avec son devoir d'indépendance. Cela veut dire révéler les limites du secret professionnel en plus d'informer ses clients sur sa situation de double mandataire. Le client peut s'objecter à poursuivre le mandat avec le CRHA ou le CRIA concerné. Celui-ci a alors le devoir d'adresser le client à un collègue de l'extérieur de l'entreprise. Si le client comprend et accepte les limites du secret professionnel ainsi que la situation de conflit d'intérêts, le lien professionnel peut se poursuivre.

De plus, il a été clairement établi que les salariés qui exercent de la discrimination à la demande de leur employeur ne sont pas exonérés de leur responsabilité personnelle. C'est pourquoi un salarié dont l'employeur exige qu'il pose un geste ou qu'il applique une politique discriminatoire doit refuser d'accomplir ce geste. À défaut, il engage sa propre responsabilité à l'égard des tierces personnes, victimes du préjudice subi.

Enfin, rappelons que, si le salarié est tenu au respect du secret professionnel, tel un CRHA ou un CRIA, il lui sera impossible de dénoncer les pratiques discriminatoires de son employeur ou de les critiquer publiquement sans enfreindre ses obligations déontologiques et encourir sa responsabilité professionnelle. Or, de nombreux codes de déontologie imposent aux professionnels d'éviter de commettre ou de participer à des actes discriminatoires, frauduleux ou illégaux. D'où un conflit de normes.

Incorporés en tant que salariés dans de nombreuses entreprises (comme 80 % des 340 000 professionnels québécois), les CRHA et les CRIA ont un triple statut : professionnel assujetti à un code de déontologie, salarié et citoyen engagé. Cette situation génère de nouveaux défis, tant pour la conduite du professionnel que pour la gérance de ce salarié au sein de l'entreprise en raison des conflits juridiques, internormatifs ou éthiques qui surgissent (Morency, Simard et Pépin, 2006).

QUESTIONS DE COMPRÉHENSION

1. Quelles sont les différentes sources d'obligation des CRHA et CRIA ?
2. Y a-t-il un conflit entre les normes applicables aux CRHA et CRIA ? Si oui, quelles sont les façons de les concilier ?
3. Les CRHA et CRIA peuvent-ils avoir plusieurs clients à la fois ? Quel effet concret peut avoir cette situation dans leur travail ?
4. Les CRHA et CRIA peuvent-ils dénoncer publiquement les violations de la loi constatées dans leur milieu de travail ?
5. Le droit de gérance de l'employeur lui permet-il d'avoir accès aux renseignements protégés par le secret professionnel des CRHA et CRIA ?

Bibliographie

Jurisprudence

Commission des droits de la personne et des droits de la jeunesse c. *2314-4207 Québec inc.* (Resto Bar le Surf) 2007 QCTDP 9 (Azimut).

Ville de Montréal c. *Fraternité des policiers et policières de Montréal Inc.* AZ-50377310 (Azimut).

Dembry c. *Ordre des psychologues* [1999] Q.C.T.P. 013.

Lois et règlements

Charte des droits et libertés de la personne, L.R.Q., c. C-12.

Code de déontologie des conseillers en ressources humaines et en relations industrielles agréés du Québec, L.R.Q., c. C-26, r. 52.01.

Code des professions, L.R.Q., c. C-26.

Code civil du Québec, L.Q. 1991, c. 64.

Doctrine

Morency, M.A., J. Simard et R. Pépin, 2006, « Le triple statut des professionnels salariés et son impact sur l'encadrement des praticiens réflexifs », *Intervention, la revue de l'Ordre professionnel des travailleurs sociaux du Québec,* n° 125, décembre, p. 195.

Biographie de Sarah Thibodeau

Membre du Barreau, Sarah Thibodeau occupe le poste de directrice, Promotion de la profession à l'Ordre des conseillers en ressources humaines agréés. À ce titre, elle est fréquemment appelée à donner des cours de formation et à rédiger des articles portant sur la déontologie des membres de l'Ordre. Me Thibodeau est titulaire d'une maîtrise en droit du travail de l'Université du Québec à Montréal.

Chapitre 3

Les défis de la régulation d'une pratique professionnelle : le cas des spécialistes de l'informatique

Anne Chartier et Bernard Plante

Objectifs poursuivis :

- Mettre en perspective les relations entre, d'une part, divers mécanismes d'encadrement de la pratique des « professionnels » que sont les ordres professionnels, les normes et règlements, la certification des personnes et l'accréditation des institutions et, d'autre part, les principaux éléments concernés par ces mécanismes : l'individu, l'organisation et la profession ;
- Présenter les enjeux sous-jacents à deux démarches de professionnalisation du métier d'informaticien, l'une visant à créer un ordre des professionnels de l'informatique et l'autre, à unifier la formation des spécialistes de l'informatique de gestion.

INTRODUCTION

La majorité des pays développés imposent aux professions libérales (médecins, avocats, etc.) une forme d'encadrement. Ces contrôles visent à protéger le public, à restreindre les pratiques aux personnes qualifiées et à discipliner les professionnels. Dans ces même pays, les technologies numériques sont au cœur des systèmes de communication, de production, de gestion, etc. Ces technologies sont banalisées et complexes. Essentielles au bon fonctionnement de la société, elles permettent l'émergence de nouveaux services et produits qui transforment en profondeur nos manières de faire. Leur élaboration et leur maintenance sont confiées aux « informaticiens[1] ». Ce terme englobe des diplômés des départements d'informatique, de systèmes d'information organisationnels et d'ingénierie, mais aussi des départements de mathématique, de physique et, même, de psychologie qui conçoivent ou modifient les artéfacts informatiques[2] pour les modeler à leurs besoins ou les mettre à la disposition d'utilisateurs qui ne disposent pas des connaissances et des compétences nécessaires pour les créer et les perfectionner adéquatement. Leur pratique et leur encadrement sont laissés au bon vouloir des individus et des organisations. Compte tenu des enjeux reliés à l'informatisation de la société, serait-il opportun de professionnaliser[3] les personnes œuvrant dans ce domaine du savoir ?

Présentement, la pratique et les métiers de l'informatique font l'objet d'un encadrement plus ou moins strict, connu et respecté. La nécessité d'encadrer leur pratique découle de la nature de l'informatique vue, d'une part, comme un domaine de connaissances et, d'autre part, comme un « art » qui permet la création d'artéfacts indispensables et banalisés dont l'évolution et l'exploitation ne sont pas sans risque.

La société est dépendante du bon fonctionnement de ces artéfacts pour s'approvisionner, travailler, se déplacer, se récréer, etc. Les médias rapportent régulièrement des histoires reliées à des réponses inappropriées, des interruptions de service ou des bris de sécurité. Ces dysfonctions peuvent aller jusqu'à

---

1. Tout au long de ce texte, le masculin est utilisé comme terme générique qui fait également référence aux femmes qui occupent de telles fonctions.
2. Ensemble des concepts, théories, algorithmes, modèles, langages, logiciels et systèmes informatiques.
3. Professionnaliser signifie ici donner une structure formelle à leur profession.

mettre en péril la vie des individus et la pérennité des organisations. Cependant, leurs utilisateurs ne sont pas en mesure de vérifier leur efficience, leur qualité et leur sécurité. Le recours à de meilleures pratiques et la protection du public sont des enjeux de l'informatique.

Dans ce chapitre, nous esquissons les mécanismes d'encadrement de la pratique des « professionnels » que sont les ordres professionnels, les normes et règlements, la certification des personnes et l'accréditation des institutions. Par la suite, nous analysons deux démarches visant, l'une, à créer un ordre des professionnels de l'informatique et, l'autre, à unifier la formation des spécialistes de l'informatique de gestion. La première démarche provient de l'Association professionnelle des informaticiens et informaticiennes du Québec (APIIQ[4]), une association de diplômés en informatique désireux que leur profession soit mieux reconnue. La deuxième démarche provient d'un consortium d'entreprises productrices ou utilisatrices de technologies de l'information et de communications (TIC), la *Canadian Coalition for Tomorrow's ICT Skills* (CCICT) qui cherche à promouvoir la formation universitaire *Business Technology Management* (BTM) pour mieux répondre aux besoins en personnel doté de connaissances et de compétences pertinentes. Ces démarches illustrent le choc des cultures entre les praticiens et leurs employeurs et soulèvent des enjeux entourant la régulation de la profession d'informaticien : qui doit régulariser la profession d'informaticien ? Quelle est la manière la plus opportune pour effectuer cette professionnalisation ? Quelle doit être la nature de l'encadrement des informaticiens ? Quel est le meilleur moyen de protéger le public ?

1. PROFESSIONNELS ET PROFESSIONNALISME

Un professionnel est une personne qui, contrairement à un amateur, effectue un travail rémunéré. En Amérique du Nord, le terme « professionnel » désigne aussi une personne qui exerce un travail à caractère intellectuel ou technique qui exige des connaissances et un savoir-faire approfondis dans un champ particulier d'une discipline scientifique. Les caractéristiques d'un professionnel dépeintes par divers auteurs sont regroupées au tableau 1.

---

4. APIIQ : http ://www.apiiq.qc.ca/joomla/.

TABLEAU 1
Caractéristiques d'un professionnel

Professionnel	Auteurs
Est formé dans une institution d'enseignement supérieur.	Fabian, 2009 ; Denning, 2001a, 2001b ; Kubr, 1998
Offre des services à caractère spécialisé, rendant difficile l'évaluation de leur qualité par le client.	Fabian, 2009 ; Denning, 2001a, 2001b ; Kubr, 1998
Est autonome dans l'exercice de ses fonctions.	Kubr, 1998
Fait preuve d'autodiscipline, sous l'égide d'un ordre professionnel.	Denning, 2001a, 2001b ; Kubr, 1998 ;
Joue un rôle social.	Kubr, 1998 ; Denning, 2001a, 2001b
Sa pratique a pour assise ses connaissances conceptuelles et son expérience.	Denning, 2001a, 2001b
Sa responsabilité est sanctionnée par ses pairs.	Denning, 2001a, 2001b

Le professionnel maîtrise de manière exclusive un domaine donné grâce à ses connaissances acquises dans un établissement d'éducation supérieure (Kubr, 1998). La nature des services qu'il offre est telle que le public peut difficilement en apprécier la pertinence et la valeur. Les résultats peuvent être jugés à l'aide de standards établis par des organismes reconnus (Denning, 2001a). L'expertise relève tant de la durée des études nécessaires à l'acquisition des compétences que de la qualité et la variété de l'expérience du professionnel (Fabian, 2009).

En raison de la particularité de ses connaissances, le professionnel dispose d'un bon niveau d'autonomie dans l'accomplissement de son travail comparativement à d'autres travailleurs qui font l'objet d'une supervision constante (Kubr, 1998). Cette autonomie impose une forme d'autodiscipline, laquelle est contrôlée par un ordre professionnel qui gère l'admission de ses membres, détermine les standards de pratique et contribue à l'avancement de la discipline (Kubr, 1998 ; Denning, 2001a, 2001b). Le professionnel rend un service concret et s'active pour le bien-être de la société. Des interventions inefficaces ou lacunaires de sa part peuvent avoir des conséquences indésirables à l'égard du client et de la société. Des pratiques questionnables et des résultats douteux auront un impact néfaste sur les personnes, l'environnement, les affaires et le bien commun (Denning, 2001a, 2001b).

La pratique professionnelle vise à produire un bien ou à donner un service à la suite de la demande d'un client ou au bénéfice d'un usager. Elle requiert d'intervenir auprès des parties concernées, de prodiguer des conseils et d'émettre des avis, de concevoir un produit ou un service, de le développer ou de le mettre en œuvre, d'en effectuer la maintenance, etc. Ces interventions doivent tenir compte des règles de l'art, des ressources disponibles, du contexte (mandat, lois et réglementations, etc.) et du bien commun.

D'après D. Yanow et H. Tsoukas (2009), citant les travaux de D.A. Schön (1983), l'auto-compréhension du praticien est acquise par une démarche réflexive (*reflection-in-action*) qui lui permet d'adapter sa pratique aux problèmes rencontrés et de la faire progresser. Cette capacité d'adaptation est une caractéristique de la pratique professionnelle. Le professionnel agit au meilleur de ses connaissances tout en se préoccupant de son client et de son équipe de travail. Il exprime une volonté, une rationalité, un sens des valeurs et de la mesure, une certaine neutralité, etc. Cet agir professionnel, que l'on décrit par le terme « professionnalisme », est souvent codifié et contrôlé par un ordre auquel les membres d'une profession sont parfois tenus d'appartenir, ce qui n'est pas le cas pour l'informatique.

Le « professionnalisme » est étroitement associé à la mise en pratique de compétences spécifiques qui « justifient » le prestige et les hauts salaires qui y sont associés. Les connaissances sont codifiées dans les programmes de formation. Elles évoluent tant avec le développement des sciences et des pratiques qu'avec l'expérience acquise. Les professionnels doivent régulièrement être à jour. Des sociétés savantes définissent et actualisent les programmes et accréditent les formations offertes. Leurs compétences sont construites par la pratique auprès de professionnels chevronnés (Denning, 2001a, 2001b). Les pairs peuvent enquêter sur les professionnels négligents, incompétents ou malhonnêtes et les sanctionner (Denning, 2001a, 2001b).

2. LA RÉGULATION D'UNE PROFESSION

Le statut et l'exercice d'une profession sont encadrés par des mécanismes de régulation professionnelle qui peuvent être obligatoires ou volontaires, globaux ou partiels. Leur description permet d'en apprécier la portée et les limites. La figure 1 illustre leur position par rapport à l'individu, la profession et l'organisation.

FIGURE 1
Mécanismes de régulation professionnelle

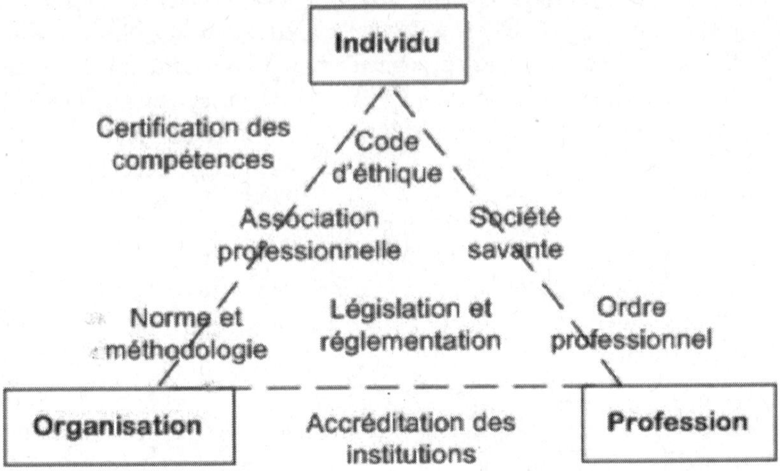

En arrière-plan s'ajoute la société qui est à la fois régulatrice de la profession et cliente implicite ou explicite, souvent involontaire, des professionnels.

Individu-profession

Un ordre professionnel est une organisation à but non lucratif qui est dotée d'un statut juridique. Elle regroupe des personnes œuvrant dans un domaine de savoir pratique. Pour prétendre au titre associé à la discipline et poser des actes qui y sont spécifiques, les professionnels doivent être affiliés à l'ordre qui encadre leur profession. Autogéré, l'ordre[5] bénéficie de prérogatives étatiques telles que le pouvoir réglementaire et le pouvoir disciplinaire. Par exemple, au Québec[6], l'Ordre des ingénieurs, le Barreau, la Corporation des médecins sont des ordres à titre et à pratiques réservés.

---

5. Note : en français, le terme « corporation » est impropre pour désigner un « ordre professionnel ». Il désigne un groupement de personnes exerçant le même métier ou la même profession. Par exemple, la corporation des artisans, des restaurateurs, etc. (OQLF).
6. Le statut juridique des ordres professionnels varie en fonction des législations de chaque pays, État ou province.

Une société ou une association savante est un groupe de personnes qui s'unissent pour promouvoir et développer un domaine du savoir théorique ou pratique et pour veiller à leurs intérêts professionnels et économiques. Alors que la société savante vise surtout le développement d'une discipline scientifique, l'association tend à défendre les intérêts de ses membres. Certaines sociétés et associations sont les acteurs incontournables de l'avancement de leurs disciplines. Ces groupes sont généralement dotés d'un statut corporatif à but lucratif ou non. Les sociétés savantes visent tant le développement de leurs domaines respectifs que celui du professionnalisme de leurs membres.

L'éthique est la branche de la philosophie qui se penche sur les principes moraux au regard de ce qui est jugé souhaitable et sur les principes fondamentaux d'une bonne conduite, tant chez les individus que chez les groupes. Alors que la morale propose une norme de conduite, l'éthique questionne cette norme et cherche à dégager les grands éléments à la base des choix moraux. Elle propose des réponses pour déterminer ce qui est acceptable ou non dans une société.

Un code de déontologie est un ensemble de règles écrites qui spécifient les standards de conduite et de pratique pour un domaine d'affaires, pour les employés d'une organisation ou pour les membres d'une profession. Il peut être imposé par une direction ou un ordre ou proposé par une association. En théorie, tous les professionnels membres d'un ordre ou d'une association doivent respecter un code de déontologie qui vise à protéger le public tout en encadrant leur pratique. Ce code guide le professionnel lorsqu'il doit trancher un dilemme éthique. Il est un outil d'éducation et de socialisation pour les nouveaux membres. Seuls les professionnels membres d'un ordre sont légalement tenus de respecter leur code. Cette obligation découle du fait que l'État a délégué une partie de ses pouvoirs de réglementation et de sanction à leur ordre. Pour être utile, le code doit être connu du professionnel, qui doit en intégrer les préceptes à ses propres valeurs. De plus, il doit disposer de l'autonomie nécessaire pour contrôler sa pratique et œuvrer dans un environnement qui se soucie du bien commun tout en respectant la dissidence.

Individu-organisation

Une certification confirme qu'une personne, une organisation, un produit ou un service possède certaines caractéristiques. Le plus souvent, elle est obtenue à la suite d'une évaluation, d'un audit externe ou d'une formation. Plus précisément, la certification « professionnelle » vise à confirmer qu'un individu est capable de compléter une tâche de manière compétente tout en respectant certaines normes.

La certification professionnelle a l'avantage de procurer à son détenteur la reconnaissance de ses compétences spécifiques et de sa maîtrise d'une technologie particulière. Elle est considérée dans le milieu des affaires et valorisée par les employeurs. Par ailleurs, cette forme d'encadrement ne porte que sur une portion des pratiques d'une discipline et sans statut légal, l'acquisition et la reconnaissance de telles compétences dépendent du bon vouloir des individus et des corporations. Une certification correspond parfois à une mainmise sur les pratiques par des organisations privées qui, à l'occasion, tendent à défendre leurs intérêts au détriment de leurs clients individuels et corporatifs.

Les associations professionnelles visent à appuyer tant l'avancement de la carrière de leurs membres qu'à défendre leurs intérêts. Elles ciblent davantage le développement d'une force politique que le cheminement de la discipline. Les associations de réseautage visent à faciliter la mise en relation des confrères, des mandats et des employeurs. Des organisations aussi bien que des individus peuvent être membres de ces deux types d'associations, souvent régies par des entreprises privées à but lucratif ou non.

Une norme propose pour une activité, un service ou un produit un cadre détaillé de lignes directrices, de règles, de configurations et de degrés de performance destinés à garantir un niveau de qualité et d'interopérabilité optimal dans un contexte donné. Ce cadre vise à favoriser la qualité et la sécurité d'un service ou d'un produit ainsi que la réutilisation des composantes, et ce, de manière reproductible et à moindre coût. La norme est généralement établie après un consensus reflétant la part d'un marché détenue par un fabriquant ou à la suite de l'approbation d'un organisme normatif reconnu.

Une méthodologie propose un cadre normatif pour organiser, planifier, effectuer et contrôler un acte professionnel, ce qui permet de le rendre prévisible et reproductible. Mal employées, les normes et les méthodologies viennent restreindre la pratique professionnelle et retarder l'évolution de la discipline.

Organisation-profession

L'accréditation est un processus de reconnaissance par un organisme reconnu de la compétence d'une organisation ou d'une institution dans un domaine donné. Cette démarche volontaire, effectuée sur une base périodique, met en valeur les compétences, le respect de normes ou de législations. Elle repose sur un référentiel normatif qui spécifie des exigences en termes de compétences techniques et de qualité des produits et des services offerts. L'accréditation procure une certification à une institution universitaire, une faculté ou un ensemble de cours dans une discipline.

L'accréditation a l'avantage de bénéficier de la reconnaissance du milieu des affaires et des institutions d'enseignements. C'est une source de prestige auprès des clientèles cibles. Comme elle est délivrée par des organisations privées, elle est susceptible d'être biaisée en vue de favoriser les intérêts de certaines parties prenantes au détriment du public. Cette approche constitue une déréglementation implicite des pratiques professionnelles. Compte tenu de l'absence d'un mécanisme d'audit de la pratique des diplômés, sa portée est restreinte aux institutions. Le faible encadrement qu'elle offre aux professionnels découle d'une formation souvent plus orientée par les besoins des employeurs que par ceux de la discipline. Ainsi, une fois son diplôme obtenu, rien n'indique que le professionnel va maintenir à jour ses connaissances ou qu'il va les utiliser de manière adéquate et morale.

Individu-société

Une loi correspond à une norme adoptée par un Parlement pour définir le statut et régir les comportements des personnes et des organisations. L'application d'une loi est précisée par sa réglementation qui est spécifiée de manière générale et impersonnelle. La loi provient d'un acte administratif unilatéral des représentants d'un gouvernement. Dans leur pratique, on attend des professionnels qu'ils connaissent et appliquent les lois propres à leur domaine.

En conclusion, les caractéristiques de l'univers professionnel prennent des formes diverses, selon que l'on ait ou non affaire à une profession libérale mature. Par exemple, la médecine et le droit ont développé des institutions solidement ancrées dans la société en vue d'assurer la sécurité du public et de contrôler les conditions d'accès et d'exercice de leur profession en sanctionnant les inconduites. L'informatique est un domaine « professionnel » dont les institutions sont encore en construction.

3. L'UNIVERS PROFESSIONNEL DE L'INFORMATIQUE

Pour la grande majorité des gens qui gravitent autour d'un système informatique, le fonctionnement interne d'un ordinateur ou d'un réseau est aussi mystérieux que celui d'une automobile ou d'un être vivant. Ils comptent sur les informaticiens pour les aider à concevoir, à localiser, à configurer, à programmer, à déployer, à maintenir, à exploiter et à comprendre les artéfacts numériques, les ordinateurs, les systèmes informatiques et les réseaux. L'informatique est à la fois une pratique, une discipline et une science qui repose sur des compétences fondamentales qui vont bien au-delà de l'« ordinateur-progiciel ». Autour de la conception d'un artéfact informatique gravitent de nombreux acteurs : concepteurs, utilisateurs, gestionnaires, etc. Les concepteurs peuvent avoir des formations diversifiées et contribuer simultanément ou de manière consécutive à la création de cet artéfact et à la transformation de l'environnement dans lequel il s'insère.

L'informatique : discipline et science

La définition de l'informatique a évolué dans le temps. Il s'agit d'une discipline « qui couvre tant les aspects théoriques que pratiques de tout ce qui a trait aux ordinateurs, qu'il s'agisse de traitement de l'information ou de son utilisation » (Office québécois de la langue française (OQLF)). J. Lowther (2010), citant le *Computing Sciences Accreditation Board* (CSAB), définit l'informatique comme étant une discipline « concernée par la compréhension et le design d'ordinateurs et de processus informatiques ». P.J. Denning et P.S. Rosenbloom (2009) la présentent comme étant une discipline scientifique au même titre que les sciences physiques et les sciences humaines.

Selon B. Lang (1998), cette discipline consiste en : une science théorique et pratique, qui porte sur des aspects aussi divers que l'algorithmique, la calculabilité, la complexité, l'intelligence, le design et la programmation ; une technologie fondée sur les matériels et les logiciels, qui fait l'objet d'une activité industrielle importante et lucrative ; un ensemble d'outils de plus en plus intégrés à la vie quotidienne, familiale et professionnelle, allant des ordinateurs personnels au réseau Internet en passant par la bureautique et la téléphonie cellulaire.

Pour J.M. Wing (2006), l'informatique dépasse largement les aspects matériels. Son apprentissage permet d'acquérir un ensemble de compétences pratiques et universelles. C'est une manière de réfléchir en termes de traitement de l'information qui permet de comprendre la nature humaine, de résoudre des problèmes et de concevoir des systèmes que personne ne serait en mesure de réaliser sans elle.

Pour J. Kramer (2007), l'informatique repose sur la capacité d'abstraction qui en constitue la compétence clé, « essentielle lors de la définition des besoins pour isoler les aspects critiques de l'environnement et du système requis tout en laissant de côté les aspects non importants ».

Comme science théorique et pratique, l'informatique comporte un ensemble de concepts, de compétences et d'artéfacts qui sont au cœur de la pratique des informaticiens. L'acquisition des concepts requiert des études universitaires alors que le développement des compétences passe par un engagement dans la pratique. Les artéfacts sont les « biens internes » concrets qui résultent de pratiques professionnelles d'individus qui s'identifient soit comme les « vrais » informaticiens, soit comme des mathématiciens, des ingénieurs, des spécialistes des systèmes d'information, des spécialistes des technologies, des webmestres, des psychologues, etc.

Généralement, trois catégories d'artéfacts sont considérées.

1. Des composantes matérielles (*hardware*) : ordinateurs, périphériques, équipements et liaisons en réseau. Le matériel peut être directement utilisé par l'usager ou servir de composante à un système matériel (ordinateur embarqué).
2. Des logiciels (*software*) : progiciels et logiciels qui « donnent vie » au matériel. Ces programmes contrôlent le fonctionnement du matériel (système d'exploitation, logiciel en réseau, etc.), servent d'interface entre les usagers (*shell*, navigateur, interface par fenêtre, etc.), contribuent au développement (compilateur, interpréteur, éditeur, etc.), servent d'outils génériques (traitement de texte, tableur, etc.) et automatisent des applications scientifiques, médicales, industrielles ou corporatives. Ils peuvent être conçus et développés par un particulier, un éditeur de logiciel, une organisation ou acquis d'un tiers.
3. Des concepts et des méthodes qui servent autant à comprendre notre univers qu'à concevoir, développer et tester les composantes matérielles et logicielles de l'informatique. La capacité de conceptualiser est au cœur de la conception des systèmes. Elle repose sur l'abstraction davantage que sur les compétences en programmation. C'est une manière de penser perspicace et imaginative qui va au-delà du bon fonctionnement de l'ordinateur qui exécute de manière systématique et prévisible un programme. Les méthodes regroupent des algorithmes et des méthodologies de développement. La maîtrise de ces différents aspects repose tant sur les connaissances théoriques que sur le savoir-faire développé par la pratique.

Le terme « informaticien », au sens large, regroupe l'ensemble des personnes qui gagnent leur vie en travaillant sur les théories, les technologies et les systèmes informatiques. Dans le langage populaire, ce terme est généralement employé de manière générique pour désigner les concepteurs de logiciels, les analystes de l'informatique et des systèmes d'information, les programmeurs, etc. D'après P.J. Denning (2001b), plusieurs corps de métiers œuvrent en informatique: les informaticiens (*computer scientists*), les ingénieurs en logiciels (*software engineers*) et en informatique (*computer engineers*), les techniciens, les programmeurs, les professionnels des systèmes d'information (SI) (*IS professionals*) que l'on désigne également sous le vocable de professionnels des technologies de l'information (TI) (*IT professionals*), les opérateurs, etc. Leurs liens avec l'informatique permettent de classer ces métiers en trois groupes.

1. Les métiers au cœur des TI (*IT-specific disciplines*) qui se préoccupent de la discipline des technologies de l'information, c'est-à-dire de ses théories, de ses pratiques et de ses normes. Ils regroupent les technologues en informatique (*computing technologists*), principalement le personnel formé dans un département d'informatique, les ingénieurs en logiciels et les ingénieurs en informatique, etc. Ils se préoccupent, par exemple, de sécurité des systèmes, de robotique, de systèmes d'exploitation, de performances des réseaux de télécommunication, etc.
2. Les métiers qui dépendent des TI (*IT-intensive disciplines*) qui regroupent les personnes dont l'occupation repose sur le développement et l'exploitation intensive des technologies de l'information. Elles proviennent des sciences pures et des sciences humaines, de l'ingénierie et des affaires. Habituellement détentrices d'une formation universitaire, leur travail requiert une connaissance pratique des TI. Elles ont à innover dans des domaines spécifiques, par exemple les modèles du réel, les concepts, les algorithmes, les systèmes, les protocoles, etc. Les professionnels des SI et des TI se préoccupent, entre autres, de commerce électronique, de systèmes informatiques de gestion ou de transport, de génie aérospatial, etc.
3. Les métiers de soutien des TI (*IT-supportive occupations*) qui représentent de nouvelles spécialités associées à la maintenance et à l'exploitation des infrastructures de l'information. Ces personnes ont une formation universitaire ou technique, laquelle a été acquise dans un collège, une école ou un institut. Elles se préoccupent, par exemple, de concevoir des services Web, d'administrer des bases de données, de programmer les spécifications d'un système, etc.

Le champ d'action des TI porte sur des aspects théoriques et pratiques en vue d'acquérir, de déployer, d'exploiter et de gérer des technologies de l'information susceptibles d'être utiles à leurs usagers. Leur domaine d'expertise déborde celui de l'informatique. En plus d'inclure les logiciels et les ordinateurs, il comprend les systèmes de télécommunications, la sécurité informatique, l'automatisation des processus d'affaires, etc. Un professionnel des TI œuvre souvent comme facilitateur, intégrateur et gestionnaire. Comme l'ingénieur, il se préoccupe autant du design que du développement, mais moins de progiciels et de systèmes informatiques que d'applications. Il participe à la conception des processus d'affaires, à la définition des besoins et à la mise en place des systèmes administratifs. Il intervient dans la détermination des fonctionnalités dont le système devra être doté pour devenir un outil adéquat dans le cadre des processus qu'il viendra appuyer ainsi que dans celui de la transformation du milieu de travail dans lequel l'artéfact informatique sera utilisé.

Contrairement aux professions reconnues, celle de l'informaticien a un statut professionnel en devenir. Bien que l'ensemble des connaissances pour exercer cette profession soit de mieux en mieux défini, les conditions d'entrée et de maintien dans la pratique sont floues. Les mécanismes de contrôle sont davantage implicites qu'explicites. Il n'y a pas d'institution responsable qui vérifie et sanctionne l'inconduite professionnelle qui, le plus souvent, est détectée après le fait, à la suite d'incidents dont les conséquences vont parfois jusqu'à la faillite d'entreprises et même la perte de vies humaines. Cette constatation dirige davantage l'attention sur la nécessité d'une régulation de la pratique des informaticiens.

La régulation de la pratique des informaticiens

Quelques États américains et six provinces canadiennes encadrent plus ou moins complètement la pratique des informaticiens par un ordre professionnel spécifique ou existant, tel l'Ordre des ingénieurs, ou exigent qu'ils obtiennent une licence pour pratiquer auprès du public. Les législateurs sont peu enclins à créer de nouveaux ordres.

Plusieurs société savantes et associations professionnelles se préoccupent de l'informatique comme discipline scientifique ainsi que des pratiques reliées aux technologies de l'information. Des sociétés dont la portée est internationale, tels l'*Association for Computing Machinery* (ACM[7]), l'*Institute of Electrical and Electronics Engineers* (IEEE[8]), l'*Association for Information Systems* (AIS), la *Canada's Association of Information Technology Professionals* (CIPS) et la *Canadian Coalition for Tomorrow's ICT* (CCICT). L'*Association professionnelle des informaticiens et informaticiennes du Québec* (APIIQ) et Action-TI[9] sont, au Québec, des exemples de groupes qui se préoccupent du dévelop-

7. ACM : http://www.acm.org/.
8. IEEE Computer : http://www.computer.org.
9. Action TI : http://www.actionti.com/_accueil.

pement du domaine de l'informatique, de la formation des informaticiens et de la défense de leurs intérêts.

En outre, l'industrie des TI et des groupes de praticiens proposent des certifications associées à un métier, à un produit ou à un service. Par exemple, les métiers de gestionnaire de projets, d'ingénieur en logiciels, de programmeur, de spécialiste en sécurité, etc., font l'objet de certifications, tout comme certains produits tels les logiciels en réseau, les systèmes d'exploitation, les ateliers de logiciels, les bases de données, etc. Certains organismes, tel Microsoft, proposent des certifications qui portent sur les habiletés requises pour configurer et exploiter leurs produits. Par exemple : le *Project Management Institute* (PMI) certifie les gestionnaires de projets ; Microsoft certifie l'exploitation de ses logiciels avec le *Microsoft Certified Professional* (MCP) et le *Microsoft Certified Systems Engineer* (MCSE) ; Cisco a développé le *Cisco Certified Internetwork Expert* (CCIE) dans le domaine des réseaux, etc.

On trouve également deux organisations qui accréditent les programmes informatiques : la *Canada's Association of Information Technology Professionals* et le *Computing Sciences Accreditation Board.*

Les TI font l'objet de nombreuses règles (*computer standards*) sanctionnées ou non, qui vont des langages aux normes de développement et de sécurité en passant par les protocoles en réseau et les interfaces. Elles sont développées par des organisations comme l'*International Organization for Standardization*, l'*Institute of Electrical and Electronics Engineers*, l'*Internet Engineering Task Force*, etc. De plus, lors de l'élaboration et de l'exploitation des applications, les informaticiens doivent tenir compte des savoir-faire et des règles propres aux domaines concernés, par exemple médical, aéronautique, financier, etc.

Il existe plusieurs méthodologies d'encadrement des processus de développement d'une application. Historiquement, diverses approches ont été proposées avec plus ou moins de succès : programmation structurée, programmation orientée, développement par prototype, développement agile, etc. Elles relèvent du génie de logiciel, répondent à des besoins spécifiques et tiennent compte d'un contexte particulier. Il n'y a pas d'approche universelle. Le recours à une méthodologie ne garantit pas le succès du projet.

Alors que la conformité aux normes est essentielle dans certains projets, les méthodologies proposent des guides qui doivent être adaptés par le praticien. Les organisations tendent à suivre une seule méthodologie à la lettre et à ignorer les concepts sous-jacents ou les spécificités du projet. Cette pratique favorise la taylorisation du développement et tend à contraindre la liberté des praticiens.

L'éthique et le code de déontologie

D'après J.H. Moor (1985), l'éthique informatique est concernée par le vide politique et la pagaille conceptuelle associés à l'exploitation sociale et morale des technologies de l'information. Il avance que ces dernières sont réellement révolutionnaires parce qu'elles sont logiquement malléables[10], qu'elles induisent des transformations sociétales[11] et qu'elles peuvent receler des pièges en raison de l'invisibilité des codes[12] qui en gouvernent le fonctionnement.

Il importe de réguler la pratique en fournissant des balises aux informaticiens en ce qui a trait à leurs relations avec les parties prenantes : pairs, employeurs, clients et société. Certaines sociétés savantes, dont l'ACM et l'IEEE, ont recours à des codes de déontologie pour baliser ces relations. Toutefois, la mise en action de mesures pour assurer le respect de ces codes est difficilement réalisable en l'absence d'un ordre professionnel.

Le domaine de l'informatique dispose de quelques mesures, issues de la volonté du privé, pour réguler la conduite des praticiens. Leur diversité et l'absence de volonté politique de créer un ordre conduisent les individus et les entreprises à tenter de mettre de la discipline dans leur métier.

4. L'ANALYSE DE DEUX DÉMARCHES DE RÉGULATION DANS L'UNIVERS DE L'INFORMATIQUE

Au Québec, l'Association professionnelle des informaticiens et des informaticiennes du Québec (APIIQ) a réitéré, en 2008, sa demande de création d'un ordre professionnel. Par ailleurs, en 2007, des gens d'affaires ont formé un consortium, la *Canadian Coalition for Tomorrow's ICT Skills* (CCICT), visant à proposer un cadre de formation pour les spécialistes des systèmes d'information organisationnels.

---

10. Malléabilité logique signifie qu'elles permettent d'exécuter exactement les instructions qui ont été fournies. Ainsi, elles ne peuvent pas être tenues responsables d'avoir été employées pour des activités non éthiques.
11. Elles sont susceptibles de changer notre manière de penser. Elles ouvrent de nouvelles possibilités, tant pour la pensée que pour l'action humaine.
12. Le programme qui contrôle la suite des opérations internes d'un système informatique peut contenir des valeurs cachées, des calculs complexes ou des procédures malhonnêtes qui sont invisibles pour l'usager.

L'APIIQ : démarches de création d'un ordre professionnel

À deux reprises, soit en 1995 et en 2008, l'APIIQ a effectué une démarche auprès du gouvernement du Québec pour créer un ordre des professionnels de l'informatique. Ces démarches, infructueuses à ce jour, visaient à leur conférer un titre réservé, sans champ de pratique exclusif. Un mémoire présente l'historique des démarches des membres de l'APIIQ et fournit des arguments qui visent à « convaincre les membres de l'Office des professions du Québec (OPQ) de la nécessité d'encadrer la profession d'informaticien professionnel » (p. 7). Il recommande que soient exclues d'un éventuel ordre :

> [...] les disciplines connexes à la profession telles que, notamment, le génie informatique et la construction des ordinateurs, la gestion de systèmes d'information, les sciences comptables et d'administration (p. 17).

Les auteurs insistent sur le fait que, depuis le dépôt du mémoire initial (1995),

> [...] certains programmes, autres que l'informatique, ont ajouté des spécialisations en informatique, rendant difficile pour le public de reconnaître un véritable professionnel de l'informatique d'un autre professionnel pour qui l'informatique n'est qu'une spécialité (p. 19).

Les efforts de création d'un ordre par l'APIIQ visent à donner une reconnaissance juridique au statut professionnel des diplômés des départements d'informatique, de génie logiciel et des détenteurs d'une formation jugée équivalente. Ces démarches tentent, entre autres, de distinguer les « professionnels » des « techniciens » et des « artisans ». Le mémoire de 2008 écarte les diplômés en systèmes d'information organisationnelle (SIO), considérés comme appartenant à une discipline connexe préoccupée par les besoins organisationnels (p. 34). Il écarte aussi les ingénieurs en informatique dont la discipline se positionne à l'intersection du génie électrique et de l'informatique (p. 33).

L'un des points d'appui important de ce mémoire est son souci d'éviter les incidents et les accidents consécutifs à des erreurs de conception ou de programmation informatique.

> [...] ce document met en lumière les résultats d'une longue démarche des membres de l'APIIQ abondamment documentée et étayée par des faits d'actualité dont l'analyse démontre clairement l'implication d'erreurs informatiques qui auraient pu être évitées par l'usage de bonnes pratiques et d'une réglementation appropriée (p. 7).

Dans le mémoire, les impacts négatifs associés à des manques professionnels sont documentés par nombre d'histoires d'horreur et par l'évocation des conséquences de ces désastres, ce qui conduit à la conclusion que:

> comme le travail de l'informaticien praticien a un impact sur la sécurité du public, sa profession doit être encadrée au même titre que celle d'un ingénieur ou d'un architecte.

Tel que le souligne le mémoire: «l'absence de reconnaissance et d'encadrement professionnels fait en sorte qu'il est difficile de mener des enquêtes sur les causes techniques des incidents et sur les moyens d'y remédier» (p. 19).

L'analyse sommaire du mémoire de l'APIIQ

Le mémoire de l'APIIQ présente une vision qui évacue plusieurs groupes de praticiens qui gravitent en informatique. On mentionne, sans nuances, certains désastres informatiques pour laisser entendre qu'un ordre protégerait contre ces situations. On passe sous silence que des informaticiens ont participé à ces désastres, soit par leur incompétence, soit par leur silence. Tout développement est hasardeux et la création d'un ordre ne saurait suffire pour pallier les risques inhérents à ce processus complexe et souvent teinté de politique. Ce mémoire est porteur d'une vision corporatiste légitime d'un groupe dépourvu d'un statut professionnel reconnu.

Malgré un survol intéressant et relativement exhaustif du champ de pratique informatique, les auteurs passent sous silence que le *Computing Sciences Accreditation Board* (CSAB) reconnaît des formations autres que celles offertes dans les départements d'informatique. Il accrédite les programmes en *computer science, information systems, software engineering, and information technology, and is a cooperating society for accreditation of computer engineering, biological engineering, and information engineering technology*[13].

Le développement de systèmes est présenté comme une évolution en cascade[14] classique qui ne tient pas compte de l'état de l'art actuel. Il décrit la pratique tel un processus bien contrôlé de «fins-moyens» (Schön, 1983; Yanov et Tsoukas, 2009) comme étant la production d'artéfacts imperméables aux jeux des pouvoirs politiques et économiques propres aux organisations. Le mémoire fait fi d'une réalité dans laquelle les parties prenantes cherchent à intervenir à leur avantage dans la création d'un système résultant plus d'un

13. Page de présentation du CSAB: http://www.csab.org/, consultée le 18 novembre 2010.
14. Ce processus comprend des étapes successives d'analyse des besoins, de conception, d'architecture, de programmation, de validation, de maintenance et de mise à la retraite.

compromis que d'une rationalité consensuelle. Le respect des échéanciers et des budgets ne sont que des enjeux parmi d'autres. Celui du pouvoir n'est pas le moindre.

Le mémoire laisse entendre que les incidents sont consécutifs à de mauvaises pratiques de la part de « non-informaticiens ». La protection du public justifie souvent la reconnaissance officielle des professions qui requièrent des connaissances théoriques et pratiques et des normes de performance, d'éthique et de responsabilité (Denning, 2001a, 2001b). Présentement, d'après Denning, la profession d'informaticien remplit partiellement ces exigences. Toutefois, compte tenu de la perception de l'informatique par le public, il n'est pas certain qu'il se sentirait mieux protégé par un ordre. Il faudrait démontrer comment un ordre professionnel qui exclut plusieurs des parties prenantes pourrait être garant de cette protection. Le mémoire présente l'informaticien comme un *superman* doté d'une pratique optimale (*one best way*) et d'un code d'éthique contraignant. Ce code reprend les grandes lignes de ceux de l'IEEE et de l'ACM.

Le mémoire tait plusieurs causes des échecs des projets (planification optimiste, spécifications irréalistes, complexité intrinsèque du système, manque de temps, de fonds, de ressources compétentes, etc.). Il évacue les considérations reliées aux aspects sociaux et éthiques de la pratique d'informaticiens généralement à l'emploi d'une organisation. Cette dernière limite souvent l'autonomie et restreint la pratique professionnelle au nom de la rationalité économique. On passe sous silence que le professionnel se trouve parfois en conflit d'intérêts : privilégier le bien-être du client ou celui de l'employeur, l'intérêt public ou celui du client ? Un code de déontologie fournit des balises sans nécessairement donner des règles strictes face à des situations conflictuelles entre des buts divergents. De plus, un individu peut se conformer à un code de déontologie sans être membre d'un ordre professionnel.

La CCICT : normalisation institutionnelle de la formation en SIO

En 2007, la *Canadian Coalition for Tomorrow's ICT Skills* (CCICT) a proposé un programme unifié pour former des analystes des technologies d'affaires[15], le *Business Technology Management.* Ce projet origine de la firme de télécommunication Bell. Il est inspiré d'un projet analogue, *Skills Framework for the Information Age* (SFIA)[16], réalisé au Royaume-Uni, qui

15. Ce titre français est non officiel, toutefois, mais il traduit bien le cadre de ce qui devrait représenter les préoccupations des professionnels formés dans ce programme unifié.
16. SFIA Foundation : http ://www.sfia.org.uk/.

s'est concrétisé par la mise en place de la certification SFIA. L'objectif de la CCICT est triple : faire la promotion des emplois du domaine des TIC, améliorer la formation des professionnels du domaine des TIC à travers le Canada et combler les besoins des firmes canadiennes en analystes des technologies d'affaires. Sur son site Web, la CCICT présente ces analystes comme :

> [...] les leaders des nouvelles technologies de l'informatique et des communications qui sont au cœur des changements impliquant les clients et les parties prenantes tant dans les organisations qu'entre les organisations.

Ces analystes devront comprendre les besoins des organisations en systèmes informatiques, contribuer à l'amélioration des processus d'affaires, déterminer les technologies les plus susceptibles de les combler, être des agents de changement pour exploiter les opportunités technologiques des organisations, assurer l'intégration des systèmes entre eux et au sein des différents secteurs d'affaires et participer à leur gestion.

Le projet de la CCICT se justifie par les prévisions sur d'éventuelles pénuries de spécialistes en TIC. Il reflète les vues des participants, principalement des hauts gestionnaires et des universitaires dans le domaine des TIC. Ces vues portent sur la meilleure formation susceptible de répondre aux besoins de l'industrie et au plan de carrière des professionnels en TIC. Ce projet vise le développement d'un programme pour former des analystes des technologies d'affaires et la mise sur pied d'un processus d'accréditation pour les universités. Cette accréditation serait assurée par la CIPS.

L'analyse des démarches de la CCICT

Les démarches de la CCICT sont des exemples de régulation d'une profession par le privé. Elles instaurent ce que Y. Pesqueux (2009) décrit comme un « [...] processus par lequel les normes privées sont rendues publiques indépendamment de leur représentativité, en négation en quelque sorte de la puissance publique ». Ce projet, qui ne vise qu'une catégorie d'informaticiens, se dessine au nom de la légitimité de la mise à l'épreuve et de la démocratie représentative. Il procède par un double empiètement de la sphère privée à la fois sur la sphère publique, représentée par les universités, et sur la vie privée (Pesqueux, 2009).

Empiètement sur la sphère publique : une supraprivatisation de ce type est définie comme un « processus qui se matérialise par la légitimité accordée à l'efficience dans la sphère publique et, donc, à un processus de privatisation de cette sphère publique ». Il s'agit d'une négation de la capacité de la sphère publique de définir des critères de performance qui lui sont propres et qui pourraient s'avérer différents ou complémentaires aux critères économiques qui dominent la sphère privée. Les universités « partenaires » du projet ne sont pas membres du consortium, puisqu'elles n'y contribuent pas financièrement. Elles sont toutefois soumises au processus d'agrément conduit par un comité formé à la fois d'universitaires et, possiblement, de membres des organisations commanditaires[17]. En outre, les universités s'engagent à ce qu'un ou des membres de ces organisations siègent à un comité de leur programme. L'imposition de cette exigence, si louable soit-elle, ignore le mode de fonctionnement propre à chaque université et lui impose celui du consortium. Ce faisant, l'université abandonne une partie de sa mission de formation des personnes privilégiant le développement d'un sens critique, susceptible de remettre en question les institutions économiques, pour endosser celui de producteur d'un produit fini rencontrant les exigences du consortium. L'université sacrifie un peu plus de son indépendance.

Empiètement sur la vie privée : il s'agit également d'une infraprivatisation qui résulte d'un « processus qui se matérialise par l'intrusion des catégories économiques sur la vie privée ». Dans cette perspective, l'étudiant constitue un produit qui doit être formé en fonction des critères du marché. Les universités s'engagent à fournir, en priorité, aux membres du consortium les noms des diplômés.

5. LES ENJEUX DE CES DEUX EFFORTS DE RÉGULATION DE LA PRATIQUE

La régulation de la profession des informaticiens soulève des questions. Quels sont les intérêts ciblés par les mécanismes de régulation ? Visent-ils vraiment le bien commun ou défendent-ils des intérêts particuliers ?

Les enjeux de la régulation : demandes des informaticiens

Le projet de créer un ordre des informaticiens affecte l'identité de l'ensemble des intervenants du domaine des TIC, leur formation et leurs pratiques. L'ordre devrait permettre aux informaticiens de contrôler les divers aspects de leur profession. Or, la démarche de l'APIIQ ne considère pas l'ensemble des parties prenantes des TIC. Elle constitue une mainmise sur :

1. Le titre : l'appropriation du terme « professionnel de l'informatique », réservé aux seules personnes formées dans les départements

17. Au moment d'écrire ces lignes, le processus d'agrément n'est pas défini.

d'informatique ou de génie en logiciels. Il exclut les praticiens d'autres provenances.

2. La pratique : l'appropriation par les professionnels de l'informatique d'un groupe d'actes réservés. Ils auraient l'exclusivité de créer des connaissances en informatique et de développer des artéfacts propres à cette discipline. Or, des praticiens détenant des formations variées (physique, mathématique, ingénierie, psychologie, etc.) contribuent à divers titres à l'informatique.
3. La formation : une formation des professionnels en informatique centrée sur la technologie. Cette approche exclut les aspects sociaux, éthiques et organisationnels touchant les domaines d'applications. Elle exclut aussi les connaissances non informatiques propres au domaine de l'application (aéronautique, santé, gestion, etc.). Ce faisant, elle fait fi d'aspects essentiels au succès de la conception, à la mise en œuvre et à l'utilisation d'artéfacts.

L'ordre est davantage présenté comme un mécanisme pour régulariser les pratiques « des autres » : ingénieurs, techniciens en informatique, mathématiciens, analystes en SIO, etc., afin de préserver, au nom du bien public, une chasse gardée pour les professionnels formés dans les départements d'informatique.

L'APIIQ s'arroge le pouvoir de contrôler l'accès au statut de « professionnel de l'informatique » en intervenant sur le contenu du programme et sur l'accréditation des institutions d'enseignement. Or, ces prérogatives ne relèvent pas des ordres professionnels, mais des conseils nationaux qui regroupent les ordres provinciaux (ingénieur, médecin, etc.).

Les enjeux de la régulation : demandes des employeurs

Le projet de la CCICT vise à développer le programme des analystes en technologies d'affaires et à accréditer leur formation. Les membres du consortium se préoccupent de la disponibilité et de la qualité d'un « produit » susceptible de rencontrer leurs besoins. Le projet minimise les risques encourus par les organisations participantes en laissant aux universités le soin d'assurer les coûts de la mise en œuvre du programme. Ces entreprises se montrent réticentes à s'engager dans un partenariat actif pour former les étudiants (stages, emplois d'été, présentation de cas, etc.) en alléguant le « manque de temps et de ressources ».

Le projet de la CCICT confère à un organisme privé le contrôle sur :

1. Les connaissances et le savoir-faire : le projet fait référence au discours sur la société de « l'économie du savoir » (*knowledge economy*). Dans

une société où les universités sont censées produire et diffuser le savoir, la CCICT s'arroge le contrôle sur les connaissances.

2. Les modes de fonctionnement des institutions d'enseignement : la CCICT demande d'intervenir dans le processus d'élaboration du programme et de son contenu, d'introduire l'accréditation du BTM ; de nommer ses représentants aux comités internes de l'université. Le contenu du programme doit tenir compte des normes de certification industrielle, tels PMBOK[18], SAP[19], CIPS, etc., et ce, au détriment d'un savoir fondamental. Le développement d'un esprit critique à l'égard des organisations, l'apprentissage des langages informatiques et les activités susceptibles d'augmenter les capacités d'abstraction et de meilleure compréhension des processus de création ne sont plus jugés essentiels.
3. Les enjeux sociétaires et économiques : ce projet propose aux employeurs un « produit » immédiatement exploitable : des analystes formés au BTM. Cette manière de faire correspond à une appropriation par les entreprises de certains programmes universitaires. Dans un contexte de rareté de fonds pour le fonctionnement des universités (subventions, bourses, stages, etc.), le BTM monopolise l'argent public aux fins de bénéfices particuliers.

L'approche de la CCICT ne considère que certains métiers d'informaticiens qui œuvrent dans les organisations. Elle limite la formation des analystes et leur impose un plan de carrière fondé tant sur les besoins actuels de l'industrie que sur l'état de l'art des sciences et des technologies de l'informatique. Ce faisant, elle limite la capacité d'adaptation des diplômés et l'avancement de la discipline. Ce projet questionne la nature des relations entre les employeurs et les universités et présuppose une vision instrumentale des métiers d'informaticiens, contraire à leur professionnalisation.

CONCLUSION

Un professionnel exerce un travail à caractère intellectuel et technique qui consiste à conseiller des clients, à solutionner des problèmes et à concevoir et développer des produits et des services. Ce travail exige des connaissances et des savoirs pratiques dans un champ particulier d'une discipline scientifique et sociale. Rares sont les clients en mesure d'apprécier la justesse et la qualité

18. PMBOK (Project Management Book of Knowledge).
19. Les normes de l'éditeur de logiciels SAP.

des interventions. Par ailleurs, celles-ci ont des impacts sociaux et économiques tant sur eux que sur la société.

Le marché de l'emploi contrôle la pratique au moyen de la certification, de l'accréditation des programmes, du développement de méthodologies et de normes, etc. Les professionnels s'organisent en ordres, en sociétés savantes et en associations pour protéger le public, pour travailler à l'avancement de leur discipline et pour promouvoir leurs intérêts. Ces groupes permettent de régulariser leurs pratiques en contrôlant l'admission à la profession, en accréditant les programmes de formation, en proposant des codes de déontologie, etc. De tels codes servent de guide pour protéger la société et pour régulariser les relations entre les parties. Cependant, seuls les ordres possèdent un statut légal qui leur permet de réserver le titre de professionnel et de contrôler les pratiques. Ce statut leur procure un pouvoir d'enquêtes et de sanctions.

Au Québec, les informaticiens forment un groupe disparate tant en ce qui concerne la formation et les métiers (gestionnaire, analyste, technicien, spécialiste des TI, etc.) que les conditions de pratique. Ils sont à la recherche d'une identité et d'un statut professionnel. L'APIIQ a entrepris des démarches auprès du gouvernement pour développer un ordre des informaticiens. Par ailleurs, la CCICT, qui prétend parler au nom du marché, est intervenue auprès des universités pour contrôler la formation des spécialistes des TIC et, indirectement, l'accès et l'évolution des carrières. Ces approches sont représentatives du choc des cultures : d'une part, celle des informaticiens par rapport à celle des législateurs qui hésitent à créer un nouvel ordre professionnel ; et, d'autre part, celle de la culture d'entreprises privées désireuses de contrôler le marché de l'emploi dans le domaine des TIC face à celle des universités dont l'indépendance s'érode peu à peu, notamment en raison de leur sous-financement.

L'éthique est un élément essentiel pour régulariser les pratiques professionnelles. Les projets de l'APIIQ et de la CCICT présentent des points de vue opposés sur son rôle et sur sa nature. Pour l'APIIQ, l'impact des mauvaises pratiques et un code de déontologie visant la protection du public viennent justifier la nécessité d'un ordre professionnel en informatique. Pour la CCICT, tout est ramené à un simple élément du programme, sans préoccupation explicite de la protection du public.

Ces deux interprétations soulèvent plusieurs questions quant à l'éthique : quel est le rôle d'un ordre professionnel, qui doit décider du contenu des formations universitaires et quels sont les risques de l'instrumentalisation des professions ?

QUESTIONS DE COMPRÉHENSION

1. Pourquoi une certification, une accréditation et une association professionnelle sont-elles des mécanismes insuffisants pour protéger le public ?
2. Quels seraient les avantages, pour le public et les praticiens, de la création d'un ordre professionnel regroupant l'ensemble des informaticiens ?
3. Quelles sont les difficultés inhérentes à la création d'un ordre qui regrouperait l'ensemble des informaticiens ?
4. Quels sont les avantages et les désavantages, pour les praticiens, d'une accréditation comme celles proposées par l'APIIQ et la CCICT ?
5. En reprenant la figure 1, Mécanismes de régulation professionnelle, identifiez ceux qui existent pour votre profession en proposant des exemples concrets. Expliquez quel est le rôle des organisations dans le contexte de votre ordre professionnel.

Bibliographie

APIIQ : http ://www.apiiq.qc.ca/joomla/.

Buszta, K., 2008, « Challenges in Certification and Accreditation », *IT Professional*, mai-juin, p. 56-59.

CIPS : http ://www.cips.ca/ ?q=about.

CSAB : http ://www.csab.org/.

Denning, P.J., 2001a, « The IT Schools Movement », *Communication of the ACM*, vol. 44, n° 8, août, p. 19-22.

Denning, P.J., 2001b, « When IT Becomes a Profession », *The Invisible Future*, New York, McGraw-Hill Inc., chapitre 23, p. 295-325.

Denning, P.J. et P.S. Rosenbloom, 2009, « The Profession of IT Computing : The Fourth Great Domain of Science », *Communication of the ACM*, vol. 52, n° 9, septembre, p. 27-29.

Fabian, R., 2009, « Professional Essence », *IT Professional*, mai-juin, p. 54-56.

Kramer, J., 2007, « Is Abstraction the Key to Computing ? », *Communication of the ACM*, vol. 50, n° 4, avril, p. 36-42.

Kubr, M., 1998, « Professionnalisme et déontologie », *Le conseil en management. Guide pour la profession*, Genève, Bureau international du travail, chapitre 6, p. 123-132 et 138-142.

Lang, B., 1998, « L'informatique : science, techniques et outils » : http ://pauillac.inria.fr/~lang/ecrits/ailf/, page consultée le 3 février 2010.

Lowther, J., 2010, « What Is Computer Science » : http ://www.cs.mtu.edu/~john/whatiscs.html, page consultée le 27 septembre 2010.

Moor, J.H., 1985, « What Is Computer Ethic », *Metaphilosophy*, n° 16, p. 266-275.

OQLF : Office québécois de la langue française : http ://www.granddictionnaire.com/btml/fra/r_motclef/index1024_1.asp, page consultée le 27 septembre 2010.

Pesqueux, Y., 2009, « La RSE ou l'épuisement d'un thème de gestion », *6e Congrès de l'ADERSE* à Pau, en France : http ://halshs.archives-ouvertes.fr/docs/00/48/11/74/PDF/RSEADERSE2009.pdf, page consultée le 10 octobre 2010.

Savard, M., P. Marchand, J. Sergerie et L. Matei, 2008, *Encadrer la profession informatique, maintenant une nécessité !*, Mémoire présenté à l'Office des professions du Québec par l'Association professionnelle des informaticiens et informaticiennes du Québec.

Schön, D.A., 1983, *The Reflective Practitionner : How Professionals Think in Action*, New York, Basic Books.

Wing, J.M., 2006, « Computational Thinking », *Communication of the ACM*, vol. 49, n° 3, mars, p. 33-35.

Yanow, D. et H. Tsoukas, 2006, « Acquiring expertise in professional practice : Reflecting on the role of reflection-in-action », *Communication Science Seminar Series* : http ://www.cis.wur.nl/NR/rdonlyres/9042CA85-9F3C-4E87-A1E7-5A5F7AAA6B39/35366/DvoraYanow_paper.pdf, page consultée le 25 septembre 2010.

Yanow, D. et H. Tsoukas, 2009, « What is reflection-in-action ? A Phenomenological Account », *Journal of Management Studies*, vol. 46, n° 8, décembre, p. 1339-1364 : http ://www.om.uzh.ch/news/tsoukas09/Yanow_Tsoukas_JMS_What_is_reflection_in_action.pdf.

Biographie d'Anne Chartier

Anne Chartier est diplômée de l'Université Laval. Elle est détentrice d'un baccalauréat en anthropologie, d'une maîtrise en administration des affaires (MBA), d'un MBA spécialisé en systèmes d'information organisationnels. En 2003, elle obtenu un doctorat en sciences de l'administration (Ph. D.) portant sur le jugement moral des informaticiens sur les actions de piratage. Avant d'entreprendre ses études doctorales, elle a œuvré pendant 15 ans à titre d'informaticienne au sein d'organisations gouvernementale et privée. Professeure agrégée au Département des systèmes d'information organisationnels (SIO) de la Faculté des sciences de l'administration de l'Université Laval, ses travaux de recherche portent sur l'éthique des technologies de l'information et des communications (TIC), sur leurs enjeux organisationnels et sociaux et sur le développement professionnel des praticiens de ce domaine. Madame Chartier a publié dans des revues telles que *Systèmes d'information et management*, *Canadian Journal of Administrative Science / Revue canadienne des sciences de l'administration*. Elle est membre de l'*Association for Information Systems*, de l'Association Information et Management. Elle est chercheure régulière associée à l'Institut d'éthique appliquée de l'Université Laval, au Centre de recherche et de transfert en architecture d'entreprises et à l'Institut Technologies de l'information et Sociétés.

Biographie de Bernard Plante

Bernard Plante possède un baccalauréat en génie physique (B. Sc. A.) de l'Université Laval. Il a obtenu une maîtrise en physique (optique numérique) et une maîtrise en informatique (optimisation de réseaux). Depuis 1978, il est à l'emploi du gouvernement du Québec en informatique et en télécommunication. Il a été chargé de cours sur les technologies d'affaires électroniques, à l'Université Laval. Monsieur Plante s'intéresse à la complexité liée à la modélisation des processus physiques, au développement des systèmes informatiques et aux professions. Il est membre de l'Ordre des ingénieurs du Québec, de l'*Association of Computing Machinery* et de l'*Institute of Electrical and Electronics Engineers*.

Chapitre 4

L'identité professionnelle en mutation

André Lacroix

Objectifs poursuivis :

- Mettre en évidence la profonde mutation du monde du travail et l'importance que revêt l'éthique pour dénouer les tensions inhérentes à cette évolution ;
- Définir l'identité professionnelle des travailleurs d'aujourd'hui ;
- Expliquer comment le travail s'est professionnalisé au cours des dernières années ;
- Démontrer le potentiel de l'éthique en tant qu'outil indispensable au développement de l'identité professionnelle et à la résolution des tensions en milieu de travail.

INTRODUCTION

À l'image de nos sociétés, le monde du travail est en constante évolution. Cette évolution n'est pas sans soulever des tensions, obligeant les employeurs et les employés à souscrire à divers ajustements. Pour un auteur comme Michel Lallement (2010), ces tensions sont de quatre ordres.

Dans le premier ordre, c'est la recomposition du monde du travail sur la base de sa marchandisation et de l'introduction de nouvelles technologies qui les génère ainsi que l'épuisement chez les travailleurs. Comment, en effet, suivre le nouveau rythme imposé par l'introduction des nouvelles technologies, comment gérer leur caractère intrusif dans nos vies et comment « encadrer » une tendance de fond qui fait du travail une nouvelle marchandise alors que les travailleurs subordonnent désormais ce dernier aux impératifs de leur vie familiale et de leurs loisirs ?

Dans le deuxième ordre, ce sont les modes d'organisation du travail qui ne parviennent plus à rendre compte de la réalité des travailleurs, générant insatisfaction et frustration à la suite de la production d'injonctions paradoxales énoncées par les gestionnaires (concilier les impératifs d'efficacité qui consistent à réduire au minimum le nombre d'heures consacrées à une tâche tout en s'assurant d'un maximum de qualité dans la production du bien et du service, par exemple). Ayant accepté les transformations que l'on vient d'évoquer, travailleurs et gestionnaires cherchent maintenant à réconcilier ces nouvelles tendances avec la recherche de l'efficience en milieu de travail. Et c'est alors la réconciliation de l'efficience et de la qualité, tout autant celle du milieu de vie que celle des biens et des services offerts par l'entreprise, qui est l'objet de tensions.

Dans les troisième et quatrième ordres, enfin, le travail accompli ne correspond plus aux exigences du marché et, son corollaire, les catégories cognitives dont nous disposons, ne nous permettent plus de saisir la réalité actuelle de ce monde. Ainsi, conscients des transformations et des tensions qui en découlent, conscients des insuffisances des modes de gestion traditionnels pour gérer ces tensions, les chercheurs, les dirigeants d'entreprises et les décideurs cherchent des manières de « saisir » ces nouvelles réalités pour penser des solutions qui tardent à venir et à s'imposer (Pollitt, 1995 ; Émery et Giauque, 2003).

Cette typologie met en évidence l'importance des tensions qui parcourent désormais le monde du travail de même que celle de leur diffusion dans toutes ses sphères. Elle permet de constater que la réalité du travail échappe dorénavant à nos grandes organisations qui ne parviennent plus à suivre son évolution et à proposer des modes de gestion adéquats en phase avec les représentations du travail présentes chez chacun d'entre nous et en harmonie avec les attentes des travailleurs, comme celle qui a trait à la conciliation travail/famille, par exemple. Même si la proposition de Lallement n'est pas sans reproches (Méda, 1995 ; Castel, 1995), elle a le mérite de rendre compte de l'existence de ces nouvelles tensions et de reconnaître leur importance dans la manière d'envisager la gestion et l'organisation du travail (Ferreras, 2007). C'est pourquoi il est maintenant non seulement usuel de souligner que le travail change, mais aussi d'insister sur le fait que les modes de management privilégiés au cours du dernier siècle ne parviennent plus à rendre compte de la réalité et à assurer à la fois l'harmonie et l'efficience en milieu de travail. Ils sont, à leur manière, déficients.

La nouvelle façon de penser le travail (Ballot, Bibard, Even-Granboulan, Ganem et Grassin, 2005) en le subordonnant désormais à la vie familiale, entre autres, semble rendre plus difficile que jamais la motivation des travailleurs[1]. Pour ces derniers, le travail correspond à une activité dans laquelle ils souhaitent s'épanouir et pour laquelle ils demandent une reconnaissance professionnelle. Et ce besoin de reconnaissance est indissociable de la professionnalisation du monde du travail et de l'émergence de nouvelles identités professionnelles qui s'ensuivent[2]. On ne peut donc plus penser l'organisation du travail et la gestion du personnel comme on le faisait depuis la fin du XIXe siècle, avec la seule présence de travailleurs à qui on demande de reproduire des tâches simples et répétitives contre une rémunération. Les gestionnaires ne peuvent, non plus, découper à l'infini ces tâches et chercher, pour chacune d'elles, à embaucher des spécialistes. Les milieux de travail sont désormais beaucoup plus complexes et les travailleurs ne sont plus des individus qualifiés, mais des individus compétents qui possèdent des qualifications. Ces compétences, qui se trouvent au premier plan, imposent de nouvelles identités qui suscitent des besoins d'autonomie. Ces revendications d'autonomie engendrent alors d'inévitables et d'inextricables conflits au sein des entreprises. Celles-ci, souhaitant produire un bien ou offrir un service, opérations qui requièrent un minimum de contrôle sur les processus de production, voient

1. Revue *Cités*, 2001, *Le travail sans fin ? Réalités du travail et transformations sociales*, Paris, Presses universitaires de France, n° 8.
2. « […] les professions contribuent, souvent plus que la religion, l'engagement politique ou l'appartenance familiale, à la définition des identités individuelles » (Champy, 2009).

leurs effectifs exiger un maximum d'autonomie dans la gestion de leurs tâches, ce qui les pousse souvent à remettre en question la légitimité du contrôle. Sous peine de voir leurs effectifs se rebeller ou être victimes d'épuisement professionnel résultant de la perte de sens de leur travail[3], les organisations doivent désormais penser le management non plus seulement dans une dynamique de « direction », mais aussi dans une dynamique « d'accompagnement », ce qui signifie concevoir un management fondé sur la gestion des valeurs et sur l'intégration des dimensions éthique et déontologique (Mintzberg, 2005 ; Louart, Camerman, Duvillier, Genard et Piraux, 2003) pour gérer les nouvelles tensions en milieu de travail.

Ce sont ces deux aspects du monde du travail que j'entends traiter dans le présent texte, soit la professionnalisation et la montée des identités professionnelles. Je ferai tout d'abord voir comment et pourquoi la professionnalisation du travail s'est progressivement mise en place. Je ferai ensuite voir comment et pourquoi cette professionnalisation entraîne la création d'un nouveau type d'identité professionnelle qui engendre des conflits de valeurs et favorise des conditions propices aux épuisements professionnels et à des situations générant une perte de sens du travail. Enfin, j'insisterai sur la fonction de l'éthique dans l'organisation du travail pour résorber ces nouvelles tensions. En effet, la nouvelle réalité du monde du travail interdit désormais d'assimiler la gestion des ressources humaines à la seule gestion des normes et à leur respect par ailleurs indispensable à la vie d'une entreprise. L'éthique ne doit, en effet, plus être considérée comme une simple lutte anticorruption ou comme une simple modalité de contrôle des comportements auxquelles on l'a longtemps associée, soit essentiellement une fonction déontologique, ni non plus comme une simple approche individuelle pour « policer » les comportements. Elle doit plutôt être comprise comme une manière d'envisager la gestion en intégrant les dimensions axiologiques dans l'organisation du travail. Le travail ne peut et ne doit pas être entendu comme une simple « fonction de production », mais bien comme une activité professionnelle qui donne du sens à l'activité humaine, laquelle s'insère dans un cadre social et entrepreneurial qui ne peut être envisagé sans une dimension éthique. L'éthique est ainsi un passage obligé pour toute entreprise, dans la mesure où elle doit répondre à l'émergence des nouvelles identités professionnelles et des besoins

3. Pour plusieurs observateurs, le stress s'est désormais imposé comme le nouveau mal du travail. Ce stress, qui résulte de la perte de sens du travail, est produit par la coexistence de contraintes accrues sur le travail et une plus grande autonomie des travailleurs. L'écart entre le travail prescrit et celui réalisé allant en grandissant, les travailleurs ne voient plus le sens à donner à des actions qui en sont désormais dépourvues (Doray, 1981).

d'autonomie de son personnel, sans pour autant perdre le contrôle sur la gestion des personnes et des processus de production.

1. LA PROFESSIONNALISATION DU TRAVAIL

De l'avis de plusieurs, le travail s'est professionnalisé au cours des dernières années (Legault, 2003). Mais comment et pourquoi ? Et est-ce bien le cas ou est-ce simplement une perception souvent reprise sans pour autant avoir été vérifiée ? Alors que le travail était considéré depuis la première révolution industrielle comme étant d'abord un geste technique, en rupture avec la conception du travail artisanal qui a précédé l'ère industrielle (Pinard, 2000), on assiste de plus en plus à un redéploiement du travail, et à une nouvelle manière de le considérer. De technique, il devient de plus en plus professionnel, avec, à la clé, de nouvelles exigences à l'égard des travailleurs, qu'ils soient professionnels ou techniciens.

Pour bien saisir ce phénomène, il faut accorder un sens large à la notion de profession et de professionnalisation. L'idée d'une professionnalisation du travail renvoie à une plus grande spécificité des tâches, à un savoir propre à l'exercice d'un travail. Ainsi, le terme profession doit être pris au sens large comme le mentionnait le sociologue Howard Becker en 1956. Par conséquent, il désigne un

> ensemble de métiers auxquels une compétence exclusive a été reconnue pour prendre en charge certaines tâches ou certains problèmes. Il s'oppose aux occupations, c'est-à-dire aux métiers qui ne sont pas devenus des professions, par un ensemble de traits qui varient légèrement selon les auteurs, soit le haut niveau de formation nécessaire à l'exercice de l'activité et le statut particulier qui confère à ces groupes une autonomie pour mettre en œuvre le savoir acquis dans le cadre de cette formation (Champy, 2009).

Bien qu'elle ne soit pas sans défauts, cette manière d'envisager la notion de professions a le mérite de fournir les caractéristiques importantes d'une profession, dont celle qui a trait à la notion de « compétence ». Cette notion est, en effet, au cœur des nouvelles exigences de l'école et du marché du travail, puisque l'on demande maintenant aux citoyens et aux travailleurs de développer et de posséder non pas des qualifications, mais bien des compétences. Les qualifications sont, certes, encore importantes, mais leur acquisition se fera tout au long de la vie professionnelle, puisque les nouvelles technologies et configurations des milieux de travail ne cessent de changer et d'évoluer, imposant une mise à jour constante des qualifications des travailleurs. Les employeurs demandent par conséquent aux travailleurs de posséder un ensemble de compétences ou d'habiletés qui, plutôt que de singulariser la fonction, singularise le travailleur et lui accorde la possibilité de déployer une plus grande autonomie et une plus grande flexibilité pour remplir ses tâches, qui ne cesseront de varier tout au long de sa vie professionnelle. Et dès lors que l'on reconnaît, comme le faisait déjà Durkheim au milieu du siècle dernier, une certaine importance aux professions en les considérant à partir de la question de la régulation des activités sociales et de l'intégration des individus, la professionnalisation du travail signifie que les travailleurs vont désormais s'identifier bien davantage à leurs actions professionnelles et à la spécificité de leur travail plutôt qu'à leur affiliation entrepreneuriale. Cela signifie, par exemple, que le fait de travailler pour une entreprise publique plutôt que pour une entreprise privée ne fera plus de différence majeure pour le travailleur avec, à la clé, d'importantes conséquences quant à sa manière d'envisager le travail.

Bien que des auteurs comme Burton J. Bledstein (1976) affirment que la culture du professionnalisme occupe une plus grande place aux États-Unis qu'en Europe, les tendances observées dans le monde du travail laissent croire qu'un tel phénomène s'observe partout en Occident. Le professionnalisme est d'abord un état d'esprit, un idéal individuel, qui se développe dans les sociétés qui valorisent tout particulièrement les compétences requises pour réaliser une activité professionnelle. Dès lors, l'aspiration à accéder au statut social de professionnel est un attribut des membres de la classe moyenne, dans une société en transformation rapide (Champy, 2009). Elle est surtout une singularisation du marché de l'emploi qui tend désormais à se « professionnaliser ». Les travailleurs étant dorénavant tenus d'être compétents tout en étant qualifiés, cela entraîne un besoin d'indépendance professionnelle avec laquelle ils souhaitent réfléchir leur travail et leurs manières de faire.

Ainsi, de techniciens qu'ils étaient, les travailleurs sont devenus de petits entrepreneurs et des professionnels, et ils se considèrent comme tels. Cette évolution de leur statut, ou à tout le moins de la nouvelle identité qu'ils s'attribuent, comporte nécessairement une nouvelle manière d'envisager leur travail et une nouvelle manière de gérer ce même travail. Et c'est parce que cette évolution ne semble pas prise en considération que nous sommes aux prises avec de nouvelles tensions en milieu de travail. Alors que nous aurions assisté à une déqualification du travail avec la révolution industrielle qu'a connue l'Occident, déqualification qui correspondait à de nouveaux modes de management que furent le taylorisme et le fordisme auxquels a succédé en partie le toyotisme, nous sommes désormais aux prises avec une requalification du travail au profit de cette nouvelle professionnalisation[4].

Cette requalification du travail apporte une demande d'autonomie dans la gestion des tâches, ce qui est souhaité par les entreprises, laquelle autonomie entraîne une volonté de reconnaissance de la part du travailleur en raison des compétences qui lui sont maintenant reconnues, ce qui est plus difficilement toléré par les entreprises. Cette professionnalisation du monde du travail qui portait sur la gestion des tâches a engendré un besoin d'identité professionnelle, puisque les travailleurs se perçoivent désormais comme des personnes qualifiées qui possèdent des compétences, lesquelles compétences les rendent aptes à assumer la responsabilité de leur travail… ce qui les amène tout naturellement à revendiquer cette autonomie dans la réalisation de leurs tâches. Et cette autonomie les amènera, bien sûr, à questionner les demandes de l'entreprise, puisqu'ils assument leur capacité à gérer leurs tâches et, à ce titre, se considèrent comme étant les mieux placer pour décider de ce qui est bien ou mal de ce qui est adéquat. On assiste alors à un déplacement de la sphère d'autonomie : de technique (réalisation de tâches spécifiques qui exigent des qualifications précises), cette autonomie devient professionnelle, ce qui engendre une tension importante dans la réalisation du travail.

2. LA CRISE D'IDENTITÉ PROFESSIONNELLE

Face à ces nouvelles réalités qui caractérisent le monde du travail, les travailleurs, qu'ils soient cols blancs, cols bleus ou gestionnaires, font face à une véritable crise d'identité. À qui doivent-ils s'identifier pour réaliser leur travail : à leur institution d'attache, qui règle leur salaire, produit une mission et engendre un service dont ils sont imputables, ou à leurs représentants professionnels, voire aux membres de leur ordre ou association professionnelle quand ce n'est pas à eux-mêmes, entendus comme véritables dépositaires de la compétence dont ils usent au travail ? Quelles normes et valeurs doivent-ils promulguer : celles qui singularisent leur travail ? Celles qui sont privilégiées par l'entreprise ? Ou, encore, celles qui le sont par leurs milieux professionnels et associatifs ? Cette crise d'identité est d'autant plus importante qu'elle est à

4. « Une tendance forte depuis le milieu des années 1980 consiste à vouloir assouplir les organisations, et tous ceux qui œuvrent en leur sein, au nom de la performance et de la qualité. Le maître mot pour changer le travail est celui de flexibilité. Les formes concrètes de cette dernière sont multiples – individualisation des salaires, horaires variables, exigences de réactivité, précarité de l'emploi, mobilités internationales, réformes de la protection sociale… – et peu dans le travail échappent aujourd'hui à l'injonction… » (Lallemant, 2010).

la fois structurelle et existentielle. Elle ne résulte, en effet, aucunement d'un exécrable individualisme tant décrié, mais plutôt d'une véritable tension en milieu de travail entre, d'une part, l'affirmation des compétences professionnelles qui légitiment la demande des travailleurs pour une plus grande liberté et une plus grande autonomie dans l'organisation de leur travail et leur prise de décision et, d'autre part, la volonté des entreprises de bien encadrer le travail de leur personnel pour s'assurer du respect de leurs politiques et de leur mission corporative. La crise des identités se traduit ainsi par l'effacement progressif, mais constant, du sentiment d'appartenance à un groupe de travail de même que par le nouveau rapport au travail qu'entretiennent les plus jeunes (Poltier, Guenette et Henchoz, 2004).

Structurelle, cette crise d'identité est par conséquent tout sauf une passade et une mode. C'est pourquoi elle suppose une nouvelle manière d'envisager le travail et de penser son organisation. Il faut désormais penser cette autonomie en milieu de travail et concevoir les modes de gestion non plus comme des univers de direction dans lesquels les subalternes exécutent les ordres des supérieurs, mais bien comme des lieux de partage de compétences avec pour objectif commun la réalisation de certaines tâches, de certains projets. Ce défi a une portée majeure, comme le souligne Florent Champy. En effet, plutôt que de lier la question du travail à celle du statut professionnel et des qualifications de celui qui le réalise, nous devons désormais aborder la gestion du travail « en tentant de rendre compte du type d'activité cognitive et pratique dont il relève et des savoirs qu'il suppose par certaines caractéristiques des problèmes que les professionnels ont à résoudre » (Champy, 2009). Et cette manière de faire pourra prendre en compte à la fois la complexité et la singularité du travail, ce qui permettra alors aux travailleurs d'assumer l'incertitude constante à laquelle ils feront face dans la réalisation de leurs tâches et la formulation de leurs décisions.

Le travailleur est désormais bel et bien aux prises avec une crise d'identité qui se caractérise par le déchirement entre les valeurs de référence, celles qui identifient la dimension professionnelle du travail, et les valeurs d'opérationnalisation, celles qui identifient la filiation entrepreneuriale de l'action à accomplir[5]. Elle ne peut par conséquent que se résorber par la prise en compte de ces valeurs et des moyens de les gérer en redonnant toute son importance aux savoirs pratiques et aux réalités rencontrées sur le terrain.

---

5. Ce déchirement est aussi ressenti par le travailleur comme un refus de la part de l'employeur, refus de reconnaître l'expérience intimement liée à l'identité professionnelle qui s'est construite au fil des ans, refus aussi de reconnaître cette expertise professionnelle qui n'est pas toujours liée à une profession *stricto sensu*.

3. LA PROFESSIONNALISATION, L'IDENTITÉ PROFESSIONNELLE ET LA REQUALIFICATION DU SAVOIR PRATIQUE

Comme c'est souvent le cas lorsqu'on s'intéresse à nos sociétés, les problèmes soulevés par l'évolution du monde du travail et son corollaire, l'adoption de nouvelles manières de concevoir et de gérer le travail, nous renvoient à nos classiques! En effet, Aristote parlait déjà d'une scission à l'intérieur de la connaissance comme la condition d'une nouvelle raison pratique adapté à la réalité. Il prenait déjà appui sur le besoin des citoyens pour montrer à la fois les limites de l'activité scientifique et la nécessité d'agir pour eux, ce qui aujourd'hui correspond au même besoin, mais accentué, chez le professionnel. Tout comme le citoyen athénien, le professionnel doit agir en fonction d'un savoir pratique qui suppose une compétence fondamentale: penser les valeurs qui guident son action. L'incertitude à laquelle fait, en effet, face un professionnel doit pouvoir se résorber dans l'action et être à tout le moins assumée dans la formulation d'une décision éclairée. La réponse à cette incertitude ne se trouve plus dans un savoir technique au sens où l'entend une définition classique de la profession. Elle se trouve plutôt dans l'utilisation des nouvelles compétences qui caractérisent les nouveaux professionnels. Et une de ces compétences est la compétence éthique qui est abordée dans un autre chapitre du présent livre. Pour être pleinement déployée, cette nouvelle compétence, qui encourage inévitablement la professionnalisation des fonctions de travail tout en formulant un début de réponse à la crise d'identité professionnelle qui est à la clé, doit être assumée dans toute gestion des ressources humaines. C'est pourquoi la professionnalisation du monde du travail, et la crise d'identité professionnelle qui en découle, ne peut s'effectuer que dans le déploiement d'une gestion axée non plus sur les fonctions de direction, mais sur les fonctions de collaboration et de partage. Aux termes de dix ans d'intervention avec les équipes de la Chaire d'éthique, certains de mes collègues ont choisi de qualifier cette approche d'une gestion collégiale par opposition à une gestion participative déjà bien documentée dans la littérature. Une telle gestion collégiale aurait pour principale caractéristique de prendre en compte les valeurs qui guident l'action professionnelle et d'aider les travailleurs à assumer leurs décisions en fonction de ces valeurs, ce qui comporte souvent de remettre en question les grands principes qui ne trouvent plus leur efficience dans la singularité et la complexité des situations auxquelles font face les travailleurs du XXIe siècle.

Avec l'apparition de cette crise d'identité, nous assistons à une évolution de la notion d'autonomie. Nous passons, en effet, progressivement d'une autonomie de décision à une autonomie de réflexion. Le professionnel peut ne pas avoir d'autonomie dans la décision en raison des contraintes institutionnelles et sociales, mais il doit avoir une complète autonomie dans la réflexion. Et cette dernière autonomie qui pourrait être plus importante que la précédente ne peut être pleinement assumée que si le travailleur y est correctement préparé par une formation en éthique et si l'entreprise accepte de prendre en compte cette réalité en intégrant cette même dimension éthique dans ces modes de gestion.

4. LA PLACE DE L'ÉTHIQUE POUR PALLIER LES NOUVELLES TENSIONS

Face à ce nouvel état des lieux et à cette nouvelle réalité du monde du travail, l'éthique est appelée à jouer un nouveau rôle. Pour ce faire, encore faut-il accepter de formuler quelques distinctions et de bien circonscrire ce rôle. La première distinction qu'il faut formuler est celle qui a trait aux rôles du droit, de la déontologie et de l'éthique. Ces trois champs d'activité humaine étant souvent confondus, on voit plus difficilement la spécificité de l'éthique. Il faut donc insister sur le rôle du droit qui a pour principal but de réguler les comportements et de normer le milieu du travail. Il revient au droit d'identifier les obligations de chacun. Sa fonction est donc essentiellement normative et prescriptive. Il revient ensuite à la déontologie d'identifier les bons comportements professionnels et de préciser les normes techniques que doivent respecter les travailleurs. La déontologie aide ainsi à préciser les « bonnes manières » de procéder. On utilisera les règles déontologiques pour évaluer le travail et pour identifier les fautes commises par les travailleurs, lesquels peuvent ne pas être soumis à un code s'ils ne sont pas membres d'une des corporations reconnues par le *Code des professions* du Québec. L'éthique, pour sa part, a une fonction moins prescriptive et plus réflexive. Elle doit aider les travailleurs à gérer les valeurs et à penser son action selon celles-ci plutôt que selon sa seule dimension technique. L'éthique permet de bien identifier le sens de ses actions professionnelles et d'en privilégier certaines selon des valeurs institutionnelles, personnelles ou professionnelles, par exemple.

En intégrant la dimension éthique aux nouvelles approches du management, les entreprises devraient ainsi voir apparaître un management moins technique et psychologique, moins essentiellement économique, pour donner plus de place à la dimension humaine du travail. L'éthique devrait également permettre de concilier la présence des valeurs professionnelles et l'autonomie du travailleur avec les valeurs institutionnelles et sociales dont le travailleur doit également prendre en compte dans la réalisation de son travail. On a, par exemple, beaucoup fait référence au nouveau management public privilégié par l'OCDE depuis le milieu des années 1990. Et c'est là un beau cas de figure où l'éthique gagne à être mise à contribution. Ce nouveau management public consiste en effet, pour l'essentiel, à transposer les paramètres utilisés dans les secteurs privé et public et ainsi gérer les travailleurs de la fonction publique selon les mêmes règles de rentabilité que l'on privilégie habituellement dans le secteur privé. On mise sur le fait que l'employeur pourra ainsi faire d'importants gains de productivité. Pourtant, les travaux menés par les équipes de la Chaire d'éthique appliquée, de même que plusieurs recherches réalisées en sociologie du travail au cours de la même période, tendent à faire voir que la transposition de telles règles managériales soulèvent un ensemble de problèmes dont le plus prégnant a trait au respect des valeurs défendues par le service public. L'éthique, lorsque intégrée dans ce management, devrait laisser voir les chocs de culture en mettant en évidence les valeurs divergentes et en insistant tout particulièrement sur les valeurs en tension que les gestionnaires ne parviennent pas toujours à identifier. Dans une des interventions réalisées par les équipes de la Chaire d'éthique appliquée, il a ainsi été proposé de solutionner le dilemme que posait la cohabitation des valeurs d'efficacité et de qualité en subordonnant ces deux valeurs à une seule, soit l'efficience qui recouvrirait désormais ces deux valeurs que sont l'efficacité et la qualité... Avec le recul, je suis pour ma part encore interdit par cet aveuglement du gestionnaire qui nous affirmait que les travailleurs, malgré ce progrès, se plaignaient encore de l'existence d'une injonction paradoxale alors que le gestionnaire plaidait la disparition du dilemme, puisqu'il ne demandait plus que de faire respecter une seule valeur, soit l'efficience, comme le propose ce nouveau management public. Ce même gestionnaire ne se rendait pas compte, faute de recul sans doute, que sa solution risquait de rendre encore plus souffrante la situation, puisqu'il ne solutionnait pas, mais qu'il masquait plutôt le problème qui continuait d'exister à la faveur de cette cohabitation désormais occultée.

CONCLUSION

Nous l'évoquions au début de cet article: la professionnalisation du monde du travail est tributaire de l'évolution de nos sociétés et de la manière d'envisager le travail. Ce dernier ne consiste plus seulement à reproduire le même geste comme on le faisait jadis sur la chaîne de montage, même si encore beaucoup d'endroits misent sur une telle compréhension du travail. Le travail se conjugue plutôt sur le mode de la singularité de la tâche et de la complexité des situations auxquelles font face les travailleurs avec, à la clé, une augmentation de l'incertitude dans les décisions. La professionnalisation du travail correspond par conséquent à cette volonté du travailleur d'affirmer son autonomie en réfléchissant aux situations qu'il rencontre afin de déterminer non pas la seule décision technique, mais aussi d'envisager les valeurs qui pourront guider sa décision une fois la dimension technique bien assumée. La professionnalisation du travail correspond ainsi à un déplacement de la sphère d'autonomie du travailleur : il ne lui est plus demandé d'être simplement qualifié, mais également d'être compétent. Et cette compétence se mesure à sa capacité de réfléchir aux situations au-delà de leur simple technicité. Un tel déplacement de la sphère d'autonomie aidera le travailleur à se reconstruire une nouvelle identité, puisqu'elle est désormais « accolée » à la personne (ou perçue comme sa capacité d'utiliser ses compétences) plutôt qu'à une fonction de production. Ainsi, que le travailleur souhaite s'épanouir au travail ou dans ses loisirs et sa vie familiale, cette nouvelle autonomie suppose, implicitement à tout le moins, qu'il a le droit de questionner ses tâches, la manière de les accomplir et celle dont son employeur souhaite qu'il s'en acquitte, en fonction de sa propre compréhension des événements. En d'autres mots, développer jusqu'à son terme, cette autonomie ne comporte plus la primauté du travail comme facteur d'identification, tout en insistant sur son importance comme vecteur de socialisation citoyenne.

Cette évolution a engendré une crise d'identité professionnelle : à qui dois-je désormais m'identifier et, par conséquent, à quelle instance dois-je soumettre ma réflexion : à mon institution ? À mon association, à mon ordre professionnel ? À moi-même au nom de ma nouvelle compétence ? Cette crise d'identité ne se résoudra peut-être pas de sitôt compte tenu de l'évolution qui pourra caractériser le monde du travail. Et à défaut de se résorber, cette crise doit être « traitée ». Et ce traitement passe par une plus grande place accordée à l'éthique en milieu de travail. Cette place devrait normalement être de deux ordres. D'abord, comme une aide à la prise de décision pour le travailleur et, en ce sens, elle devra cesser d'être considérée comme une simple déontologie. Ensuite, comme un outil de gestion, ce qui signifie l'intégration des dimensions éthiques dans la gestion du personnel, soit une plus grande participation aux processus de prise de décision et une transformation radicale dans la manière d'envisager la gestion. Plutôt que de l'envisager comme un processus visant à maximiser l'efficience des travailleurs en organisant le travail, il faudrait considérer le management comme un accompagnement du travailleur pour l'aider à rendre compte et à harmoniser ses décisions avec les valeurs de l'entreprise, celles du client, de la société et les siennes. Comme on le constate, un tel défi est de taille !

QUESTIONS DE COMPRÉHENSION

1. Qu'est-ce que l'identité professionnelle ?
2. Est-ce que l'identité professionnelle est actuellement une source de malaise en milieu de travail ?
3. Pourquoi l'auteur dit-il que la réflexion éthique est indissociable de l'identité professionnelle et de son développement ?
4. Quels liens existe-t-il entre l'éthique et l'identité professionnelle ?
5. Comment le conseiller en relations humaines et le spécialiste en relations de travail peuvent-ils aider à la constitution d'une identité professionnelle ?
6. Comment le conseiller en relations humaines et le spécialiste en relations de travail peuvent-ils aider à penser un nouveau management qui remettrait l'identité professionnelle au premier rang des questions traitées ?
7. Pourquoi dit-on que l'identité professionnelle est actuellement marquée par des tensions inhérentes au monde du travail ?

BIBLIOGRAPHIE

Aubenque, P., 1963 [1997], *La prudence chez Aristote*, Paris, Presses universitaires de France.

Ballot, A., L. Bibard, G. Even-Granboulan, C. Ganem et M. Grassin, 2005, *L'éthique individuelle. Un nouveau défi pour l'entreprise*, Paris, L'Harmattan.

Becker, H., 2006, « La nature d'une profession », dans *Le travail sociologique. Méthode et substance*, Fribourg, Academic Press, Éditions Saint-Paul.

Bégin, L. (dir.), 2009, *L'éthique au travail*, Montréal, Liber.

Bégin, L. et A. Lacroix (dir.), 2009, « Le travail en crise », *Éthique publique*, vol. 11, nº 2.

Bercot, R., 2001, « Évolution des formes de travail : quelques configurations et contradictions actuelles », *Cités*, nº 8, Paris, Presses universitaires de France, p. 51-61.

Bledstein, B.J., 1976, *The Culture of Professionnalism. The Middle Class and the Development of Higher Education in America*, New York, Norton.

Castel, R., 1995, *Les métamorphoses de la question sociale*, Paris, Gallimard.

Champy, F., 2009, *La sociologie des professions*, Paris, Presses universitaires de France.

Cités, 2001, *Le travail sans fin ? Réalités du travail et transformations sociales*, Paris, Presses universitaires de France, nº 8.

Crozier, M. et E. Friedberg, 1977, *L'acteur et le système*, Paris, Seuil.

Dejours, C., 2009, *Travail vivant : travail et émancipation*, Paris, Payot.

Déry, R., 2009, *Le management*, Montréal, Éditions JFD.

Dewey, J., 1915 [2010], *Le public et ses problèmes*, Paris, Gallimard, coll. Folio essais.

Doray, B., 1981, *Le taylorisme, une folie rationnelle ?*, Paris, Dunod.

Dubar, C., 2000, *La crise des identités : l'interprétation d'une mutation*, Paris, Presses universitaires de France.

Duvillier, T., J.-L. Genard et A. Piraux (dir.), 2003, *La motivation au travail dans les services publics*, Paris, L'Harmattan.

Émery, Y. et D. Giauque, 2003, « Le dilemme motivationnel des agents publics », dans T. Duvillier, J.-L. Genard et A. Piraux (dir.), *La motivation au travail dans les services publics*, Paris, L'Harmattan, p. 77-92.

Ferreras, I., 2007, *Critique politique du travail. Travailler à l'heure de la société des services*, Paris, Presses de Sciences.

Flexner, A., 1915 [2001], « Is social work a profession ? », *Research on Social Work Practice*, vol. 11, nº 2, mars, p. 152-165.

Fortin, P. et P.-P. Parent, 2004, *Le souci éthique dans les pratiques professionnelles*, Paris, L'Harmattan.

Gnizberg, C., 1980, « Signes, traces, pistes : racines d'un paradigme de l'indice », *Le Débat*, nº 7, p. 3-44.

Jardin, É., 2005, *Mutation et organisation du travail*, Poitiers, Bréal.

Jessua, C., 2010, *Le capitalisme*, Paris, Presses universitaires de France.

Kamata, S., 2008, *Toyota. L'usine du désespoir*, Paris, Éditions Démopolis.

Lafaye, C., 2009, *Sociologie des organisations*, Paris, Armand Colin.

Lallement, M., 2007, *Le travail. Une sociologie contemporaine*, Paris, Gallimard.

Lallement, M., 2010, *Le travail sous tensions*, Auxerres, Éditions Sciences humaines, p. 10-12.

Legault, G. (dir.), 2003, *Crise d'identité professionnelle et professionnalisme*, Sainte-Foy, Presses de l'Université du Québec.

Louart, P. et J. Camerman, 2003, « Gérer la motivation dans le secteur public : par les valeurs les assurances ou les incitations », dans T. Duvillier, J.-L. Genard et A. Piraux (dir.), *La motivation au travail dans les services publics*, Paris, L'Harmattan, p. 169-190.

Malenfant, R. et G. Bellemare (dir.), 2010, *La domination au travail. Des conceptions totalisantes à la diversification des formes de domination*, Sainte-Foy, Presses de l'Université du Québec.

Méda, D., 1995, *Le travail. Une valeur en voie de disparition*, Paris, Flammarion.

Mercier, S., 2004, *L'éthique dans les entreprises*, Paris, La Découverte.

Mintzberg, H., 1989 [2005], *Mintzberg on Management. Inside Our Strange World of Organizations*, New York; traduction française, *Le management. Voyage au centre des organisations*, Paris, Éditions d'Organisation.

Parsons, T., 1939 [1966], « The professions and social structure », dans H.-M. Vollmer et D.-L. Mills (dir.), p. 56-58.

Parsons, T., 1955, *Éléments pour une sociologie de l'Action*, Paris, Plon.

Pinard, R., 2000, *La révolution du travail. De l'artisan au manager*, Montréal, Liber.

Pollitt, C., 1995, « Justification by Works or by Faith? Evaluating the New Public Management Reform », *Public Management*, vol. 2, n° 2, p. 181-199.

Poltier, H., A.-M. Guenette et A.-M. Henchoz, 2004, *Travail et fragilisation : l'organisation et le management en question*, Paris, Fayot, Économie, organisation et humanités.

Salmon, A., 2007, *La tentation éthique du capitalisme*, Paris, La Découverte.

Schön, D., 1994, *Le praticien réflexif. À la recherche du savoir caché dans l'agir professionnel*, Montréal, Les Éditions Logiques.

Sen, A., 2006 [2010], *Identity and Violence. The Illusion of Destiny*; traduction française, *Identité et violence*, Paris, Odile Jacob.

Vibert, S., 2004, *Louis Dumont : holisme et modernité*, Paris, Les Éditions Michalon, coll. Le bien commun.

Biographie d'André Lacroix

André Lacroix est professeur titulaire et titulaire de la Chaire d'éthique appliquée à l'Université de Sherbrooke. Philosophe et juriste, ses recherches portent sur l'éthique siociale, économique et professionnelle. Il s'intéresse de près à l'éthique en milieu de travail et dans l'espace public de même qu'à la formation éthique. Il est l'auteur de nombreux articles et responsable d'ouvrages collectifs de même que du livre *Critique de la raison économiste* paru chez Liber, en 2009.

Chapitre 5

Le professionnalisme : valeur de base de la conduite professionnelle

France Jutras

Objectifs poursuivis :

- Définir le professionnalisme ;
- Examiner des composantes de la relation professionnelle ;
- Explorer des pistes pour le développement du professionnalisme.

INTRODUCTION

Lorsqu'il est question d'éthique professionnelle, la valeur qui vient spontanément à l'esprit est le professionnalisme. Quand nous consultons un professionnel de la santé, par exemple, nous avons certaines attentes à son endroit. En effet, nous nous attendons à ce que ce professionnel nous traite avec égard, qu'il soit à notre écoute quand nous lui exposons notre problème, qu'il respecte la confidentialité des renseignements que nous lui donnons, qu'il pose un diagnostic après avoir fait des examens et éventuellement obtenu des résultats de divers tests, et qu'il propose des solutions ou un plan de traitement à la fine pointe des connaissances, des moyens et des techniques disponibles ainsi que des normes de pratique dans son domaine, qu'il discute des enjeux et des limites de ce qu'il nous propose, qu'il assure le suivi du traitement et qu'il apporte les ajustements ou les modifications qui s'avéreraient nécessaires. En tant que client, nous avons besoin des services de ce professionnel et de la qualité de ses interventions pour retrouver quelque chose qui est très précieux et essentiel à notre bien-être : la santé. Nous devons pouvoir faire confiance à ce professionnel et à sa capacité de bien nous traiter. Personne ne voudrait avoir la confiance ébranlée ou trahie en raison d'incompétence, de propos déplacés ou de gestes inopportuns de sa part. Cet exemple du domaine de la santé est facilement transposable aux autres domaines d'intervention professionnelle car, lorsque nous consultons un professionnel dans quelque domaine que ce soit, il est indispensable que nous puissions le faire en toute confiance.

Plusieurs ingrédients sont nécessaires pour bâtir cette confiance qu'il est essentiel d'éprouver par rapport au professionnel lui-même, de même que par rapport aux gestes qu'il pose dans ses interventions auprès de ses clients. Il est ainsi tout à fait normal et justifié que le client tout comme le public en général fassent montre d'attentes élevées par rapport à la qualité de l'agir dans le cadre de toute relation professionnelle. Ces attentes reposent généralement sur deux dimensions interreliées : on attend généralement du professionnel qu'il mobilise les connaissances appropriées à la situation et qu'il les mette en œuvre dans des pratiques qui traduisent un savoir-faire de haut niveau, on tient aussi à ce qu'il se soucie de ses clients et qu'il manifeste ce souci par un savoir-être respectueux de leur dignité. La confiance que doit inspirer tout professionnel provient donc de l'intégration de savoirs, de savoir-faire et de savoir-être qu'il met en œuvre de manière appropriée dans l'exercice de son travail. C'est ce qu'on appelle le professionnalisme.

Le défi de tout professionnel consiste bien sûr à se montrer à la hauteur de ces standards de pratique et de les maintenir tout au cours de sa carrière. Pour promouvoir le développement professionnel en ce sens, nous allons d'abord examiner ce que comporte le professionnalisme, puis les dimensions à considérer dans toute relation professionnelle et nous allons terminer avec quelques orientations pour la formation initiale et continue, orientations qui soutiennent l'intégration de la valeur du professionnalisme dans l'agir professionnel.

1. LE PROFESSIONNALISME

Le professionnalisme étant considéré comme une des valeurs de base – sinon la valeur de base – de toute pratique professionnelle dans le monde contemporain, il importe de mettre en évidence non seulement ce qu'il signifie dans notre société, mais aussi la manière dont sa régulation est intégrée dans le cadre de l'organisation du travail des professionnels.

Le professionnalisme dans l'économie de services

Le Québec est passé en près de 60 ans d'une économie axée sur la production agricole et industrielle à une économie de services. Dans de nombreux secteurs, les machines ont graduellement remplacé une grande partie de la main-d'œuvre nécessaire à la production. De plus, les coûts moindres de la main-d'œuvre dans les pays dits émergents ont entraîné le phénomène de la délocalisation des entreprises, réduisant ainsi de façon assez drastique le nombre d'emplois dans le secteur manufacturier. Par conséquent, l'emploi s'est déployé autrement : le secteur des services s'est grandement développé. Aussi, certaines activités qui relevaient autrefois de la charité chrétienne sont maintenant devenues des activités professionnelles – l'éducation, les services sociaux et les soins aux malades, par exemple.

Tout cela permet de comprendre que, dans notre société, un très grand nombre de personnes travaillent dans le secteur des services. Mais tous les services ne sont pas du même ordre et tous ne demandent pas le même type de formation et n'engagent pas le même niveau de responsabilité envers autrui. Par exemple, seul un dentiste peut réparer la dent qui me fait mal : il possède les connaissances et les instruments nécessaires pour poser le diagnostic sur le problème spécifique de la dent douloureuse, proposer le plan de traitement le plus approprié à la situation, l'effectuer et assurer un suivi. Cependant, même si je peux embaucher un peintre pour repeindre les murs de ma cuisine, je pourrais le faire moi-même ou avec ma famille et mes amis. La qualité du produit fini pourrait sans doute être meilleure si je fais affaire avec un spécialiste, mais rien n'empêche qui que ce soit de s'improviser peintre. Revenant à notre exemple de dentiste, on ne voudrait bien entendu pas confier à n'importe qui le soin de notre mal de dent. Avec cet exemple, on comprend facilement que le travail dans une économie de services peut être divisé en plusieurs catégories différentes. Comme Legault (2003) le relève, on retrouve trois types d'emplois actuellement au Québec : le job de production, le métier axé sur la production de biens ou de services, la profession où un service professionnel est offert. Le tableau 1 permet de mettre en relief des caractéristiques de ces types d'emploi dans le contexte québécois actuel.

TABLEAU 1
L'emploi dans l'économie de services

Jobs	Métiers	Professions
Production de biens	Production de biens ou de services rattachés aux biens ou aux personnes	Relation de service aux personnes
Exécution mécanique	Exécution mécanique	Relation dynamique aux personnes
Tâche répétitive	Tâche exigeant de la créativité	Tâche exigeant de la créativité
Peu de savoir pratique	Savoir pratique d'expérience	Savoir théorique et pratique

Source : Legault, 2003.

Legault définit le job comme un travail manuel, répétitif et mécanique qui n'exige pas de connaissances particulières ou très peu. Ce type de travail est de plus en plus rare dans notre contexte, ce qui cause des problèmes d'insertion socioprofessionnelle aux personnes qui n'ont que la force de leurs bras à offrir au marché de l'emploi. Actuellement, on trouve surtout des métiers et des professions. L'ébéniste et la coiffeuse, par exemple, exercent un métier. Ils produisent quelque chose ou rendent un service à leurs clients. Même si une formation professionnelle est préalable à l'emploi, elle est axée sur la pratique et sur les savoirs nécessaires à la pratique plutôt que sur une base de connaissances scientifiques, comme ce qui est requis pour la pratique d'une profession. Cela n'exclut pas que les personnes qui pratiquent des métiers puissent recourir à leur créativité. En fait, la créativité est nécessaire dans leur travail car les situations qu'ils rencontrent ne sont pas toutes identiques et ils doivent régulièrement s'adapter et trouver des solutions inédites. Legault considère tout de même que l'exécution de la plupart de leurs tâches relève de la technique, c'est-à-dire de la mise en application d'un algorithme ou d'une série d'actions prédéterminées. Lorsque la solution est adéquate, tout fonctionne correctement et on aboutit au résultat attendu. Dans ce cadre, la résolution de problème passe par un jugement technique : la personne analyse le problème ou la situation qui pose problème et, comme le nombre de variables en jeu est bien délimité, la solution efficace provient de la bonne identification de la cause du dysfonctionnement (Desaulniers, Fortin, Jean, Jutras, Larouche, Legault, Parent, Patenaude et Xhignesse 2003).

Le jugement technique permet de trouver des solutions efficaces aux problèmes rencontrés. En effet, lorsqu'on trouve la cause du problème, on identifie et on met en place la solution la plus appropriée pour le résoudre. Lorsque je trouve la cause du problème qui empêche ma lampe de fonctionner normalement, c'est-à-dire d'éclairer quand je l'allume, et que je règle la cause de la dysfonction, la situation est rétablie et ma lampe revient à son état normal de fonctionnement. Tant et aussi longtemps que je n'ai pas trouvé la cause du problème technique, le problème ne peut pas être résolu. Ce qui caractérise le jugement technique est qu'il porte sur un objet, ou même sur une situation dont le nombre de variables est défini. Tel objet contient tel nombre de pièces, par exemple. Si l'une d'entre elles est brisée, on doit la repérer pour la réparer ou la changer. Lorsque la réparation est effectuée correctement, tout rentre dans l'ordre. C'est à ce moment qu'on peut comprendre dans quelle mesure le jugement technique est efficace et qu'il permet d'éprouver la satisfaction d'avoir réglé le problème. Même dans le cas d'une machine extrêmement complexe comme un ordinateur, les possibilités de dysfonctionnement relèvent d'un ensemble fermé. Pour réparer cette machine, il faut trouver ce qui cause problème dans le cadre de ce système fermé.

Cette notion de jugement sur un problème situé dans un système fermé permet de bien mettre en relief la différence qui existe entre la pratique d'un métier et la pratique d'une profession. Même si, dans sa pratique professionnelle, le professionnel recourt aussi en partie au jugement technique en de multiples circonstances, d'autres dimensions doivent également être considérées dans le cadre du jugement professionnel. Si on reprend l'exemple du dentiste, il est exact de penser que son analyse du problème de la dent qu'il examine repose sur de nombreux paramètres techniques et qu'il doit trouver la cause du problème pour décider de la solution à y apporter, c'est-à-dire le plan de traitement à adopter dans ce cas précis. Cependant, le dentiste sait très bien que la dent n'est pas un élément isolé d'un système fermé en lui-même. La dent fait partie d'un sous-système qui fait partie lui-même d'un autre sous-système jusqu'à en arriver à un système beaucoup plus ouvert – le corps dans son entier – lui-même un système ouvert, vu les intrants et les extrants. Aussi le dentiste doit-il non seulement tenir compte des variables en jeu par rapport à la dent qu'il examine, mais il doit aussi considérer d'autres variables dans la situation, soit des variables environnementales qui peuvent ou non avoir des effets potentiels directs ou indirects sur la situation. Son jugement ne peut pas porter uniquement sur un élément d'un système fermé: il doit prendre en considération que cet élément fait partie d'un système ouvert – ce qui augmente forcément le degré d'incertitude par rapport à l'efficacité de la solution apportée au problème.

Lorsqu'on est dans la logique technique, on se trouve souvent dans une logique où à tel problème correspond telle solution. La caractéristique voire la beauté de cette logique est son efficacité. Mais cette efficacité, aussi satisfaisante soit-elle, réside dans le fait qu'on règle un problème qui se situe dans un système fermé, c'est-à-dire où on peut contrôler les variables et leurs relations de cause à effet. Or, même si le travail du professionnel s'inscrit dans un champ d'intervention somme toute assez bien délimité, il doit composer avec des éléments de systèmes ouverts. Autrement dit, même en contrôlant tout ce qu'il peut contrôler dans son champ d'intervention, il doit aussi tenir compte du fait qu'il intervient sur un système qui n'est pas fermé sur lui-même. L'illustration suivante permet de bien le comprendre. Si on se place dans une logique technique, après que le chirurgien eût procédé à une intervention selon toutes les règles de l'art et de l'asepsie, on pourrait penser que le corps récupérera de lui-même grâce aux diverses réactions physiologiques menant à la guérison (logique de système fermé). Cependant, les normes de pratique amènent tout de même le chirurgien à prescrire des antibiotiques pour éviter que des agents de contamination de l'extérieur ne provoquent une infection (logique de système ouvert). Qui plus est, même si toutes les étapes de l'intervention ont été faites selon la plus grande rigueur en tenant compte de dimensions relatives aux systèmes fermé et ouvert, le chirurgien ne peut garantir le résultat final (principe d'incertitude). Il a une obligation de moyens, non une obligation de résultats. Il est facile de comprendre que chaque patient constitue un cas particulier et que tous les patients ne réagissent pas de la même façon à un traitement censé normalement produire tel résultat. Dès lors, on peut très bien comprendre que le travail du chirurgien comme le travail de tout professionnel s'inscrit dans le paradigme de la complexité.

Tout professionnel doit d'une part prendre des décisions qui reposent sur une analyse de nombreux éléments et des conséquences possibles ou probables de l'intervention et, d'autre part, s'engager à assurer le suivi de ses interventions. C'est pourquoi on parle de responsabilité professionnelle: le professionnel doit être en mesure de justifier toutes les étapes de la conduite de ses interventions et de montrer en quoi elles ont été faites selon les règles de l'art, c'est-à-dire selon l'état des connaissances et des standards de pratique ; cependant, même avec un suivi rigoureux, il ne peut garantir que tout cela produira toujours le résultat escompté. La singularité de la situation, les aspects très particuliers du cas et de l'ensemble des circonstances vont faire en sorte qu'une personne répondra mieux qu'une autre au traitement, par exemple. Il se pourrait même que plusieurs solutions soient possibles pour résoudre un problème ; l'enjeu consiste alors à cibler la meilleure solution ou la solution la plus acceptable dans les circonstances particulières de la personne ou du groupe de personnes. Cependant, quel que soit son domaine de pratique, le professionnel ne peut pas se limiter à trouver la solution technique pour régler le problème et ne plus y penser par la suite, il doit assurer un suivi par rapport à la solution choisie ou au traitement effectué, c'est-à-dire évaluer les résultats et apporter des correctifs lorsque cela s'avère requis.

Puisque le caractère analytique du jugement technique lui confère son efficacité, le savoir pratique et l'expérience de la personne vont grandement lui servir car elle pourra se référer à des situations semblables survenues dans le passé pour appuyer sa décision. Le jugement du professionnel ne peut cependant reposer seulement sur des connaissances techniques, des dispositions particulières et des savoirs d'expérience. À cause de la nécessité de prendre en compte de nombreuses variables dans un système ouvert, des connaissances hautement spécialisées sont requises pour décider de l'intervention, l'effectuer, et assurer le suivi du service rendu. D'ailleurs, la nature des connaissances nécessaires à la pratique professionnelle fait en sorte que des professions ont plus de prestige que d'autres dans notre société. Mais quel que soit le prestige de la profession, des moyens de contrôle de la qualité de la compétence professionnelle sont mis en place pour garantir le professionnalisme de ceux qui la pratiquent.

Les encadrements du professionnalisme dans la pratique professionnelle

Dans le langage courant, on réfère habituellement au professionnalisme en tant que qualité de l'exercice d'un métier ou d'une profession. Ainsi, les expressions « agir avec professionnalisme » et « être un professionnel » renvoient à l'idée de travail bien fait. Cependant, le mode d'organisation du système professionnel au Québec donne une signification toute particulière au terme professionnel : un professionnel est un membre d'un ordre professionnel. Une ambiguïté subsiste cependant dans notre vocabulaire au Québec puisque nous utilisons le terme professionnel tant pour les personnes qui pratiquent un métier que pour les professionnels soumis à la loi sur les professions. Par exemple, lorsqu'on fait venir un plombier chez soi pour effectuer une réparation, on veut qu'il fasse son travail de manière professionnelle, c'est-à-dire qu'il trouve la solution la plus efficace au problème, qu'il fasse son travail selon les règles de l'art et qu'il agisse de façon correcte et courtoise. Il n'est cependant pas reconnu comme professionnel au sens de la loi – tout comme d'ailleurs la plupart des personnes qui ont fait une formation professionnelle et technique au secondaire et au collégial.

Dans les années 1970, les développements des savoirs, de la technologie et des services ont fait émerger de nouveaux emplois et de nouvelles professions, le législateur est alors intervenu pour exercer un contrôle des professions au moyen d'une loi-cadre, le *Code des professions*. Avec cette loi, un certain nombre de professions déjà organisées ont été immédiatement reconnues à cause de leur mission sociale de service à autrui (par exemple, la médecine). De même, un organisme a été créé pour reconnaître et recommander la reconnaissance officielle de nouvelles professions, l'Office des professions. Lorsqu'une profession est reconnue au sens de la loi, les nouveaux professionnels doivent s'organiser en ordre professionnel et se doter de mécanismes de contrôle et d'autocontrôle de la pratique de leurs membres, c'est-à-dire d'un comité de discipline chargé de sanctionner les conduites déviantes et d'un code de déontologie (Legault, 1996). Le but de la régulation de la pratique par les pairs rassemblés à l'intérieur d'une association dont ils doivent être membres pour exercer leur profession est de s'assurer de la compétence du professionnel et de garantir la qualité de ses services afin de protéger le public. On revient à la notion de confiance. Lorsqu'un regroupement de personnes qui pratiquent un métier veut faire changer le statut de leur métier pour celui de profession, c'est-à-dire limiter le champ de pratique et restreindre la pratique aux membres de l'ordre professionnel détenteurs d'un permis de pratique, il doit soumettre une requête en ce sens à l'Office des professions. Pour déterminer si un ordre professionnel doit ou non être constitué, l'analyse de l'Office des professions doit tenir compte de l'ensemble des facteurs énumérés à l'article 25 du *Code des professions*:

1.2.1 les connaissances requises pour exercer les activités des personnes qui seraient régies par l'ordre dont la constitution est proposée;

1.2.2 le degré d'autonomie dont jouissent les personnes qui seraient membres de l'ordre dans l'exercice des activités dont il s'agit, et la difficulté de porter un jugement sur ces activités pour des gens ne possédant pas une formation et une qualification de même nature;

1.2.3 le caractère personnel des rapports entre ces personnes et les gens recourant à leurs services, en raison de la confiance particulière que ces derniers sont appelés à leur témoigner, par le fait notamment qu'elles leur dispensent des soins ou qu'elles administrent leurs biens;

1.2.4 la gravité du préjudice ou des dommages qui pourraient être subis par les gens recourant aux services de ces personnes par suite du fait que leur compétence ou leur intégrité ne seraient pas contrôlées par l'ordre ;

1.2.5 le caractère confidentiel des renseignements que ces personnes sont appelées à connaître dans l'exercice de leur profession.

Ces facteurs montrent très bien les caractéristiques de la pratique professionnelle : d'abord, l'intervention repose sur des connaissances spécialisées rigoureuses ; ensuite, la compétence du professionnel doit être évaluée par les pairs car seuls ceux-ci possèdent les connaissances qui permettent de juger du niveau de compétence des personnes qui exercent la même profession ; et enfin, les personnes qui recourent aux services du professionnel doivent pouvoir lui faire confiance. Jusqu'à présent nous avons vu la nécessité des connaissances spécialisées et de la relation de confiance pour définir le professionnalisme. Maintenant, avec l'ordre professionnel, la notion de régulation de la pratique par les pairs est ajoutée. Cette forme de régulation signifie que l'ensemble des membres reconnaît des standards communs qui servent de balises aux pratiques de la profession en question et qui permettent de définir ce qui est acceptable et ce qui ne l'est pas à l'intérieur de leur pratique professionnelle. Bien que le contrôle de la pratique assumé par l'association professionnelle repose en grande partie sur l'autorégulation de ses membres, l'association a aussi le mandat de gérer les plaintes reçues à propos des professionnels, de procéder à des inspections professionnelles et de proposer des formations continues.

Le code d'éthique ou de déontologie joue un rôle important pour la régulation de la pratique. Il met en évidence l'idéal de pratique partagé par les pairs. Qu'il s'agisse d'un code d'éthique basé sur les valeurs de la profession ou d'un code de déontologie basé sur les devoirs du professionnel, le code n'est pas qu'un catalogue d'énoncés de principes et de comportements appropriés : il possède une portée symbolique significative. Il participe à l'identité professionnelle de la profession en elle-même et à celle de chacun des membres de la profession. Il n'est pas rare d'entendre un professionnel s'exprimer ainsi : « Nous, les travailleurs sociaux, nous... » ou « En tant que comptable, je... » On peut remarquer ainsi que l'appartenance au groupe professionnel permet au professionnel non seulement d'être bien au clair par rapport à son champ d'intervention et aux limites de celui-ci, mais aussi d'assumer sa responsabilité professionnelle en fonction de la mission de sa profession dans l'organisation sociale du travail. En somme, le mode d'encadrement du professionnalisme par l'association professionnelle repose sur un instrument partagé par l'ensemble des membres, le code d'éthique ou de déontologie, et sur des moyens de contrôle et de régulation de la formation, de l'accès à la profession et de la pratique de ses membres.

2. LA RELATION PROFESSIONNELLE

La pratique professionnelle est incarnée dans un travail d'intervention orienté vers autrui. Bien qu'il puisse s'agir d'une relation d'affaires – le client paie sa consultation chez le psychologue par exemple – la relation professionnelle vise le bien-être du client et elle ne peut être réduite simplement à une relation commerciale où le professionnel ne rechercherait que son propre bénéfice. Les divers travaux en éthique professionnelle que Legault a menés au cours des vingt dernières années l'ont conduit à élaborer un modèle qui représente les dimensions essentielles de la relation professionnelle indépendamment du type de profession. C'est ce qu'on retrouve à la figure 1. Pour élaborer son modèle, Legault (2006) écrit s'être basé sur l'approche de la microsociologie de la vie morale du point de vue de l'acteur développée par Genard (1992). Genard cherche en effet à comprendre les règles qui régulent l'interaction entre les personnes : comment les règles s'imposent-elles à elles et comment en arrivent-elles à les respecter tout en sachant que chaque partenaire de la relation souhaite voir celle-ci aboutir au mieux de ses intérêts ? Cette orientation microsociologique permet de montrer la mise en tension d'éléments qui entrent dans la relation professionnelle et de dégager des zones d'interdépendance des partenaires de cette relation.

L'intérêt du modèle de Legault réside dans sa représentation à la fois globale et synthétique des caractéristiques fondamentales de la relation professionnelle. On peut d'abord remarquer dans ce modèle que la relation professionnelle s'inscrit dans un cadre spécifique situé à l'intérieur d'un contexte social. La place qu'occupent les termes « société » dans la représentation graphique indique tant l'inscription sociale de la relation que l'existence de formes possibles de régulation sociale de celle-ci – dont le savoir spécialisé auquel le professionnel a recours et l'éthique qui encadre ses conduites.

FIGURE 1
La relation professionnelle selon Legault (2006)

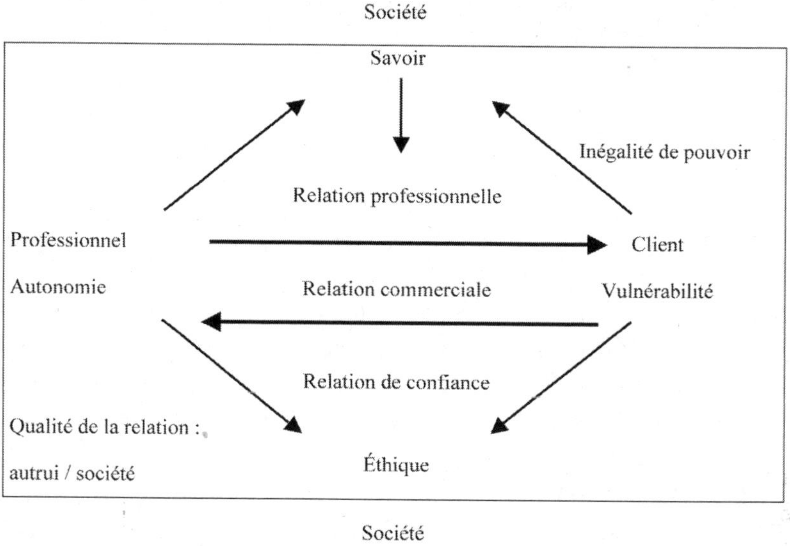

Source : Legault, 2006.

Au cœur du modèle, on peut distinguer, selon la tradition anglo-saxonne, l'approche du client (*welfare*) et l'approche du consommateur (*business*) dans la relation. Il n'est pas faux de penser que si le client a besoin du professionnel, le professionnel a aussi besoin du client. La relation professionnelle ne peut cependant être assimilée à une relation entre un vendeur et un consommateur. Bien que le client paie pour son examen de la vue, par exemple, l'enjeu de la relation concerne quelque chose de plus que la relation commerciale : le client recherche une solution à son problème visuel. Cette solution passe par l'intervention du professionnel. C'est là que réside la différence entre le vendeur et le professionnel : la relation commerciale est orientée vers le vendeur lui-même car il cherche son profit alors que la relation du professionnel est orientée vers autrui.

L'intervention est ce qui donne sens à la relation entre le professionnel et son client. Legault (2006) relève que sa conception de la structure fondamentale de la relation professionnelle s'est raffinée à partir des travaux de Nélisse (1997), qui définit l'intervention comme « un processus qui a pour finalité d'induire un changement faisant passer la situation d'un état A et à un état B ». Qu'il s'agisse de santé physique ou mentale, de gestion de ses biens ou de ses droits, d'éducation ou autre, le client reconnaît qu'il a besoin de l'intervention du professionnel pour résoudre son problème ou atteindre ses objectifs. Ce sont justement son accès au savoir spécialisé et la mobilisation de ce savoir qui donnent au professionnel les moyens d'intervenir avec compétence. Cela explique d'ailleurs la fermeture du marché aux seules personnes compétentes et qualifiées pour exercer une profession donnée.

Considérer que la compétence du professionnel lui sert à mobiliser les savoirs nécessaires à l'intervention pour répondre au besoin particulier de son client nous ramène au fait que l'intervention repose sur l'exercice du jugement professionnel. Cela signifie que le professionnel doit pouvoir poser un diagnostic sur le problème ou la situation, choisir parmi les stratégies d'intervention celle qui est la plus appropriée dans les circonstances, la mettre en œuvre et évaluer ses effets. C'est d'ailleurs là que se trouve l'enjeu fondamental de la qualité de la relation professionnelle. Cette qualité se traduit en effet tant par la qualité de l'intervention elle-même que par la qualité de la communication dans cette relation puisqu'une relation de confiance doit pouvoir s'établir entre le professionnel et son client. Mais cette relation est inégalitaire.

Tout client qui recourt à un professionnel reconnaît qu'il a besoin de ses services pour régler un problème ou atteindre des objectifs personnels, par exemple, sur le plan de la santé, des finances, des droits ou autre. Ce besoin des interventions du professionnel pour résoudre son problème ou atteindre ses objectifs et le fait qu'il ne possède pas le savoir du professionnel placent le client dans une situation de vulnérabilité par rapport au professionnel. Bien que la vulnérabilité soit évidente dans les domaines de la santé physique ou mentale, il ne faudrait pas sous-estimer la vulnérabilité financière dans le domaine des affaires et de la construction, par exemple. Le besoin ou la vulnérabilité qui amène le client à recourir aux services du professionnel tient au fait qu'il ne peut résoudre son problème ou atteindre ses objectifs par lui-même. Même s'il se renseigne, il ne possède pas les connaissances et les outils qui lui permettent de se passer de l'intervention du professionnel. Le professionnel possède un savoir qui lui donne l'autonomie et le pouvoir d'intervenir de façon appropriée.

Plusieurs façons de concevoir la relation professionnelle coexistent actuellement : le modèle du bon père de famille ou le paternalisme, le modèle de l'expertise et le modèle de la coopération (Legault, 2003). Agir en bon père de famille veut dire, au sens figuré, de prendre les meilleures décisions pour ses enfants. Lorsqu'on le transpose au domaine professionnel, ce type de relation suppose que le client accorde une très grande confiance au professionnel et qu'il établisse avec lui une communication ouverte, franche et complète afin que le professionnel puisse mesurer l'ampleur des choix qu'il fait pour son client. Avec la montée des droits de la personne dans les années 1960, avec la critique du modèle paternaliste par les féministes, la mise au jour de divers scandales et les développements techniques, les deux autres modèles sont devenus de plus en plus courants de nos jours. Lorsqu'on considère le professionnel comme un expert, on recherche sa capacité à identifier le problème, à établir un diagnostic, à proposer diverses stratégies d'action pour régler le problème de façon optimale et à mettre en œuvre celle qu'il considère la plus efficace. La limite du modèle de l'expertise est très bien illustrée par le recours aux avis des experts devant les tribunaux : les avis des experts de la poursuite et de défense montrent très bien que des divergences peuvent exister entre les experts eux-mêmes lorsqu'ils analysent les faits dans une même situation. Or, qu'il relève de la santé, des affaires ou de la gestion de biens, le problème pour lequel on recherche une solution auprès du professionnel s'inscrit toujours dans un ensemble plus large, voire un projet de vie. L'une des limites des modèles paternaliste et de l'expertise est que le client se désapproprie son problème et remet sa solution aux mains du professionnel. Même si le professionnel engage sa responsabilité professionnelle dans son intervention, il reste que le problème que vit le client n'est pas le sien et ne sera jamais le sien. L'intérêt du modèle de la coopération est de ramener la dimension existentielle au cœur de la décision : le client devra prendre une décision avec laquelle il pourra vivre. Dans ce modèle, le professionnel va aider son client à comprendre le diagnostic posé sur son problème afin de s'entendre avec lui sur une solution dans laquelle il s'investira pour participer à la résolution de son problème. Il se pourrait d'ailleurs qu'il ne s'agisse pas de la solution technique idéale, mais que ce soit la meilleure en fonction de la situation réelle vécue par le client. Plusieurs dispositifs éthiques, selon Legault, visent justement à prévenir toute déviance qui ferait basculer la relation professionnelle d'un pouvoir de faire quelque chose pour le client vers un pouvoir sur lui.

La modélisation de la relation professionnelle de Legault permet de visualiser la responsabilité du professionnel dans cette relation : une grande part de sa responsabilité repose sur l'exercice de son jugement professionnel. Il doit non seulement avoir la capacité d'analyser la situation et de mobiliser son savoir pour prendre des décisions d'agir, mais il doit aussi pouvoir répondre de sa décision et de son intervention. Il répond à quelqu'un : le client, un collègue, un autre professionnel, le groupe des pairs, l'organisation, le public. « Répondre de », c'est pouvoir situer sa décision et son agir dans une perspective de valuation, c'est-à-dire de recours aux valeurs et aux normes qui les fondent, au sens et aux finalités de sa profession, et non uniquement à l'efficacité des moyens d'action. Idéalement, le professionnel doit pouvoir s'autoréguler. Mais, parce que la relation professionnelle est foncièrement inégalitaire dans le savoir et dans le pouvoir d'agir, le risque de manipuler ou d'instrumentaliser l'autre pour parvenir à ses fins est toujours présent, c'est pourquoi elle nécessitera toujours des moyens explicites de régulation éthique.

3. LE DÉVELOPPEMENT DU PROFESSIONNALISME

Nous venons de voir que la relation professionnelle est très loin de se limiter à la résolution de problèmes techniques et qu'elle exige la prise en compte de nombreuses dimensions. Il ne faut pas non plus sous-estimer par ailleurs le fait que le travail du professionnel a lieu dans des organisations complexes et bien souvent en interdisciplinarité, c'est-à-dire avec d'autres professionnels qui ont des responsabilités différentes des siennes. Il aura toujours cependant à justifier les décisions prises et la mise en œuvre de son agir professionnel – même lorsqu'il débute dans la profession. Nous allons maintenant explorer certaines avenues à considérer pour soutenir le développement du professionnalisme.

Le lien entre les valeurs personnelles et les valeurs professionnelles

Sur le plan personnel, nous possédons tous des valeurs que nous croyons importantes et qui guident notre agir personnel dans nos relations familiales, amicales, sociales ou autres. Nos valeurs sont profondément ancrées en nous et elles nous proviennent de tout notre parcours de vie, par exemple, de nos proches, de notre famille, de l'école, de notre religion, de notre milieu socioculturel, de nos groupes d'appartenance (Rezsohazy, 2006). Parfois nous ne connaissons pas vraiment leur origine, mais nous savons viscéralement que sans elles nous ne serions pas la personne que nous sommes. Nos valeurs personnelles ont d'ailleurs dans bien des cas été des éléments à la base de notre choix de carrière. Combien de personnes ont choisi de s'investir dans le monde de l'éducation par amour des enfants, par désir de contribuer à leur développement, par intérêt pour la communication interpersonnelle ou pour le contenu à enseigner ?

Avec le choix d'une carrière, quelle qu'elle soit, nous entrons dans un domaine spécialisé qui comporte, comme nous l'avons vu, un ensemble de connaissances, de manières d'être et d'agir qui font la spécificité de sa pratique. Bien qu'il soit toujours satisfaisant de constater une concordance entre nos valeurs personnelles et les valeurs de la profession que nous avons choisi d'exercer, on ne doit pas oublier que la formation initiale et continue et l'exercice même de la profession se chargent habituellement de nous faire intégrer ses valeurs de base. Par exemple, pour les médecins, la valeur fondamentale est la santé; pour les avocats, la protection des droits juridiques; pour les journalistes, l'information du public; pour les enseignants, l'éducation. Ainsi, lorsqu'on fait appel à un professionnel, on s'attend à ce que celui-ci adhère aux valeurs fondamentales de sa profession et de l'exercice de sa profession. Cela fait partie du professionnalisme. Par exemple, on s'attend de chaque journaliste qu'il fasse preuve de professionnalisme lorsqu'il écrit un article et qu'il serve les valeurs dominantes de sa profession, le journalisme. C'est dans ce sens que chaque profession, en fonction de son champ de pratique et de sa mission sociale, possède sa propre éthique professionnelle dont les valeurs dominantes et les normes spécifiques sont explicitées dans le code d'éthique ou de déontologie adopté par l'ensemble de ses membres. Si les valeurs personnelles ont présidé au choix de carrière, c'est l'intégration des valeurs professionnelles par la formation initiale et continue et par l'éthique professionnelle qui permettront de les actualiser dans la pratique professionnelle.

L'orientation de la formation par rapport à la pratique professionnelle

Le professionnel n'exerce pas son travail à titre personnel à partir de ses valeurs personnelles : il le fait à titre professionnel à partir des connaissances spécialisées et des valeurs de sa profession. Le mandat social qui lui est confié est précisé par les finalités de sa profession dans l'organisation sociale du travail, le champ de pratique de chacune des professions étant bien délimité par la loi sur chaque profession. L'intégration de la mission de la profession, de ses valeurs et de ses normes commence dès l'entrée en formation. Nous allons examiner le type de formation destinée à deux catégories de professionnels dans notre société pour illustrer dans quelle mesure les formations poursuivent des visées de développement très explicites par rapport aux pratiques professionnelles attendues.

Dès sa première journée à la faculté de médecine, on dit à l'étudiant que toute sa formation l'amènera à développer son jugement clinique. Pendant sa carrière en effet, le diagnostic, le plan de traitement et le suivi caractériseront une bonne partie de son travail auprès des malades. Cette conception de la pratique basée sur le jugement clinique est tellement partagée dans la communauté médicale que l'apprentissage par problème constitue la base de la formation commune dans de nombreuses universités nord-américaines. Par exemple, à l'Université de Sherbrooke, aucun cours traditionnel en amphithéâtre n'est donné pendant les premières années de la formation générale des médecins. En plus des stages qui commencent dès la première session de la formation, tous les savoirs sont contextualisés par des cas soumis aux étudiants répartis en groupes de huit avec un professeur accompagnateur. Les connaissances pour comprendre le cas, sa pathologie, le fonctionnement standard, les interventions à faire et toutes les raisons qui les justifient sont recherchées par les étudiants encadrés par leurs professeurs et doivent faire l'objet de discussions à l'intérieur du petit groupe et de présentations aux autres groupes qui travaillent tous sur des cas différents. Un cas peut demander aussi peu que trois heures de travail comme il peut en demander trois mois.

De même, l'éducateur spécialisé qui commence sa formation reçoit un message tout aussi signifiant lors de sa première journée de formation : son principal outil de travail c'est lui-même. On lui communique alors deux caractéristiques fondamentales pour sa pratique professionnelle. La première est que son travail d'intervention auprès du client doit être basé sur un corps de connaissances de référence bien intégré. C'est ce qui donne sens à son intervention qui, elle, doit être personnalisée aux besoins spécifiques de son client. La deuxième caractéristique est que pour avoir une crédibilité comme intervenant, l'éducateur doit se connaître assez bien lui-même pour ne pas projeter ses limites personnelles sur l'autre, afin de développer sa capacité d'entrer en relation d'aide significative avec son client tout en respectant les balises applicables en ce sens.

Ces deux exemples d'orientation de la formation de professionnels sont instructifs à plusieurs égards. D'abord, les formations sont axées sur l'acte professionnel, lequel est exercé auprès de personnes vulnérables. Cette notion de vulnérabilité ne suggère pas seulement la fragilité du client, mais aussi son manque de connaissances spécialisées pour pouvoir pour régler son problème lui-même. Le client du médecin et le client de l'éducateur spécialisé recourent à leurs services parce qu'ils ont besoin d'eux pour retrouver la santé ou améliorer leur condition grâce à la spécificité de l'intervention professionnelle, c'est-à-dire de l'acte professionnel qu'ils posent. Ensuite, cet acte professionnel définit l'identité de leur profession car il est lié à sa mission spécifique auprès des personnes qui recourent à leurs services. On ne va pas chez le dentiste pour la même raison qu'on va chez le comptable, par exemple. L'exemple de ces deux formations montre enfin que la bonne volonté ne suffit pas pour réaliser des interventions de qualité, selon les règles de l'art et l'état des connaissances, il faut davantage : il faut mobiliser son jugement professionnel pour prendre des décisions sur la manière de traiter le problème spécifique du client en tenant compte de son contexte existentiel.

De nombreux programmes universitaires de formation initiale et continue ont subi des transformations substantielles dans les derniers vingt ans justement pour organiser des formations qui visent l'approfondissement des connaissances nécessaires à l'agir professionnel et leur contextualisation dans des pratiques qui se rapprochent le plus possible des pratiques authentiques des professionnels. Ces nouveaux modèles de formation tablent aussi sur l'apprentissage en équipe car le travail d'équipe caractérise de plus en plus l'exercice professionnel et on considère important de développer le professionnalisme qui lui est associé.

Le développement du jugement

On a vu que le jugement professionnel se distingue du jugement technique. Le jugement technique est certes nécessaire lorsqu'on travaille avec du matériel puisqu'un nombre fini de problèmes peuvent se poser. Un moteur, par exemple, si complexe soit-il, comporte un nombre défini de pièces qui doivent interagir en cohérence pour son bon fonctionnement. La résolution d'un problème technique passe par la recherche de la logique du fonctionnement, du comment, dans le contexte d'un nombre limité de possibilités. La meilleure solution est celle qui donne le résultat optimal le plus rapidement possible, avec le moins grand nombre de manipulations. Par contre, le jugement professionnel est nécessaire lorsqu'on travaille avec des personnes ou des organisations qui ont besoin du service rendu par le professionnel. Dès lors, on ne peut se cantonner à la logique du jugement technique : on doit prendre des décisions en se référant au pourquoi, à l'intentionnalité et à la finalité de l'intervention, en considérant les conséquences sur les personnes y compris sur le professionnel lui-même. De plus, il faut être capable de justifier les actes posés et de montrer en quoi leurs modalités sont les meilleures dans les circonstances et dans l'intérêt du client particulier.

Toutes les formations professionnelles misent sur le développement du jugement professionnel car il est humainement impossible d'anticiper toutes les situations et tous les problèmes qui pourront être rencontrés dans les contextes de travail différenciés et de prévoir les solutions optimales. La formation ne pourra jamais enseigner des réponses toutes faites à des problèmes prédéterminés, des recettes imparables pour bien faire son travail. Il s'agirait là d'une formation au jugement technique, mais on a déjà vu ses insuffisances pour la pratique professionnelle. La solution consiste donc à former le jugement professionnel, celui-ci peut être défini comme « une activité décisionnelle dirigée ou un processus de résolution de problèmes réalisé dans l'intérêt du client, où une considération réfléchie a été apportée à l'information pertinente, aux critères et aux méthodes, au contexte, aux principes, ainsi qu'aux politiques et aux ressources applicables » (Facione, Facione, Giancarlo et Ferguson, 1999 : 309).

Cette définition du jugement professionnel illustre bien les dimensions à prendre en compte dans les contextes de formation initiale et continue visant à développer le professionnalisme et la responsabilité professionnelle. On voit ici que le centre d'intérêt est le client : l'intérêt du client n'est pas à prendre à la légère, il doit même primer. Il faut ainsi rechercher toutes les informations nécessaires pour comprendre sa situation particulière, il faut avoir recours aux connaissances spécialisées ainsi qu'aux normes relatives à la situation, tant des normes de pratique que des normes réglementaires, institutionnelles et organisationnelles, pour arriver à prendre une décision ou à résoudre au mieux le problème en fonction des circonstances particulières de la personne dans la situation particulière. Une telle démarche permet au professionnel à la fois de justifier son agir et de manifester son éthique professionnelle.

Cette conception de la formation du jugement professionnel étroitement liée au développement de l'éthique professionnelle demande un approfondissement et un engagement qui vont au-delà d'un répertoire d'habiletés à développer, d'un code de bonne conduite à connaître et à respecter ou de la capacité à écrire des dissertations. Elle demande un effort soutenu de réflexion critique sur les situations de vie rencontrées dans l'exercice de la pratique. Elle demande tout autant de développer des connaissances spécialisées que des qualités professionnelles et du savoir-être de manière à pouvoir intervenir à bon escient dans le cadre de la relation professionnelle personnalisée selon les besoins du client.

Le développement de la sensibilité morale

Le Québec français d'autrefois était une société plutôt homogène où le référent religieux catholique donnait sens à nos vies : les différentes fêtes religieuses scandaient le rythme des saisons, les portes du ciel s'ouvraient aux personnes ayant mené une bonne vie et celles qui s'étaient repenties de leurs péchés, les règles de bonne conduite en société étaient largement partagées et le respect envers l'autorité avait cours. Comme chacun sait, la révolution tranquille des années 1960 a changé à jamais le visage du Québec et, par le fait même, notre sensibilité morale, avec la modernisation de nombreux secteurs dont l'économie, la remise en question de la place de l'Église, la création d'un État-providence, la consolidation du nationalisme et de l'ouverture sur le monde et l'immigration. On se retrouve maintenant dans une société qu'on qualifie de pluraliste, c'est-à-dire que notre société admet la coexistence de courants de pensée, de modes de vie, d'opinions politiques et religieuses, de valeurs et de comportements culturels, individuels et sociaux extrêmement variés. Dans leur pratique, les professionnels doivent tenir compte des différences socioculturelles reliées à la diversité des valeurs et des milieux de vie, et composer avec tout cela dans leurs communications et interventions.

Certes, l'hétérogénéité et le pluralisme sont posés ici comme des caractéristiques significatives de la société québécoise actuelle. Mais on peut aussi penser que, plus profondément encore, ces caractéristiques montrent que le travail de tout professionnel ne se fait pas en vase clos, il est interdépendant d'un état de société et de la sensibilité morale qui lui est associée. Cela ne doit pas seulement être expliqué sur le plan sociologique, mais aussi sur le plan psychologique. En ce sens, les travaux du psychologue américain James Rest ont visé à comprendre la question suivante : quand une personne se conduit moralement, que s'est-il passé pour qu'elle ait adopté une telle conduite ? (Rest, Narvaez, Bebeau et Thoma, 1999) Pour rendre compte du processus complexe qui sous-tend le développement moral et le mesurer, Rest a dégagé quatre composantes. La première a trait à l'analyse de la situation particulière et des conséquences possibles des actions sur les personnes concernées. La deuxième porte sur la prise de décision en fonction d'un ordre de priorité des valeurs. La troisième concerne la motivation à l'agir moral. Et la quatrième composante porte sur le courage et la persévérance que demande la mise en œuvre de la décision et des modalités d'action qu'elle comporte. Le questionnaire que Rest a développé, testé et validé, le « Defining Issues Test », a été utilisé pour mener de nombreuses études. Une grande partie d'entre elles ont été conduites dans le domaine des soins de santé à cause des situations complexes rencontrées sur le terrain. L'analyse des résultats de ces recherches a permis de mettre en valeur la dimension psychologique de sensibilité morale à autrui comme condition de possibilité de l'éthique. Autrement dit, la formation des professionnels doit les amener à développer leur capacité de reconnaître et d'éprouver l'ampleur de ce que signifie la vulnérabilité chez l'autre et chez eux-mêmes aussi d'ailleurs et de saisir jusqu'à quel point leurs paroles et leurs gestes ne sont pas anodins, mais qu'ils sont au contraire lourds de conséquences. Cette sensibilité morale conduit justement à comprendre les enjeux de l'intervention professionnelle : cette intervention est faite auprès de personnes bien réelles avec tout ce que cela comporte de particularités et non auprès de cas semblables les uns aux autres. On peut dès lors bien mesurer toutes les nuances que prendra la relation professionnelle selon chaque situation et toute l'importance du jugement professionnel à la base du travail d'intervention.

CONCLUSION

Il a largement été mis en relief dans ce chapitre que le professionnalisme réfère à la qualité de l'exercice professionnel. Ainsi, peu importe le travail exercé, le professionnalisme renvoie toujours à la qualité du travail accompli dans le cadre de la relation professionnelle. Cette qualité peut être développée par la formation et l'expérience. De même Simone de Beauvoir l'a écrit à propos des femmes qu'on ne naît pas femme mais qu'on le devient, de même on peut penser qu'on ne naît pas professionnel et qu'on le devient. Bien sûr, on possède des potentialités qui doivent trouver leur chemin pour s'épanouir et atteindre la maturité. Néanmoins tout professionnel doit faire son chemin et il s'agit à chaque fois d'un chemin singulier que nul autre ne peut accomplir à notre place. Ce chemin commence en formation initiale et il se poursuit tout au long de notre carrière. Nous rencontrons tous sur ce chemin des guides qui nous aident à le parcourir à notre rythme et à avancer dans notre maturation professionnelle. Ces guides peuvent être des professeurs, des collègues de travail, des personnes plus expérimentées, des documents et bien d'autres ressources encore. La croissance professionnelle qui nous permet d'atteindre un haut niveau de professionnalisme n'est jamais terminée une fois pour toutes. De nouvelles connaissances, de nouvelles questions sur notre agir, de nouvelles techniques, de nouvelles organisations du travail, des transformations dans la vie sociale nous amènent à continuer sans cesse à nous développer pour maintenir une pratique de qualité. Le professionnalisme n'est donc pas un état statique ou un point d'arrivée, il s'agit plutôt d'une dynamique qui consiste en une manière d'être, d'agir et de se conduire en professionnel autonome et responsable.

Pour conclure, on pourrait d'abord dire que le professionnalisme doit refléter ce que vivent, ce que pensent, ce que ressentent les personnes réelles qui pratiquent la profession, dans le quotidien, avec tout ce que cela comporte de défis à relever, de problèmes à résoudre et de satisfaction par rapport aux défis relevés avec succès. La vie associative peut donc contribuer à fortifier ce professionnalisme. Ensuite, le professionnalisme dont il a été question ici n'est pas un professionnalisme basé sur l'imposition de normes, de règles et de règlements ou sur la punition de la faute commise. C'est plutôt l'autorégulation de la pratique et l'autonomie responsable qui ont été mises en valeur. Le professionnalisme n'est cependant pas une garantie contre l'erreur. L'erreur est humaine. Ce qui n'est pas humain, c'est de ne pas réparer une erreur commise. Ainsi, lorsqu'on remarque que notre agir est contre-productif, qu'il ne donne pas les effets attendus, qu'on ne va pas dans la direction souhaitée ou qu'on a fait une erreur, il importe de s'ajuster, de réajuster le tir, de prendre de nouveaux moyens pour réparer les torts ou pour aller dans une nouvelle direction qui serait meilleure. Reconnaître ses limites ou le fait qu'on puisse s'être trompé n'est pas un signe de faiblesse ou d'incompétence, c'est un signe de maturité professionnelle. À cet égard, quelques qualités méritent d'être cultivées pour vivifier le professionnalisme de chacun : la disponibilité, la maîtrise de soi, l'esprit critique, l'enthousiasme, la conscience professionnelle, l'engagement personnel, l'ouverture à l'autre et le sens de l'équité. Enfin, on pourra retenir que le professionnalisme prend racine dans notre héritage personnel, professionnel et socioculturel, qu'il prend ancrage dans le quotidien de notre pratique et qu'il peut sans cesse se renouveler grâce à notre développement professionnel continu pour le bénéfice des personnes qui recourent à nos services.

QUESTIONS DE COMPRÉHENSION

1. Pourquoi le professionnalisme est-il requis dans la pratique de l'intervention professionnelle ? Pour répondre à cette question, vous pourriez vous appuyer sur des arguments qui proviennent de la logique de l'intervention professionnelle et vous pourriez tirer des exemples de votre pratique ou de pratiques dans votre champ d'intervention pour illustrer ces arguments.
2. Dans quelle mesure le jugement professionnel est-il nécessaire à l'exercice de votre profession ? Vous pourriez commencer par définir et caractériser le jugement professionnel et ensuite faire valoir pourquoi et comment vous devez mobiliser votre jugement professionnel pour prendre des décisions dans le cadre de l'exercice de votre profession.
3. À votre avis, quels sont les enjeux d'un ordre professionnel pour les praticiens qui en sont membres, pour leurs clients, le public et la société ? Une fois les enjeux dégagés, mettez en évidence les moyens dont dispose l'ordre professionnel pour soutenir le professionnalisme de ses membres par rapport à ces enjeux.
4. À partir du modèle de la relation professionnelle de Legault (2006), relevez des éléments qui caractérisent la relation professionnelle dans la pratique de votre profession et explicitez les tenants et les aboutissants de ces éléments.
5. Quelles sont les valeurs dominantes de votre profession ? Comment les avez-vous intégrées ? Comment orientent-elles votre agir professionnel et les décisions que vous prenez ?

Bibliographie

Facione, P.A., N.E. Facione, C.A.F. Giancarlo et N. Ferguson, « Le jugement professionnel et la disposition à la pensée critique » dans L. Guibert, J. Boisvert et N. Ferguson (dir.), *Enseigner et comprendre : le développement d'une pensée critique*, Québec, PUL, 1999, p. 307-326.

Genard, J.-L., *Sociologie de l'éthique*, Paris, L'Harmattan, 1992.

Gouvernement du Québec, *Code des professions*, L.R.Q., c. C-26, 2010.

Legault, G.A., « Professionnalisme avec ou sans profession » dans L. Thiaw-Po-Une (dir.), *Questions d'éthique contemporaine*, Paris, Stock, 2006, p. 603-625.

Legault, G.A., *Professionnalisme et délibération éthique*, Québec, PUQ, 2003, p. 12.

Legault, G.A., « Les enjeux de l'éthique professionnelle » dans J. Patenaude et G.A. Legault (dir.), *Enjeux de l'éthique professionnelle, Tome 1, Codes et comités d'éthique*, Sainte-Foy, PUQ, 1996, p. 15-27.

Nélisse, C., *L'intervention : les savoirs en action*, Sherbrooke, GGC, 1997.

Rest, J.R., D. Narvaez, M.J. Bebeau et S.J. Thoma, *Postconventional moral thinking. Mahwah : Lawrence Earlbaum*, 1999.

Rezohazy, R., *Sociologie des valeurs*, Paris, Armand Colin, 2006.

Biographie France Jutras

Professeure titulaire en Fondements de l'éducation au Département de pédagogie de l'Université de Sherbrooke, France Jutras s'intéresse au rôle des valeurs personnelles, professionnelles et sociales dans le développement professionnel des enseignants. Son cadre de référence se situe dans une perspective d'éthique appliquée et d'éducation à la citoyenneté.

Chapitre 6

L'éthique en milieu de travail – un développement progressif et continu

Lyse Langlois

Objectifs poursuivis :

- Comprendre l'arrivée de l'éthique en gestion ;
- Identifier les modes de régulation de comportements que sont l'éthique, la morale, le droit, et la déontologie ;
- Préciser les grandes distinctions qui existent entre ces diverses approches régulatrices ;
- Comprendre les nuances entre formalisation et institutionnalisation de l'éthique organisationnelle ;
- Saisir les grandes caractéristiques d'un encadrement éthique applicable en gestion des ressources humaines et en relations industrielles.

Le développement d'une société ne dépend pas seulement de la valeur des biens et services produits et appropriés par des unités de consommation, mais aussi de beaucoup d'autres éléments : de la qualité de l'air et de l'eau, de l'aptitude des individus à la paix, de leur capacité à être autonomes, de leur niveau d'éducation et de santé, de la capacité de la société à maintenir ses membres dans une relative égalité des conditions.

(D. Meda, Le Monde, 22 avril 2008, version électronique)

INTRODUCTION

L'éthique en milieu de travail connaît un intérêt de plus en plus grandissant et s'apparente soit à un processus de gestion qui touche la mission, la vision et les valeurs. Processus qui permet de réfléchir par exemple à la mise en marché d'un produit ou des services et aux impacts que ce produit ou service peut avoir tant pour l'image et la réputation de l'entreprise que pour les parties prenantes. Soit devenir un mode de gestion des conduites ou un outil pouvant aider à mieux gérer les risques au sein de l'organisation. Pensons au développement des standards, chartes, lignes directrices en éthique que se développent depuis plusieurs années.

Toutefois l'éthique est encore mal comprise et souvent déformée de sa finalité initiale. Pour plusieurs, l'éthique, le droit, la déontologie, les mœurs et la morale appartiennent tous au vocable « éthique » et ce sans nuance ni sans en comprendre le sens que chacun des concepts soulèvent en terme de réflexion et mode de régulation. La logique de l'éthique diffère de celle de la logique déontologique. S'engager dans une trajectoire éthique en milieu de travail relève du défi car elle nécessite un questionnement ouvert et constant pouvant déstabiliser les pratiques établies en milieu du travail. Et pourtant, tous en reconnaît l'importance. La voie de l'éthique est souvent pavée de bonnes intentions pour reprendre une expression connue par plusieurs éthiciens. Comme l'affirme la philosophe française Monique Canto-Sperber, à propos de l'éthique, « on ne peut en rester aux intentions louables, derrière le terme, il y a une démarche intellectuelle, qui requiert souvent un savoir précis, des méthodes de raisonnement et des procédures, et pour laquelle il n'y a pas de solutions toutes faites. » (2001 : 87).

La réflexion invite à bien clarifier ce qu'est l'éthique au travail, par le biais du savoir et de la sensibilité qu'elle requiert, le raisonnement qu'elle soulève de même que les procédures qu'elle demande aux organisations désireuse de prendre ce virage et d'établir une gestion de l'éthique actualisée dans les pratiques.

Ce chapitre est divisé en trois sections. La première section a pour but de préciser la notion de l'éthique et de même que celles qui lui sont associées en faisant ressortir le mode régulatoire de l'agir ou la conduite attendue. Suivent les étapes importantes qui ont permis une ouverture de plus en plus grande à l'éthique en tant que discipline associée à la gestion puis en tant que mécanismes pouvant être formalisé et institutionnalisé dans les pratiques de gestion en ressources humaines et relations du travail. Nous terminons par une réflexion sur un domaine en émergence que représente l'éthique organisationnelle

1. QUELQUES CONCEPTS QUI VALSENT AVEC L'ÉTHIQUE ET LEUR MODE RÉGULATOIRE[1]

Avant de débuter cette partie, il semble opportun de bien préciser les notions qui s'entrecoupent actuellement et qui sont souvent confondues dans les milieux du travail lorsqu'on parle d'éthique. Il est fréquent de constater que les mots droit, déontologie, morale et éthique sont perçus par les organisations comme étant des mots identiques mais ce n'est pas toujours le cas. Certes, ils partagent un vocabulaire commun – ici la régulation des conduites par exemple – mais ont des finalités différentes. Nous allons les définir afin d'en saisir les nuances et en mettant en évidence la régulation sous-jacente.

La déontologie

La déontologie se rattache au départ aux notions de devoir et responsabilités qui incombent à tout professionnel. C'est l'insistance sur l'aspect devoir, sur l'obligation d'agir selon une volonté rationnelle ici représentée par le code de déontologie qui prévaut (du grec *deon*, « devoir », et *logos*, « raison »). Le respect du code de déontologie est vu dans cette logique comme un commandement ou un ordre, comme un impératif et la conduite du professionnel se fait en fonction du respect de ce devoir qui s'impose sans condition.

Cette notion qu'est la déontologie est souvent comprise comme faisant partie de l'éthique. Il n'est pas rare d'entendre les individus mentionner que leur code de déontologie c'est aussi un code d'éthique. La nuance est plus

1. Le terme valser est un clin d'œil au livre écrit par Alain Etchegoyen en 1991 intitulé « La valse des éthiques » livre qui a obtenu le prix Médicis.

importante. Certes, dans un code de déontologie on retrouve certains éléments associés à l'éthique telle que la dignité, valeur importante qui a été déclinée sous la forme de norme afin d'inviter les professionnels de la santé par exemple à mieux préserver et protéger la dignité de la personne dans l'exercice de leur pratique professionnelle. Quant à la déontologie, elle est enchâssée dans une profession ou corps de métier constituée de normes visant à encadrer la conduite des professionnels. Au Québec, les professions reconnues légalement par l'Office des professions ont l'obligation de se doter d'un code de déontologie qui invite les professionnels à respecter leur code de déontologie sous peine de sanction. La régulation que commande la déontologie s'inscrit dans ce qu'on appelle l'hétérorégulation, c'est-à-dire, que la conduite du professionnel est conditionnée par un code de déontologie externe à son agir interne. Cet aspect externe lui commande de se conformer aux normes attendues par sa profession sous peine de sanction.

Le mode de l'hétérorégulation

L'hétérorégulation découle d'un ensemble de règles imposées par l'extérieur lesquelles s'inscrivent dans une vision de contrôle et ont un caractère contraignant. Ceux et celles qui ne les respectent pas subissent des sanctions. Ces règles sont de nature légale et contrôlante pour ceux qui y sont assujettis. Le droit et la déontologie sont rattachés à ce mode de régulation. L'hétérorégulation signifie selon Boisvert:

> Un mouvement de régulation établi et imposé de l'extérieur, c'est-à-dire qu'une autorité externe dicte à l'individu la façon dont il doit décider ou agir. Dans une approche hétéronome, la régulation des comportements passe par le respect des règles édictées par l'autorité, et la crainte de la sanction par cette dernière dans le cas contraire.[2].

Par exemple, si on ne respecte pas la signalisation routière et que l'on ne s'arrête pas au feu rouge, on est passible d'une contravention. Ainsi la contravention agit en tant que mode de sanction externe pour mieux réguler la conduite de l'individu visant au final la sécurité de la population. L'individu dispose toutefois d'une relative autonomie, soit le respect ou non de la signalisation routière en tenant compte des conséquences potentielles en cas de non-respect.

---

2. Voir aussi le rapport de recherché intitulé « Raisonnement éthique dans un contexte de marge de manœuvre accrue : clarification conceptuelle et aide à la prise de décision » (Boisvert *et al.*, 2003).

Il en est de même dans les milieux de travail, des règles sont établies pour le bon fonctionnement de l'organisation et les travailleurs ont l'obligation de les suivre et de les respecter sous peine de sanction. Les gestionnaires disposent de tout un arsenal pour gérer les sanctions allant parfois de la réprimande verbale au congé sans solde. Selon Delpuech et Klarsfeld (2007), si les règles peuvent être plus ou moins contraignantes, elles n'existent pas sans un minimum d'autonomie, de consentement des acteurs. Comme le formule Jean-Daniel Reynaud, elles posent avant tout un modèle, un étalon pour la pratique, elles indiquent ce qui est souhaitable – même si parfois, il est difficile de leur échapper.

Prenons l'exemple d'un conseiller en ressources humaines et relations industrielles membre en règle d'un Ordre professionnel. Il est contraint d'agir selon les normes édictées par son code de déontologie, lequel énonce les conduites qui sont attendues de lui et qui balisent son comportement. Son code énumère également des devoirs envers le public, les clients et la profession en général (voir le chapitre de S. Thibodeau). En tant que conseiller, il est tenu de ne pas porter atteinte à la dignité de la profession. (voir le *Code de déontologie* de l'Ordre des CRHRIA, article 5). De plus, il doit respecter le secret professionnel, (article 51). Son jugement répond aux normes de sa profession et chacune de ses décision soupesée à la lumière de son code. En cas de non-conformité, il sera passible de sanction ou de réprimande pouvant entacher sa crédibilité et sa réputation professionnelle.

La morale ou l'éthique

Passons maintenant à nos deux autres concepts, la morale et l'éthique. La notion de morale et d'éthique est parfois utilisée indistinctement l'une de l'autre, certains auteurs y apportent des nuances, d'autres non. Précisons qu'étymologiquement, les deux termes signifient mœurs, coutume. La morale a une origine latine *mores* tandis que l'éthique a une origine grecque, *ethos*. Certains auteurs opposent ces notions[3], d'autres les considèrent voisines et interdépendantes (Ricoeur, 1991). Nous adoptons cette dernière position selon laquelle la morale et l'éthique peuvent s'utiliser sans distinction majeure, les deux faisant référence à la conduite d'un individu.

La définition proposée dans le cadre de ce chapitre inscrit l'éthique dans une visée réflexive qui interpelle divers éléments pouvant guider ou encadrer

3. Pour une description complète de chacune des positions des auteurs cités, voir « Deux perspectives régulatoires de l'éthique », sous la direction de Y. Boisvert en collaboration avec Campeau et Jutras. Laboratoire éthique publique, École nationale d'administration publique, 2004.

la conduite d'une personne. Ce sont les valeurs personnelles, professionnelles, organisationnelles ainsi que les règles, les normes et les procédures. L'éthique se veut un processus de réflexion et de discernement à partir entre autres de ces éléments. Elle soulève à titre d'exemple les questions suivantes : cette norme ou règle est-elle encore juste dans le contexte actuel ? Quelle sera la valeur à privilégier ? Comment dois-je agir dans le cadre de cette situation ? Est-il acceptable d'agir ainsi ? Est-ce la meilleure décision à prendre compte tenu du contexte ? Quelles seront les conséquences de ma décision sur moi, sur autrui et sur les autres ? La réflexion éthique visera à mettre en évidence les valeurs signifiantes pour l'individu dont les modalités seront jugées à la suite d'un examen de conscience minutieux. L'éthique est ancrée dans le réel et prend en considération les circonstances donnée d'où son caractère fluide par rapport aux droits et à la déontologie qui commande une rigidité décisionnelle. Il est fréquent d'associer l'éthique à une sorte de droit mou qui s'inscrit dans un mode d'interrogation et de questionnement où les certitudes morales demeurent toutefois incertaines (Bourgeault, 2004 ; Legault, 2004).

Dans cette perspective, le défi que pose l'éthique est de chercher le sens des gestes ou décisions à prendre, de réfléchir et de trouver des arguments crédibles, justes et raisonnables qui peuvent se justifier publiquement. Etre en mesure de trouver des arguments justes et crédibles pouvant se justifier, des auteurs québécois tels que Johanne Patenaude et Georges Legault suggèrent d'initier ce questionnement complexe collectivement par le biais du dialogue et de la délibération. Ce processus délibératif vise à trouver ensemble ce qui fait sens et ce qui constituera la meilleure décision à prendre selon la situation donnée pour l'organisation (Legault, 2004). Ce caractère de réciprocité qu'a l'éthique est important car comme l'affirme Bégin, l'éthique est un mode de relation à autrui qui se développe au gré des situations et défis quotidiens. (Bégin, 2004) Dans une telle vision, l'éthique peut représenter un chantier de construction collective qui met en place petit à petit avec l'aide d'autrui les éléments jugés importants à préserver. Ainsi, l'éthique en tant que mode régulatoire s'inscrit dans une visée autorégulatoire, c'est-à-dire qu'elle fait appel à l'autonomie, à la responsabilité morale et à l'exercice du jugement personnel et professionnel de l'individu.

Le danger souvent vu et vécu par les organisations est de vouloir réglementer l'éthique afin de la figer dans un code pour mieux la contrôler. La définition donnée à l'éthique précédemment ne correspond nullement à ce rôle. Bernard Galambaud affirmait déjà en 1994 une mise en garde à cet effet :

> En voulant faire de l'éthique un mode de régulation rationnel et objectif, (*entendu ici en tant que rationalité technique*) on réduit la complexité des situations de gestion en enfermant le manager dans une représentation normative et universelle de la réalité. On ne l'aide ni à ouvrir ses compétences face à un problème de

gestion, ni à prendre en compte la reconnaissance de l'autre. L'éthique devient alors répressive et entrave l'individu dans son évolution vers une autonomie personnelle à l'égard de l'action. Le risque est d'assimiler la représentation normative de la réalité au réel lui-même. On assiste alors à la naissance d'un « social gadgétisé » de courte durée dont l'essentiel est de créer de l'image (1994 : 81).

L'intégration de l'éthique que ce soit en tant que dispositif ou en tant que compétence ne s'inscrit pas dans une telle visée. Pour bien saisir cet aspect, nous allons reprendre les nuances apportées par Jean-Daniel Reynaud[4] au sujet de deux autres modes de régulations pouvant encadrer les conduites au travail.

Reynaud distingue les règles et normes qui sont élaborées selon une vision de contrôle, de celles élaborées de façon conjointe (coélaboration) et celles élaborées de façon autonome (autorégulation). L'éthique fait partie au départ de l'autorégulation.

Autorégulation : l'exercice du libre-arbitre

Les règles, les principes et les valeurs que nous décidons d'appliquer de façon autonome et libre s'inscrivent dans un mode d'autorégulation. Cette autorégulation invite l'individu à exprimer et ce, sans le poids de la sanction, une conduite responsable et autonome. Pour ce faire, l'individu est invité à activer sa volonté pour réguler sa conduite afin d'assumer la responsabilité qu'il a à l'égard d'autrui. C'est l'art de se gouverner soi-même selon les termes de Foucault (1984). Pour Yves Boisvert et al., (2003 : 29) l'éthique a une double nature. « Bien qu'elle soit fondamentalement autorégulatoire, en ceci elle favorise la maîtrise de soi, des comportements autonomes, etc., elle ne mène cependant pas à un individualisme radical. Cet individualisme a tout à fait conscience de son inscription dans la vie en collectivité ». En effet, l'éthique ne se vit pas dans un monde désincarné, elle se déploie dans une organisation avec tout ce que cela comporte ; elle est mise à l'épreuve, se défait, se renoue au contact des autres et de la vie en organisation. Ainsi, l'éthique doit être vue non pas comme un couteau qui tranche (lois) mais plutôt comme une aiguille qui patiemment coud son ouvrage avec les auteurs dont le but est de mieux vivre ensemble. C'est en quelque sorte un travail de courtepointe collective.

4. En posant la règle comme fait social premier, Jean-Daniel Reynaud a construit une théorie qui s'inscrit de plain-pied dans une sociologie de l'action. Cette dernière a ceci de singulier qu'elle retient comme principe de base l'autonomie des acteurs, soit la capacité de ces derniers à construire des règles et à y consentir (Reynaud, 2003).

L'éthique se situe dans cette perspective d'autonomie car elle demande un certain niveau de liberté pour bien exercer sa capacité de discernement et son jugement. Cette liberté est une des conditions essentielles à l'exercice d'une réflexion éthique d'où son inscription dans le mode de l'autorégulation.

L'individu est un sujet moral, c'est-à-dire qu'il a une conscience et des responsabilités et est en mesure d'y répondre. Selon Melançon (2004) la liberté est la capacité de tout homme à devenir lui-même et à atteindre sa plénitude de manière autonome et responsable. Ainsi, l'éthique se situe à un carrefour visant à équilibrer l'épanouissement individuel et le bien commun, la liberté individuelle et la responsabilité envers les autres.

Loin de s'inscrire dans une visée figée, l'éthique varie avec le contexte et les individus et s'insère dans une société ou culture donnée. Elle s'éloigne d'une réflexion sclérosée et d'un conformisme pour mieux questionner la société et les milieux de travail. Elle évolue dans le monde réel avec toute sa richesse et sa complexité d'où une forme permanente de créativité. Ces particularités qui la configurent peuvent expliquer la difficulté à la saisir, à vouloir l'isoler définitivement de manière stable pour obtenir enfin « la recette » des bonnes pratiques éthiques ou le mode d'emploi de la décision éthique. Malheureusement, ce questionnement perpétuel exige un effort tant individuel que collectif parfois facile parfois difficile. Dans un monde organisationnel qui favorise l'autonomie, l'éthique peut se déployer en principe de manière optimale. Toutefois, ce déploiement demande une culture qui est en mesure de soutenir cet espace de réflexion et les changements qui peuvent survenir par le biais de cette délibération collective. Voici certaines caractéristiques pouvant aider à mieux comprendre ce qu'est l'éthique avec un exemple de questions pouvant survenir lorsque l'éthique bénéficie d'un espace réflexif au sein d'une collectivité. Prenons par exemple une entreprise prospère dans la vente de produits de beauté qui désire mettre sur le marché sa crème vedette en Afrique subsaharienne. Le responsable marketing précise qu'il serait important d'ajouter aux ingrédients un agent blanchissant pour la peau noire et de le mettre en évidence sur le produit[5]. Faisons ressortir les questionnements éthiques pouvant survenir pour chacune des caractéristiques lors d'une délibération :

1.4.1 L'éthique s'attarde sur la relation entre les <u>fins visées et les conséquences et les moyens déployés</u> pour réaliser cette fin ;

5. Produit souvent à base d'hydroquinone, un produit extrêmement cancérigène interdit dans plusieurs pays. On ne le trouve que via les réseaux de contrebande.

- Quelle valeur visons-nous par cette action ? A quoi désirons-nous être associés en tant qu'entreprise de beauté si on ajoute certains ingrédients pouvant entraîner des effets néfastes pour la peau de nos clients ? Quel message transmettons-nous à la société ? Jusqu'où sommes-nous prêts aller pour ouvrir un nouveau marché pour notre crème vedette ?

1.4.2 L'éthique est le fruit d'un dialogue constant inscrit dans un rapport de tension relatif à ce qui sera le mieux et le plus acceptable de faire selon une situation donnée (« que dois-je faire ») ;

- Devons-nous absolument ajouter ce type d'ingrédient et véhiculer cette image de beauté dite idéale par les sociétés occidentales ? Qu'est-ce qui serait plus acceptable de faire auprès de cette clientèle sans sacrifier nos valeurs ?

1.4.3 L'éthique s'intéresse au sens qui est donné aux actions pouvant faciliter un mieux-vivre ensemble ;

- Quels sont les liens et les bénéfices envisagés entre la préoccupation éthique que nous pouvons avoir pour le groupe visé (ici les femmes à la peau noire) et les intérêts purement stratégiques ? (ici augmenter nos ventes auprès de cette clientèle) Démontrons-nous notre responsabilité et nos engagements par la vente de ce produit ?

1.4.4 L'éthique fait appel aux valeurs – personnelle, professionnelle, organisationnelle, sociale – qui permettent d'assurer une certaine cohérence entre la pensée et l'action dans un rapport qui se veut le plus authentique possible ;

- Quelle valeur priorisons-nous par la mise en marché de ce produit auprès de cette nouvelle clientèle ? Sommes-nous en contradiction avec nos valeurs organisationnelles ? Y a-t 'il un écart entre les valeurs affichées et les valeurs pratiquées ?

1.4.5 L'éthique n'est pas un canon mais un processus qui commande l'exercice du jugement et qui fait appel à la capacité de discernement pour en arriver à une action plus réfléchie. C'est une forme d'éducation de la conscience.

Le questionnement éthique est une pratique concrète des décisions qui sont mises à l'épreuve de ce qui est promu au sein des organisations. Elle permet de clarifier les enjeux et de discerner les conséquences des décisions. Cet espace réflexif permet aussi de voir nos limites et de clarifier nos responsabilités et les engagements qu'une entreprise prend. En combinant l'éthique aux aspects normatifs et réglementaires, l'organisation dispose ainsi d'une synergie intéressante combinant les modes hétérorégulation et autorégulation. Les milieux de travail tentent de plus en plus de combiner et d'intégrer ces deux modes de régulation parfois avec succès parfois avec difficulté. Ceux qui réussissent utilisent un troisième mode, la corégulation.

Corégulation : un mode intégrant l'autorégulation et l'hétérorégulation

La corégulation est un mode d'encadrement qui vise à élaborer avec l'aide d'un autre groupe par exemple, des règles, normes ou valeurs qui agiront de manière à mobiliser et solidariser les individus. Selon Alain Delpuech et Corinne Klarsfeld (2007), ces éléments peuvent se présenter comme un choix qualifié d'adhésion volontaire (ici on peut pencher du côté de l'autorégulation : je choisis librement de me rallier à cette cause car j'en partage les valeurs et les principes) ou peuvent devenir une contrainte exigeant un certain degré d'engagement et d'obligation pour atteindre un bien supérieur tel que le mieux-être collectif. Ainsi l'adhésion à un mouvement syndical ou un mouvement de revendication spécifique (comité sur l'équité salariale) fait en sorte que les individus vont s'engager pleinement et de manière consciente dans cet objectif collectif afin de réussir ce bien qu'il juge supérieur, soit l'équité salariale par exemple.

Pour illustrer ce qu'est la coélaboration concrètement, prenons l'exemple de l'élaboration d'un énoncé de valeurs lequel est souvent présenté comme étant un dispositif éthique mis en place par les organisations. La manière dont sera établi cet énoncé sera révélateur du mode régulatoire choisi. Supposons que vous êtes un coordonnateur en ressources humaines et vous désirez mettre en place un énoncé de valeurs selon le mode de la corégulation. Votre démarche d'identification des valeurs doit débuter avec les individus représentatifs des employés de l'organisation et non prendre par exemple seulement un groupe de cadres intermédiaires. Idéalement dans un mode de corégulation, ce groupe représente aussi une diversité au plan des emplois, de l'âge et du genre par exemple. Il est invité à réfléchir aux valeurs signifiantes pour l'organisation. Une fois qu'elles sont identifiées, une consultation se met en place au sein de l'organisation afin de les vérifier, les valider ou les infirmer. Lorsque le processus est terminé, le groupe présente l'énoncé de valeurs qui deviendra le dispositif à respecter visant cette solidarisation mentionnée par Corinne Delpuech et Alain Klarsfeld (2007) selon une logique de corégulation.

Le tableau suivant énumère les trois modes régulatoires présentés précédemment. Il met en évidence quelques exemples de dispositifs pouvant s'appliquer en milieu de travail de même que les valeurs visées :

Autorégulation **Éthique / morale** **Discipline interne**	**Co-régulation** **Éthique / normatif** **Collaboration et engagement**	**Hétérorégulation** **Droit / déontologie** **Contraintes**
Valeurs et principes personnels et professionnelles, etc Les conduites déviantes sont analysées dans une perspective de prévention et de responsabilisation	Groupe représentatif ou comité spécifique Les conduites déviantes peuvent être discutées par le biais d'un mécanisme de médiation balisé	Code de déontologie, convention collective, normes du Travail, règles, etc Les conduites déviantes font l'objet de procédures de griefs ou mesures graduelles de sanction
Dispositif : Modèle décisionnel éthique, chartes, énoncés	Dispositif : Les énoncés de valeurs, politiques, normes, ISO 26000	Dispositif : Les lignes de signalement ou de dénonciation, outils encadrant la prise de décision
Autonomie et responsabilisation	Adhésion et mobilisation	Conformité et respect

À la suite de ces précisions sur les concepts qui gravitent autour de la notion de l'éthique et les modes de régulation des conduites, nous allons aborder les différentes périodes qui ont caractérisé l'arrivée de l'éthique en gestion en mettant en évidence les principales périodes qui ont influencé l'éthique organisationnelle.

2. L'ÉTHIQUE ET LA GESTION : UNE PRÉSENCE DISCRÈTE

On peut penser que l'arrivée et l'intérêt pour l'éthique en gestion datent de quelques années seulement. Certains croient que c'est à la suite des différents scandales financiers et de corruptions que les organisations se sont mises à penser plus sérieusement à l'éthique en tant que dispositif important. Certes, ces situations ont contribué à la populariser mais il est possible d'observer plus particulièrement que du côté américain, l'éthique se manifestait déjà à travers divers codes de conduite et par une éthique dite du « Bon » gestionnaire de type paternaliste. Jérôme Ballet et Françoise De Brye (2001) soulignent que la *Penney Compagnie* avait formalisé son éthique par le biais d'un code appelé *code d'éthique* et ce, dès 1913. Les auteurs mentionnent aussi le fait que les quakers auraient été les premiers à l'origine des placements éthiques en refusant d'investir dans des entreprises qui produisaient des armes et des cigarettes. Plus près de nous, soit au Québec, l'arrivée de l'éthique s'est manifestée surtout avec un questionnement au sein des regroupements des travailleurs. Pensons ici à la *Boot and Shoe Workers Union* apparue à Montréal et St-Hyacinthe en 1902, qui soulignait déjà un engagement éthique par la création d'une étiquette ou d'un label (*Stamp*) qui respectait des critères précis pour les travailleurs.[6]

Ces considérations pour l'éthique, instaurées par le biais de code, d'engagement et de bonnes pratiques représentent les premières pratiques représentent les premières actions de formalisation qui gagneront en importance et ce dès 1950. Selon Samuel Mercier (2002), plus de la moitié des grandes entreprises européennes et 95 % des grandes entreprises américaines auraient entamé un effort de formalisation de leur éthique. Cette formalisation a été aussi observée dans les pratiques administratives et ce dès la fin des années 1930. Kenneth E. Aupperle et Steven M. Dunphy (2001) reconnaissent à C. Barnard (1938) le rôle qu'il a joué à cet égard.

Ces premiers questionnements éthiques marquent ainsi le début d'une formalisation graduelle de l'éthique au travail qui petit à petit, donnera naissance à un courant communément appelé l'éthique des affaires, lequel deviendra au fil du temps un champ disciplinaire important qui sera marqué par quatre grandes périodes : 1970-1980 ; 1980-1990 ; 1990-2000 ; 2000-2010.

Période 1970-1980 : émergence et construction du champ disciplinaire

Lors d'une recension des écrits sur le sujet, on a pu observer que ce n'est qu'à partir des années 1970 que le milieu universitaire commence à s'intéresser à l'éthique en tant qu'objet d'étude et de recherche. On peut remarquer un certain décloisonnement de l'éthique du domaine de la philosophie pour s'étendre au domaine des sciences administratives. Plusieurs articles abordent la notion d'éthique appliquée au secteur de la gestion et du management et sont publiés dans les revues telles qu'*Academy of Management, Journal of Contemporary Business* (Paul, 2004). Plus le domaine gagne de l'importance, plus les chercheurs qui s'intéressent à l'éthique y voient une distinction propre. L'éthique n'est plus considérée en périphérie mais devient une discipline

6. Déjà on pouvait remarquer une certaine pression externe qui prenait forme auprès des entreprises afin de maintenir un minimum de conditions qui respectent les travailleurs et qui sont syndiqués. Aujourd'hui cela s'exprime par différentes demandes aux fournisseurs exigeant de respecter des critères spécifiques qui s'inscrivent dans les droits internationaux tels que l'abolition du travail forcé, l'abolition du travail des enfants, des salaires et conditions adéquats permettant de couvrir les besoins fondamentaux. Un questionnement éthique avait bel et bien pris forme depuis longtemps.

appelée l'éthique des affaires ou « *Business Ethics* ». Plusieurs revues scientifiques se consacrent à ce sujet et on observe un nombre incroyable d'articles publiés entre autres dans *Journal of Business Ethics and Business and Society, Business Ethics Quarterly, Business Ethics: A European Review, Business and Professionnal Ethics Journal, Ethical Theory and Moral Practice*, etc. Pour illustrer cette croissance constante, Murray Sabrin (2002) avait identifié treize revues consacrées à l'éthique des affaires et l'éthique et la gestion. Actuellement, on en dénombre plus d'une bonne vingtaine. L'éthique des affaires se développe pour atteindre une certaine popularité.

Cette popularité suscitera un questionnement nouveau qui se déplace vers l'entreprise. Pour la première fois, on s'interroge sur les finalités et responsabilités de l'entreprise de même que sur sa moralité. Ce déplacement représente à notre avis un point tournant qui viendra élargir tout le questionnement éthique et social d'une entreprise. L'article de M. Friedman parue dans le *New York Times* le 13 septembre 1970, cristallisera le débat. Ce dernier affirme haut et fort que la responsabilité sociale d'une entreprise consiste à faire uniquement des profits (*The Social Responsibility of Business is to Increase Profit*). Ses propos ont le mérite d'ouvrir la brèche aux discussions sur les finalités d'une entreprise mais aussi sur les partisans d'une gestion qui exclut les valeurs en plaçant l'entreprise dans un espace amoral de ceux qui proposent une intégration des valeurs et considèrent qu'une entreprise ne peut être neutre et désincarnée sur les plans éthique et social. Le débat a le mérite de discuter ouvertement des visées qui doivent être poursuivies par une entreprise en tant que personne morale ayant des obligations citoyennes et éthiques envers la société. Cette ouverture sur la neutralité ou non d'une entreprise vient élargir le champ de l'éthique des affaires vers une éthique plus globale. Pour illustrer cette éthique globale on peut penser aux répercussions des accords de Bretton Woods, qui ont légalisé le *General Agreement on Tariffs and Trade* (GATT) en 1947, donnant naissance aux entreprises transnationales. La multiplication des entreprises transnationales met en évidence certaines pratiques qui sont de plus en plusmises en doute: la recherche d'avantages fiscaux, de main d'œuvre servile, d'atouts commerciaux et reconnaissons-le, d'un laxisme bien à l'abri du questionnement éthique et social que certaines pratiques pouvaient susciter. Il devient de plus en plus évident qu'une entreprise ne peut être considérée neutre et exempte de tels questionnements.

Période 1980-1990: Une notion qui prend sa place

La période des années 1980 viendra aussi souligner le côté sombre et sordide des conduites déviantes en entreprise telles que les actes de corruption et de malversation financière. Ces années seront marquées par des révélations graduelles d'actes de corruption et de malversation classés sous le vocable de pratiques non éthiques. Selon Nick Bontis et Adwoa Monld Mosgrabi (2006), ces divulgations publiques propulseront cette discipline sur la scène publique la rendant ainsi plus attrayante et « fashionable ».

Le contexte de ces années difficile fera l'objet d'une critique grandissante de la vision instrumentale et libérale. Cette critique suscite des interrogations éthiques jugées intolérables à l'égard entre autres des activités internationales des entreprises. D'une notion peut-être considérée au départ en périphérie, l'éthique devient de plus en plus centrale.

C'est au cours de cette deuxième période qu'on assiste à une remise en question importante du modèle managérial en vigueur. Les limites des théories traditionnelles de management se font sentir et ne semblent plus apporter de solutions adéquates aux difficultés vécues en entreprises. Ces années sont marquées sous le sceau des grandes restructurations, de coupures massives d'emplois, de pratiques de gestion qualifiées d'inhumaines et de mise à pied parfois sauvage décriées sur la place publique. L'attention se focalise sur les techniques de gestion qui instrumentalisent de plus en plus les individus leur enlevant toute autonomie et marge de manœuvre. Les chercheurs tenteront de mettre en évidence ces pratiques de gestion et les styles leadership qui y sont appliqués. C'est aussi à ce moment qu'on voit poindre un nouveau style de leadership dans les sciences administratives, le leadership éthique.

Les recherches qui s'inscrivent dans le courant de l'éthique appliquée mettent en évidence le côté abstrait et instrumental des choix managériaux. Ces choix sont conçus de manière à empêcher une compréhension adéquate chez le gestionnaire des choix qu'il fait de même qu'à l'empêcher de réfléchir aux sens des pratiques qu'il met en place. Mintzberg avait déjà perçu ces défis et ce dès 1984. (Mintzberg, 1984).

> À mon avis, le management tel qu'il est pratiqué aujourd'hui, et les organisations telles qu'elles fonctionnent aujourd'hui, génèrent de graves dangers pour nous tous, si on les considère tous deux dans le cadre d'une société impossible à gérer comme résultat de notre management (H. Mintzberg, cité dans Aktouf et al., Le Management, p. 488-489, 2003).

L'attrait irrationnel qui existe au cours de cette deuxième période – et malheureusement encore aujourd'hui – pour la rationalité formelle, abstraite et standardisée que mettent en valeur plusieurs organisations, consolide cette déshumanisation vécue dans les milieux de travail. Ces choix renforcent les effets aliénants du système, les pratiques de gestion mises en place de même que le leadership accentuant ainsi une plus grande souffrance au travail.

Période 1990-2000 : la promotion des infrastructures éthiques

Cette période est marquée par une reconnaissance du courant de l'éthique qui deviendra grandissante en tant qu'objet d'étude et en tant que concept. Elle se traduit par une volonté parfois réelle et parfois purement stratégique annonçant le début d'une éthique qui tente de s'institutionnaliser. La déréglementation, le retrait de l'État, les effets de la mondialisation viendront souligner la nécessité d'une formalisation et d'une institutionnalisation de l'éthique. L'étau se resserre autour des entreprises qui sont de plus en plus prises entre les contraintes économiques et la montée des considérations humaines sociales et éthiques, les forçant ainsi à prendre un virage différent. Alain Etchegoyen qui a travaillé auprès de plusieurs entreprises françaises, s'est intéressé de près aux organisations qui ont pris le virage éthique. Plusieurs organisations provenant de la société civile se mettent en place telle que Transparence internationale fondée en 1993 par l'ancien directeur de la banque mondiale. Cette agence qui, comme son nom l'indique, se consacre à la transparence et à l'intégrité des entreprises. Elle vise à mettre au jour les effets dévastateurs de la corruption, à la combattre de même qu'à informer et sensibiliser l'opinion publique.

Il est important de souligner que cette demande d'instauration de pratiques ou infrastructures éthiques au sein des organisations n'est pas exclusive à la société civile ; les syndicats et différentes unions[7] ont dès le début du siècle visé à contrer des pratiques jugées inacceptables pour les travailleurs. Le vocable utilisé à l'époque des mouvements d'associations des travailleurs n'était certes pas l'éthique comme tel car ceux-ci s'inscrivaient plutôt dans des logiques de revendication, de droit d'association et de négociations syndicales. Ce qui est particulièrement différent au cours de cette période c'est que cette conscientisation n'est plus exclusivement l'affaire des syndicats mais aussi celle des groupes qui exercent des pressions importantes pour que les organisations réfléchissent aux choix qu'elles privilégient. Ces choix et le maintien des pratiques instrumentales deviennent insoutenables et inacceptables pour la société exerçant ainsi une pression importante vers l'implantation d'infrastructures éthiques promulguée par l'OCDE.

---

7. Force est aussi de reconnaître que plusieurs mouvements ont fait la promotion auprès des consommateurs d'acheter du matériel fabriqué par des entreprises qui respectent les travailleurs et qui sont syndiqués. Certains demandent même aux fournisseurs et fabricants de respecter des critères spécifiques qui s'inscrivent dans les droits internationaux : l'abolition du travail forcé, l'abolition du travail des enfants, des salaires et conditions adéquats permettant de couvrir les besoins fondamentaux ne sont que quelques exemples qui démontrent clairement qu'un questionnement éthique avait bel et bien pris forme depuis longtemps et c'était institutionnalisé petit à petit.

La période 2000-2010 : une institutionnalisation pour rehausser les conduites éthiques

Nous avons caractérisé cette période par le fait qu'on assiste au cours des années 2000 à une institutionnalisation de l'éthique au travail qui s'effectue selon des demandes de rehaussement des conduites au travail. Ce passage est déclenché par un rapport provenant du Conseil de l'OCDE (1998) qui recommande l'amélioration des comportements éthiques dans le service public et invite par le fait même les pays membres à réviser leurs systèmes de gestion de l'éthique.

> Même si les gouvernements agissent dans des cadres culturels, politiques et administratifs différents, ils sont souvent confrontés aux mêmes problèmes éthiques et les réponses qu'ils y apportent dans le cadre de leur gestion de l'éthique présentent des caractéristiques communes. Les pays Membres ont besoin d'un point de référence pour combiner les différents éléments d'un système efficace de gestion de l'éthique, en fonction des situations politiques, administratives et culturelles qui leur sont propres (Préface à la Recommandation de l'OCDE, 23 avril, 1998).

Cela ouvre la voie à divers dispositifs éthiques qui s'implantent et s'institutionnalisent dans les organisations. Le secteur public en fait une question prioritaire qui s'inscrit vers une plus grande recherche d'intégrité. L'exigence d'une conduite exemplaire conforme aux attentes n'est pas étrangère au fait qu'on assiste à un nouveau management public lequel comporte une plus grande déconcentration des responsabilités, ce qui n'est pas sans entraîner une liberté d'action accrue souvent peu balisée. De plus, les nouvelles formes de prestation des services publics remettent en question les valeurs attendues à l'égard du service attendu forçant ainsi les organisations (fédérales) à promouvoir une éthique de conformité. Des directives claires se mettent en place à l'égard des conflits d'intérêts potentiels ou réels, de même que l'acceptation de cadeaux. Ainsi à la fin des années 2000 on assiste de manière beaucoup plus concrète à deux tendances : la formalisation de l'éthique et l'institutionnalisation de l'éthique au travail selon deux approches : l'approche de la conformité et l'approche des valeurs. Définissons au préalable les termes formalisation et institutionnalisation :

2.2.1 La formalisation de l'éthique dans les organisations s'intéresse plus particulièrement à la mise sur pied de codes de conduite ou chartes éthiques.

2.2.2 L'institutionnalisation de l'éthique vise à instaurer des pratiques éthiques qui se veulent durables par le biais de modèles décisionnels, d'énoncés de valeurs, de formation spécifique dans le domaine ou d'ateliers de réflexion et de discussion de même que par le déploiement d'un leadership éthique en action.

La formalisation : Chartes et codes, dispositifs de conformité

La formalisation de l'éthique est souvent présentée sous la forme de normes régulant les conduites au travail selon une perspective qui se rapproche d'une hétérorégulation visant la conformité des conduites. D'après Samuel Mercier (2000 : 106), cette démarche de répondrait à un double enjeu : permettre à l'entreprise de réagir face aux pressions de son environnement et instaurer un moyen de régulation interne. Pour cet auteur, le premier enjeu viserait à exprimer les prises de positions de l'entreprise quant à ses responsabilités envers ses parties prenantes. Et le deuxième enjeu viserait à susciter une cohésion parmi les employés.

La formalisation de l'éthique a pour finalité de rehausser les conduites au travail et d'établir des normes encadrant les pratiques jugées délicates pouvant laisser place à des dérives. Ainsi les organisations qui s'inscrivent dans une telle logique précisent ce qui est acceptable de ce qui ne l'est pas. Certains auteurs ajoutent que cette formalisation constitue un premier jalon d'un climat éthique au travail. Toutefois, il ne faut pas être dupe vis-à-vis des entreprises qui disent s'inscrire dans cette démarche, car celle-ci peut parfois leur servir d'outils de séduction de la société ou devenir simplement devenir un moyen de pression des dirigeants sur les salariés et n'être en fin de compte que des faire-valoir se détachant d'une trajectoire éthique réelle.

L'institutionnalisation de l'éthique : démarche volontaire, de conformité ou négociée

L'institutionnalisation de l'éthique constitue un processus d'intégration qui est parfois volontaire ou parfois négocié. Il vise à consolider l'éthique à plus long terme. A l'occasion, une organisation peut y adhérer de plein gré ou être contrainte par l'externe de se conformer aux nouvelles orientations données en la matière, deux logiques complètement différentes pouvant alors se mettre en place. En ce qui concerne le caractère négocié, il signifie qu'une volonté éthique se manifeste dans l'organisation venant soit des employés, de la direction ou des syndicats. Ses porteurs cherchent à s'entendre sur la forme que prendra cette institutionnalisation de l'éthique au travail et sur la manière dont elle sera effectuée.

Les dispositifs visant à institutionnaliser l'éthique sont par exemple des énoncés de valeurs enchâssés dans la mission de l'organisation, des processus d'aide à la décision éthique, des formations ciblées, des veilles ou vigies éthiques ou des lignes de signalement ou d'alerte[8]. Ils s'insèrent dans les pratiques managériales et les processus décisionnels. Ils sont, la plupart en interdépendance avec les prescriptions légales et les obligations contractuelles des organisations. Deux logiques peuvent prendre forme dans cette démarche d'institutionnalisation : la conformité des pratiques et la logique des valeurs telles que l'accent sur la confiance et l'intégrité par exemple. Leurs objectifs visent à inscrire de manière durable de meilleures pratiques au travail, à établir un climat respectueux et civil et à maintenir un haut niveau dans les conduites professionnelles. Certains des dispositifs implantés peuvent devenir des outils de gestion pouvant aider le gestionnaire ou l'employé à mieux encadrer les décisions qu'il doit prendre. Par exemple, l'adoption d'un énoncé de valeurs donne un sens aux décisions. Si une organisation a dans son énoncé la valeur de respect, un gestionnaire en ressources humaines tentera de l'actualiser lors de rencontres et de ses discussions avec un employé.

Un autre exemple pouvant cette fois s'appliquer à l'extérieur de l'organisation concerne la protection et la préservation de l'environnement. Une pratique peut s'institutionnaliser sous la forme d'une remise d'un certain pourcentage du chiffre d'affaires à des groupes écologistes. Par ailleurs, des organisations pourront se doter de directives éthiques précises dans leur secteur d'approvisionnement en imprimant leur dépliant, catalogue, etc., sur du papier recyclé à 100 %.

Plus particulièrement au domaine des relations du travail, certains représentants syndicaux et patronaux mettront en place un cadre éthique basé sur des valeurs telles que le respect et la confiance dans le but de maintenir leur crédibilité auprès de ceux qu'ils représentent afin de maintenir un bon climat de travail.

Plus près de nous, cette institutionnalisation a pris forme au sein des gouvernements. Le Québec a vu le début d'une infrastructure éthique gouvernementale s'établir à partir de 1999 dans un contexte de modernisation de la fonction publique qui a permis selon Yves Boisvert et Hugo Roy (2004), d'en jeter les bases. D'après ces auteurs, ce début d'infrastructure n'est pas étranger au discours de J. Parizeau le 29 novembre 1994 à propos de la probité des membres du gouvernement et des différents liens public et privé qui se tissaient, questionnant ainsi les nouvelles pratiques de gestion qui prenaient

8. Pour un survol complet des initiatives organisationnelles en matière d'éthique, voir le rapport *L'éthique organisationnelle au Québec : Études sur les pratiques et les praticiens des secteurs privé, public et de la santé*, mai 2010, APEC (Association des praticiens en éthique du Canada).

forme[9]. Nous invitons le lecteur à prendre connaissance du compte rendu élaboré par Jennifer Centeno qui illustre les principaux jalons qui ont marqué cette institutionnalisation au plan gouvernemental.

Comme il a été mentionné, la finalité de ces démarches d'institutionnalisation de l'éthique vise à rehausser les conduites au travail et améliorer les pratiques de gestion[10]. Elle vise aussi à conscientiser et responsabiliser les individus de même qu'à les mobiliser. Ainsi l'éthique peut devenir une véritable dynamique dans la mesure où elle engage et mobilise les travailleurs et les employeurs dans ce cheminement responsable.

Force est de reconnaître que la prise en compte de l'éthique par les organisations, que ce soit de l'ordre de la formalisation ou celui de l'institutionnalisation, peut sembler encore complexe et difficilement saisissable en terme de résultats tangibles et d'efficacité. Trop peu de recherches se font présentement pour saisir les effets de telles pratiques au sein des organisations. Toutefois, certains résultats exploratoires sont connus : les organisations qui instaurent des pratiques éthiques contribuent à la cohérence organisationnelle (sens au travail) et ont un meilleur alignement dans leur pratique de gestion. D'après Jean-François Claude (1998 : 129-130), l'éthique représente le trait d'union entre l'individu et l'entreprise. Trait d'union qui doit tout d'abord obtenir l'accord préalable sur les valeurs, lesquelles permettront l'harmonie entre le projet personnel et la performance de cette institution économique et sociale qu'est l'entreprise.

Présentement, on assiste à la mise en place d'une norme volontaire, ISO 26000, qui va permettre de mesurer la capacité qu'a une entreprise d'intégrer, d'intérioriser et d'appliquer des normes qui sont certes reliées au développement durable mais qui sont aussi des normes éthiques. L'intégration de cette métanorme, par exemple, ouvre la porte à la capacité qu'aura une entreprise d'inscrire dans ses principes cette responsabilité sociétale et de démontrer son engagement tant aux travailleurs qu'à la société. Quarante ans après les propos de Milton Friedman, la capacité qu'aura l'entreprise d'intégrer l'éthique et les responsabilités sociétales pourra, peut-être être évaluée.

Ces quatre périodes ont mis en évidence les principales caractéristiques reliées à l'éthique décloisonnée exclusivement du champ philosophique pour s'instaurer en tant que discipline soit par le biais de l'éthique des affaires ou de l'éthique organisationnelle. Les changements de valeurs du XXe au XXIe

---

9. Discours d'ouverture, débat à l'Assemblée nationale, mardi le 29 novembre 1994. http//www.assnat.qc.ca/archives-35leg1se/fra/Publications/debats/journal/ch941129.htm. (consulté le 20 septembre 2010)
10. À cet effet, voir les recherches de Trevino *et al.* (2000 et 2004) sur le leadership éthique.

siècle avec les transitions écologico-économique actuelle ne sont pas étrangers à la place importante que joue l'éthique dans plusieurs autres disciplines (médicale, administrative, bio-technologie par exemple) Son apport aux ressources humaines est considérable de même qu'aux relations du travail. L'éthique est en progression et cela ne fait que s'accentuer.

CONCLUSION

La littérature managériale s'accorde à reconnaître le rôle déterminant que joue les dirigeants dans l'orientation éthique de l'entreprise. Le ou la responsable est en quelque sorte l'initiateur ou l'initiatrice de son implantation. Toutefois, il ne faut pas négliger l'engagement que doivent jouer les autres acteurs pour consolider cette action. Implanter et maintenir l'éthique au travail ne relève pas d'une seule personne, c'est l'affaire de tous. Cet engagement collectif signifie qu'employés, gestionnaires, syndicats et dirigeants accomplissent au quotidien le travail que représente l'instauration véritable de l'éthique. Avoir un discours soulignant des intentions éthiques ne suffit pas, annoncer qu'une organisation prend le virage de l'éthique au travail par mimétisme ou parce que cela fait « bien » paraître l'organisation aux yeux des parties prenantes ou d'un conseil d'administration par exemple, sans volonté réelle, est un risque à ne pas sous-estimer. La mise en place par exemple de pratiques ou de dispositifs éthiques va se vivre au quotidien dont les effets ne pourront être perceptibles qu'à long terme.

L'instauration de l'éthique au travail peut être un levier important visant entre autres à améliorer les compétences de discernement et de jugement des individus leur assurant ainsi un pouvoir d'agir et un savoir-agir qui se fait dans le discernement. Comme l'affirme Dominique Meda au tout début de ce chapitre, plusieurs éléments entrent en jeu dans le processus de création des richesses au sein des sociétés. Les organisations y apportent elles aussi leur contribution. Comment le font-elles ? C'est ici que l'éthique sans être la panacée, peut jouer un rôle déterminant dans l'amélioration d'un milieu de travail plus conscientisé et responsable de ses gestes.

QUESTIONS DE COMPRÉHENSIONS

1. Quelle est la définition donnée à l'éthique proposée dans ce chapitre ?
2. Quels sont les défis qui guettent les organisations lorsqu'elles tentent de développer l'éthique au travail ?

3. Comment peut s'opérer une formalisation et une institutionnalisation efficace et réelle de l'éthique au travail ?
4. Quelle est la logique derrière l'institutionnalisation de l'éthique au travail ? Faites ressortir les principales caractéristiques.
5. D'après vous, sur quoi repose la légitimité de l'éthique lorsqu'une organisation désire prendre ce virage ?

Bibliographie

Aktouf, O., O. Boiral, M. Ebrahimi et A-L. Saive, *Le management : entre tradition et renouvellement*, 4e édition, G. Morin, La chenelière/éducation, Québec, 2006.

Aupperle, Kenneth E. et Steven M. Dunphy, « Managerial lessons for a new millennium : contributions from Chester Barnard and Frank Capra », *Management Decision*, vol. 39 Iss : 2, 2001, p.156-164.

Ballet, J. et F. DeBry, *L'entreprise et l'éthique*, Éditions Points, Inédit/économie, France, 2001.

Bégin, L. *L'éthique au travail*, Montréal, Liber, 2009.

Bergmann A., « Éthique et gestion », dans *Encyclopédie de gestion*, éd. Economica, 1989, p. 1118.

Bernier, R., *L'État québécois au XXIe siècle*, PUQ, 2004.

Blanchard, K et N.V Peale, Éthique et management. Réussir en restant intègre, Paris, Traduction par Marnat S, Les Éditions d'Organisation, 1988.

Boisvert, Y., *Raisonnement éthique dans un contexte de marge de manœuvre accrue : clarification conceptuelle et aide à la prise de décision*, Publications du Québec, mars 2003.

Boisvert, Y et H. Roy, « Chapitre 15 », sous la direction de R. Bernier, *L'état québécois au XX1e siècle,* Québec, 2004, p. 459-486.

Bontis, N. et A. Mograbi, « The ethical leadership of business school deans », *International Journal of Business Governance and Ethics*, vol. 2, n° ¾, 2006, p.217-236.

Bourgeault, G., Éthiques, Dit et non-dit, contredit, interdit, Essai, Québec, 2004.

Canto-Sperber, M., *L'inquiétude morale et la vie humaine*, Presses Universitaires de France, France, 2001.

Claude, J-F, *L'éthique au service du management*, Paris, Les Éditions LIAISONS, 1998.

Daigne, J-F, *L'éthique financière*, Paris, PUF, collection que sais-je ?, n° 2604, 1991.

De Feuilhade de Chauvin, Tanneguy, Éthique et pouvoir dans l'entreprise, Paris, ESF éditeur, 1991.

Etchegoyen, A., *La valse des Éthiques*, Paris, Éditions François Boudin, 1991.

Etchegoyen A., *L'entreprise a-t-elle une âme*, Éditions F. Boudin, Paris, 1990.

Even-Granboulan, G., Éthique et Économie. Quelle morale pour l'entreprise et le monde des affaires ?, Paris, éditeur L'Harmattan, 1988.

Foucault, M., « L'éthique du souci de soi comme pratique de liberté », *Revue Internationale de philosophie*, Paris, n° 6, 1984, p. 99-116.

Freeman, R.E., *Strategic Management : A Stakeholder Theory*, Boston Pitman, 1984.

Galambaud, B., *Une Nouvelle configuration humaine de l'entreprise : le social désemparé*, Éditions ESF, Paris, 1994, 143 p.

Gélinier, O., « L'éthique des affaires », *Halte à la dérive*, Paris, Éditions du Seuil, 1991.

Habermas, J., *Morale et communication*, Éditions du Cerf, Paris 1996.

Isaac, H., « Éthique individuelle, déontologie professionnelle et management : faut-il créer un ordre des managers ? Le point de vue français », *XIIIe entretiens Jacques Cartier*, HEC, Montréal, 2000.

Klarsfeld, Alain et Corinne Delpuech, « La responsabilité sociale des entreprises, une préoccupation pour les DRH de demain », *Ressources humaines et management*, octobre 2007.

Legault, G.A., *Professionnalisme et délibération éthique*, Québec, PUQ, 2003.

Le Tourneau, P., *L'éthique des affaires et du management au XXIe siècle*, Essai, Paris, Éditeur Dalloz, 2000. (http://philippe-le-tourneau.pagesperso-orange.fr/media/EthiqueAffaires.htm)

Mercier, S., « Une typologie de la formalisation de l'éthique en entreprise : l'analyse de contenu de 50 documents », *Revue de gestion des ressources humaines*, n° 43, janvier-février 2002.

Mercier, S, *L'éthique dans les entreprises*, Paris, La Découverte, Collection Repères, 1999.

Mintzberg, H., *The Nature of Managerial* Work, New York, Harper and Row, 1973. Traduction française, *Le manager au quotidien*, Montréal/Paris, Agence d'Arc\Éditions d'Organisation, 1984.

Padioleau, J.G., « L'éthique est-elle un outil de gestion ? », *Revue Française de gestion,* juin, juillet, août 1989.

Paul, K., « Business and society and business ethics journals : a citation and impact analysis », *Journal of Scholarly Publishing*, vol. 35, n° 2, 2004, p.103-117.

Reynaud, J.-D., *La théorie de la régulation sociale*, Éditeur La Découverte, 2003.

Ricoeur, Paul., *Le Juste*, Éditions Esprit, Paris, 1995.

Ricoeur, P., *Soi-même comme un autre*, Éditions du Seuil, Paris, 1991.

Trevino, L et M. Brown, « Managing to be ethical : Debunking five business ethics myths », *Academy of Management Executive*, 2004, vol. 18, p. 69-83.

Trevino, L., M. Brown, L et Pincus-Hartman, « A qualitative investigation of perceived executive ethical leadership : Perceptions from inside and outside the executive suite », *Human Relations*, janvier 2003, vol. 56, p. 5-37.

Trevino, L., Hartman et M. Brown, « Moral person and moral manager : How executives develop a reputation for ethical leadership », *California Management Review*, frévrier 2000, vol. 42, p. 128-142.

Sabrin, M., « A ranking of the most productive business ethics scholars : a five-year study », *Journal of Business Ethics*, vol. 36, n° 4, 2002, p. 355-379.

Solomon, R.C et K.R Hanson, *La morale en affaires clé de la réussite*, Paris, Édition Organisation, 1989.

Biographie de Lyse Langlois

Lyse Langlois est professeure titulaire au Département des relations industrielles à l'Université Laval. Elle a dirigé les études de 3e cycle de 2007 à 2011. Elle est chercheure régulière au Centre de recherche interuniversitaire sur la mondialisation du travail et à l'Institut d'éthique appliquée. Elle est membre du conseil d'administration du Center for the Study of Leadership, Values & Ethics de l'Université Penn State, aux États-Unis.

Ses recherches portent autant sur les pratiques éthiques au travail que sur leur insertion en tant que mécanismes de régulation. Sur le plan scientifique, elle s'intéresse plus particulièrement aux concepts de leadership éthique, de dilemme éthique, de sensibilité éthique et de prise de décision éthique. Tout dernièrement, elle a publié un livre intitulé l'*Anatomie du leadership éthique*, aux Presses de l'Université Laval en français et chez Arthabascau Press en anglais.

Chapitre 7

La compétence éthique en contexte professionnel

Luc Bégin

Objectifs poursuivis :

- Clarifier la notion de compétence éthique ;
- Dégager les trois caractéristiques centrales de la notion de compétence éthique ;
- Préciser ce que signifie avoir une compétence éthique en contexte professionnel ;
- Montrer en quoi la valorisation de la compétence éthique est souhaitable.

INTRODUCTION[1]

La notion de compétence éthique est utilisée de plus en plus fréquemment dans divers contextes éducatifs, mais également dans des contextes de travail où certaines qualités sont attendues des professionnels, des gestionnaires et des autres travailleurs. Un survol de la littérature pertinente permet toutefois de constater que divers sens sont accolés à cette notion. Bien souvent, d'ailleurs, l'expression sera utilisée sans que ne soit clarifiée sa signification. On est donc loin de disposer d'un concept clair, précis et univoque qui en commanderait un usage bien défini dans les contextes professionnels. Il apparaît pourtant essentiel, pour quiconque sera appelé à utiliser cette notion ou à travailler avec des gens qui y recourent, de se faire une idée suffisamment précise et étoffée de ce qu'il convient d'entendre par « compétence éthique ». Si, par exemple, on attend du professionnel qu'il fasse montre d'une grande compétence éthique dans ses actions au quotidien, on doit pouvoir comprendre ce que cela comporte pour ce dernier.

La présente réflexion poursuit un objectif de clarification de cette notion de compétence éthique. Plus particulièrement, nous chercherons à préciser ce que signifie avoir une compétence éthique en contexte professionnel. Si une telle compétence figure parmi les attentes qui sont adressées au professionnel, il en est également d'autres qui, parfois, peuvent paraître entrer en contradiction ou, du moins, être en tension avec l'idée de compétence éthique. Il importe donc de prendre la mesure de ce que signifie avoir une compétence éthique, de manière à exercer pleinement les qualités professionnelles les plus souhaitables socialement.

Nous verrons à préciser les caractéristiques essentielles de la notion de compétence éthique (section 1 : Les caractéristiques de la compétence éthique). Nous montrerons d'abord que dans ses usages habituels, il s'agit trop souvent d'un concept vague, difficilement utilisable en pratique. Nous insisterons alors sur quelques caractéristiques qui permettent de disposer d'une notion suffisamment précise. Nous pourrons voir, notamment, que cette notion de compétence éthique est fortement en lien avec l'idée d'autonomie de jugement. Ce dernier point est crucial dès lors qu'on envisage la compétence

---

1. Ce texte s'inscrit dans le cadre d'une programmation de recherche intitulée *Institutionnalisation et intervention en éthique*, soutenue financièrement par le Fonds québécois de la recherche sur la société et la culture (FQRSC).

éthique en contexte professionnel. Dans l'exercice de ses tâches, le professionnel est, en effet, bien souvent appelé à exercer son jugement afin de poser les actes les meilleurs possibles dans les circonstances où il se trouve. En même temps, toutefois, il est attendu de lui qu'il respecte un ensemble de règles qui paraissent parfois limiter considérablement son autonomie de jugement et l'exercice de sa compétence éthique. Que veut donc dire, alors, attendre du professionnel une compétence éthique (section 2 : Le professionnel et la compétence éthique) ? Nous aborderons cette question à partir de l'apparente ambiguïté qui réside au cœur de notre système professionnel québécois : obéir à des règles déontologiques est essentiel afin de parler de professionnalisme, mais un professionnel doit savoir faire preuve d'un bon jugement professionnel, ce qui ne peut pas toujours se réduire à une simple répétition de la règle. Nous verrons alors que si l'on valorise la compétence éthique des professionnels, cela comporte d'assumer ce qu'on pourrait appeler « le risque de la liberté ». En même temps, nous nous efforcerons de mettre en évidence le fait qu'une telle valorisation de la compétence éthique est souhaitable.

1. LES CARACTÉRISTIQUES DE LA COMPÉTENCE ÉTHIQUE

Une notion trop souvent vague

Au Québec, c'est d'abord dans le milieu de l'éducation que le concept de compétence éthique s'est vu consacrer une attention soutenue. En 1990, le Conseil supérieur de l'éducation déposait un rapport dont le titre témoignait de l'importance que l'on comptait y accorder dans le réseau scolaire québécois : *Développer une compétence éthique pour aujourd'hui : une tâche éducative essentielle.* Ce rapport, qui avait l'immense mérite de souligner la nécessité de se préoccuper d'éthique dans la formation des jeunes, avait également le grand défaut de ne pas proposer de définition suffisamment précise de la compétence éthique pour la rendre opérationnelle, c'est-à-dire qu'elle puisse servir de guide aux interventions pédagogiques. Il est toutefois intéressant de retourner à la définition proposée par le Conseil supérieur de l'éducation afin de voir le réseau conceptuel auquel est généralement associée cette notion. Nous pourrons ainsi constater qu'il est possible pour diverses personnes de parler ensemble de compétence éthique tout en ayant, les unes et les autres, une idée différente de sa signification[2].

2. Nous avons développé ailleurs une analyse plus approfondie de ce document (Bégin, 1997).

La compétence éthique est définie comme étant :

> [...] l'émergence des aptitudes fondamentales à la recherche et au dialogue, à la critique et à la créativité, à l'autonomie et à l'engagement [...] (Conseil supérieur de l'éducation, 1990 : 10)

À première vue, cette définition peut paraître tout à fait satisfaisante. On y présente un ensemble d'aptitudes qui, toutes, laissent entendre que la compétence éthique est essentiellement « formelle », c'est-à-dire qu'en visant le développement de la compétence éthique, on ne viserait pas la transmission ou l'appropriation de valeurs et « contenus » moraux. Il ne s'agirait donc pas d'amener à croire ou à agir de certaines façons. On chercherait plutôt à développer des capacités ou des habiletés d'un certain genre.

Pourtant, lorsqu'on lit le document en entier, on découvre que cette définition est loin de référer uniquement à des capacités formelles. Il suffira ici d'en donner quelques exemples. Dans la section du rapport portant sur les aptitudes à la recherche, on indique qu'il faut amener les jeunes à accepter l'incertitude de leurs choix et de leurs conduites ; il faudrait également les inviter à cultiver le courage éthique. Dans la section portant sur les aptitudes à la créativité éthique, on précise qu'il faut apprendre à l'élève à se situer dans une perspective universelle, à établir constamment une référence à l'humanité dans sa globalité, de manière à ce qu'il ait accès à un horizon de valeurs fondamentales et à une conscience planétaire. Quant à la section sur les aptitudes à l'engagement, elle précise qu'il faudrait montrer aux jeunes à agir de façon coopérative et solidaire dans la poursuite de valeurs communes. Il apparaît ainsi clairement dans ces exemples qu'il est davantage question d'« attitudes » et de « valeurs » à partager que de réelles « aptitudes ».

La nuance est importante. Alors que la notion d'aptitude réfère aux idées de capacité et d'habileté (par exemple : rendre quelqu'un capable, apte à procéder à certaines opérations intellectuelles et autres tâches connexes), celle d'attitude renvoie plutôt à des dispositions que l'on aurait à l'égard de quelqu'un ou de quelque chose (par exemple : favoriser chez quelqu'un la tendance à adopter certains comportements et à mettre en avant certaines valeurs). On voit aisément qu'il s'agit de notions – et de réalités psychologiques – très différentes. Elles dessinent des façons tout à fait distinctes de se rapporter à la notion de compétence éthique. Cela ne veut pas dire qu'il ne pourrait pas y avoir de liens entre les aptitudes et les attitudes d'un individu, mais on ne gagne rien, sur les plans de la clarté conceptuelle et de l'opérationnalité de la définition de la compétence éthique à les assimiler les unes aux autres, comme cela est le cas dans le rapport du Conseil supérieur de l'éducation. Lorsqu'on cherche à favoriser le développement de la compétence éthique, il faut mieux cibler ce qu'on cherche à développer, de manière à adopter les bonnes modalités d'intervention.

Cet exemple de définition de la notion de compétence éthique permet de constater qu'elle peut se comprendre au moins de deux façons : en termes d'« aptitudes », d'une part, et en termes d'« attitudes » et de « valeurs », d'autre part. Ce ne sont pas les seules façons. Dans son usage courant, elle est également, parfois, rattachée à des « comportements » de référence. Dans cette dernière perspective, posséder une compétence éthique signifie se comporter de certaines façons plutôt que d'autres. Cette pluralité de façons de comprendre la compétence éthique montre bien qu'il ne suffit pas d'utiliser cette notion pour être certain de se faire comprendre. Le problème est d'autant plus évident lorsqu'il s'agit d'envisager des activités favorisant le développement de cette compétence. Faudrait-il d'abord valoriser l'apprentissage d'un ensemble d'attitudes et de valeurs[3] ? Faudrait-il plutôt orienter les actions pédagogiques de manière à favoriser le développement d'aptitudes, telles celles relatives au raisonnement moral et à la résolution de problèmes éthiques (Desaulniers *et al.*, 2005) ? Faudrait-il viser à faire adopter certains comportements ? Ou, encore, faudrait-il voir à faciliter le développement de certaines tendances et dispositions à agir – ce qu'on appelle « vertus » – (Oakley et Cocking, 2001) ?

Il n'est guère possible d'entreprendre ici une analyse comparative de chacune de ces perspectives. Sans vouloir nier toute pertinence aux autres façons de concevoir la compétence éthique, il nous apparaît néanmoins que le concept central de cette notion est celui d'aptitudes. Le mot « aptitude » est d'ailleurs généralement considéré en langue française comme un synonyme de « compétence », tout comme « capacité » l'est de « habileté ». Il suffit de consulter un dictionnaire de synonymes pour s'en convaincre. C'est également ce sens de la notion de compétence qui est au cœur du « Renouveau pédagogique » de l'école québécoise, comme en témoigne l'extrait suivant :

> Privilégier les compétences, c'est inviter à établir un rapport différent aux savoirs et à se recentrer sur la formation de la pensée. L'idée de compétence dénote le souci d'initier dès l'école le développement d'habiletés complexes qui seront essentielles à l'adaptation ultérieure de l'individu à un environnement changeant. Elle suppose le développement d'outils intellectuels flexibles, aptes à s'ajuster aux transformations et à favoriser l'acquisition de nouvelles connaissances.
>
> Le concept de compétence retenu dans le Programme de formation se définit comme suit : un savoir-agir fondé sur la mobilisation et l'utilisation efficaces d'un ensemble de ressources (Ministère de l'Éducation, 2006 : 4-5).

---

3. Pour une proposition allant dans ce sens, on verra notamment l'analyse développée par Claude Gendron en 2009.

Développer une compétence, c'est donc devenir capable, apte à accomplir certaines tâches complexes qui requièrent la maîtrise et l'utilisation efficace d'un ensemble de ressources.

Ces aptitudes peuvent se développer dans diverses sphères d'activité. Pensons, par exemple, à la compétence linguistique. Elle consiste en la capacité qu'a un usager d'une langue naturelle – le français, l'anglais ou toute autre langue usuelle – à former un nombre indéfini de phrases dans cette langue et de comprendre des phrases jusque-là jamais entendues. Cette compétence mobilise un ensemble de ressources et d'habiletés intellectuelles qui se forment et se développent graduellement dans le contexte linguistique dans lequel grandit la personne. Il n'y a pas de bonne raison de considérer qu'il devrait en aller autrement pour la compétence éthique. Une rapide comparaison de la compétence linguistique et de la compétence éthique nous permettra de dégager les caractéristiques principales de cette dernière.

Trois caractéristiques

Nous venons de voir que la compétence linguistique se développe dans un contexte linguistique. Cela est inévitable : on a besoin d'un contexte linguistique pour développer une compétence linguistique. Le jeune enfant qui vivrait isolé de tout échange linguistique ne serait pas en mesure de développer cette compétence. Toutefois, la compétence n'est pas en elle-même déterminée par un contexte particulier. Le contexte linguistique ne détermine que les variations dans l'expression de cette compétence. Ainsi, notre jeune enfant ne sera ni moins ni plus compétent sur ce plan s'il vit dans un contexte francophone plutôt qu'anglophone. Il exprimera tout simplement cette même compétence dont il est capable au moyen de formes linguistiques différentes. C'est donc dire que la compétence linguistique est une compétence « formelle » – probablement relative à notre constitution physiologique et à notre environnement – qui s'exprimera au moyen des spécifications propres aux différentes langues. On dira qu'elle est formelle, car elle a trait à des aptitudes à résoudre certaines séries de problèmes (par exemple : dégager une signification d'ensemble à partir d'une suite de mots exprimés par un locuteur) qui se rencontrent dans les diverses langues naturelles : ce ne sont pas les « contenus » particuliers des problèmes rencontrés qui importent, mais plutôt la capacité à les résoudre. C'est à cela que se mesure la compétence linguistique.

De la même façon, la compétence éthique est une compétence formelle. C'est là une de ses caractéristiques centrales. Être compétent, sur le plan de l'éthique, c'est aussi faire montre de capacités à résoudre des problèmes. Comme le souligne le philosophe allemand Jürgen Habermas, la compétence éthique se définit dès lors comme une aptitude à résoudre certaines séries de problèmes pratico-moraux (1986 : 54). Là aussi, comme pour la compétence linguistique, un certain type de contexte – social, cette fois – est nécessaire au développement de la compétence éthique. Il faut que la personne se trouve dans un contexte suffisamment riche en interactions sociales, en attentes et en obligations et qu'elle soit dans des situations où il lui est nécessaire d'effectuer des choix qui font intervenir des valeurs et des normes (ce que Habermas appelle des problèmes pratico-moraux). De tels contextes permettent le développement et l'expression de la compétence éthique. Cette compétence donnera lieu à une variété indéterminée d'expressions éthiques selon les divers contextes culturels où elle se manifestera, mais elle sera toujours repérable dans la capacité des personnes à résoudre un type particulier de problèmes, quels que soient, par ailleurs, les contenus éthiques de ceux rencontrés.

La psychologie de tradition cognitive-développementaliste s'est affairée, depuis déjà plusieurs décennies, à dégager et à préciser les aptitudes requises à la résolution des problèmes pratico-moraux. Dans la foulée des travaux de Jean Piaget (1978) et de Lawrence Kohlberg (1984), de nombreuses études – en psychologie, mais aussi en éthique appliquée – mettent en évidence des capacités dont tout porte à croire qu'elles sont requises pour la structuration progressive de la compétence éthique. À titre d'exemples, et sans aucune prétention à l'exhaustivité, on pensera à la capacité de décentration (*role taking*) (Selman, 1980), à la capacité d'identifier les enjeux éthiques présents dans les diverses situations (Rest, 1986) et la capacité de formuler des raisons d'agir dans le cadre d'une délibération raisonnable et attentive aux normes pertinentes et aux conséquences prévisibles des choix d'action (Legault, 1999). Ces aptitudes sont toutes mobilisées dans la résolution des problèmes pratico-moraux, mais elles le sont à des degrés divers, en fonction de leur état de développement chez les différentes personnes. Comme pour toute autre compétence et pour diverses raisons qu'il serait fastidieux d'expliquer ici, mais qui ont été largement documentées dans la littérature spécialisée, les capacités constitutives de la compétence éthique sont inégalement développées dans la population adulte. C'est le lot de toutes les compétences relativement complexes : elles comportent, de fait, un processus de maturation qui peut être appelé à se poursuivre tout au long d'une vie.

Revenons à la compétence linguistique afin de mieux saisir le type de complexité propre à la compétence éthique. Comme nous l'avons déjà souligné, la compétence linguistique suppose la capacité de comprendre des phrases jusque-là jamais entendues. On mesure rarement tout l'effort intellectuel requis du jeune enfant qui développe progressivement cette capacité. Elle suppose aussi de pouvoir créer de telles phrases, allant même jusqu'à rendre compte de manière inusitée de la signification que la personne veut voir comprise par son interlocuteur. Il n'est qu'à penser ici à la poésie ou à d'autres formes d'expression orale ou littéraire qui exigent une très grande maîtrise de la langue. On attendra également d'un locuteur compétent qu'il soit capable de porter des jugements pertinents sur la conformité de la construction d'une phrase aux règles de la grammaire de sa langue naturelle. Il y a ainsi des niveaux de compétence linguistique et tous les usagers d'une langue ne les maîtrisent pas aussi bien les uns que les autres. On trouve quelque chose de tout à fait semblable avec la compétence éthique. Par exemple, dans une situation de dilemme éthique où le choix à faire entraînera nécessairement certaines conséquences indésirables pour soi-même ou pour d'autres personnes, ce n'est pas tout le monde qui arrivera à adopter un point de vue suffisamment décentré de sa propre personne pour percevoir les impacts possibles de sa décision sur les autres personnes concernées ; certains n'arriveront même pas à réaliser qu'il se pose en effet un problème d'ordre éthique dans cette situation. D'autres ne parviendront pas à formuler de façon satisfaisante des raisons à l'appui de leur décision. Ce qu'il y a de constant dans ces quelques exemples, y compris ceux relatifs à la compétence linguistique, c'est qu'ils font tous appel à une forme de « réflexivité » de la part de la personne compétente. C'est là la deuxième caractéristique de la compétence éthique. Lorsque cette capacité de faire un retour de manière réfléchie sur les apprentissages réalisés – c'est le cas de la compétence linguistique[4] – ou sur les composantes et les enjeux pratico-moraux des situations problématiques – c'est le cas de la compétence éthique – n'est pas suffisamment présente, la compétence en question demeure très imparfaitement développée.

La complexité propre à la compétence éthique tient aux exigences particulières de réflexivité qui y sont associées :

1. une personne compétente sur le plan de l'éthique est capable de comprendre qu'il y a un enjeu éthique relatif à la situation dans laquelle elle se trouve (elle est donc capable de prendre un recul par rapport à la situation pour réfléchir à ce qui se passe ; elle évite ainsi les automatismes de la réaction spontanée et convenue) ;
2. une personne compétente sur le plan de l'éthique est capable d'identifier les risques et les conséquences potentiels pour elle-même et les autres en relation avec les choix qui s'offrent à elle (elle est donc capable

4. Cela est nettement moins développé et apparent dans le cas du jeune enfant qui apprend une langue. Ceci dit, si l'entreprise est moins consciemment réflexive, elle fait néanmoins appel à des capacités de classification, de comparaison et d'attribution qui supposent une forme de mise à distance – propre à la réflexion dans ses formes initiales – à l'endroit des objets appris.

de se mettre à la place des autres et de réfléchir aux impacts possibles de sa décision sur eux) ;

3. une personne compétente sur le plan de l'éthique est capable d'identifier, de comparer et de pondérer les attentes et les obligations qui lui sont adressées ainsi que les règles de nature diverses pouvant toutes prétendre être valides dans une circonstance donnée (elle est donc capable non seulement de comprendre le sens des attentes, obligations et règles, mais elle est également en mesure de les évaluer en fonction des circonstances en cours) ;
4. une personne compétente sur le plan de l'éthique est capable de formuler, à l'appui de ses décisions, des raisons d'agir valides auprès d'interlocuteurs raisonnables (elle est donc capable non seulement d'argumenter ses décisions, mais aussi de réfléchir à leur acceptabilité et à leur raisonnabilité).

Ces quelques exigences montrent bien que la compétence éthique est réflexive et complexe. Elles mettent également en perspective le fait que l'on ne peut prétendre à sa maîtrise si l'on ne fait pas preuve d'une autonomie de jugement suffisante. C'est la troisième caractéristique de la compétence éthique.

L'autonomie de jugement s'ajoute, en effet, au caractère formel et réflexif de la compétence éthique. Seule une personne suffisamment autonome sur le plan de la direction de ses actions est susceptible de mettre en œuvre de telles capacités réflexives. En même temps, le développement de ces capacités est un signe indiscutable de la présence de cette autonomie de jugement. Ceci dit, il n'est pas inutile de préciser que l'autonomie de jugement a peu à voir avec le fait de décider de quelque chose sans considération pour les autres et leurs attentes à notre endroit. Faire montre d'une autonomie de jugement, c'est être capable de déterminer par soi-même laquelle des règles, normes, attentes et obligations aura préséance dans la situation, cette détermination devant elle-même être le résultat de la mise en œuvre des capacités réflexives de la personne. Pour le dire autrement, l'autonomie de jugement est l'aboutissement d'un processus de prise en charge par la personne de ses décisions et de ses actions de nature éthique.

L'ensemble de ces caractéristiques peut laisser une impression de très grande complexité. On pourrait croire, surtout, que la compétence éthique n'est réservée qu'à une infime minorité de personnes. En fait, peu l'exercent à la perfection, mais toutes l'actualisent à certains degrés. Une conclusion semblable s'impose également en ce qui concerne la compétence linguistique. On doit comprendre que cette présentation sommaire des caractéristiques de la compétence éthique et des aptitudes qui lui sont propres sert à faire voir de quoi il devrait être question lorsqu'on parle de la compétence éthique : on devrait s'exprimer dans le langage des aptitudes plutôt que dans celui des attitudes ; on devrait, conséquemment, être attentif à des aspects formels plutôt qu'à des questions de contenus éthiques (par exemple : « quelle capacité est mise en œuvre et à quel degré ? » plutôt que : « le bon geste est-il posé ? ») ; on devrait également être attentif à la capacité réflexive des personnes et à leur autonomie de jugement. L'autre visée d'une telle présentation est de faire comprendre la nature et les particularités de cette compétence, de manière à mieux saisir tout le potentiel d'habiletés pouvant être développées en ce domaine. Cela dessine, bien entendu, une forme d'idéal. Voyons maintenant quelques retombées importantes de la notion de compétence éthique pour les milieux professionnels.

2. LE PROFESSIONNEL ET LA COMPÉTENCE ÉTHIQUE

Un message ambigu : obéir et savoir juger

On arrive aisément à saisir de manière intuitive ce qu'il peut y avoir de problématique dans le fait de parler de compétence éthique en milieu professionnel, surtout à la lecture de sa troisième caractéristique : l'autonomie de jugement. En effet, être autonome sur le plan du jugement pratico-moral, c'est être capable de déterminer par soi-même – sur la base de la mise en œuvre de ses capacités réflexives – laquelle des règles, normes, attentes ou obligations aura préséance dans la situation. Or, on sait que le système professionnel québécois est ainsi fait qu'un ensemble de normes s'imposent à l'activité des professionnels, à commencer par celles qui sont inscrites dans le code de déontologie de chacune des professions. Il semble donc y avoir un conflit entre l'obéissance aux normes professionnelles et l'exercice d'un jugement autonome. Parler de conflit est toutefois un peu excessif. Il serait plus juste de parler de tension et de message ambigu.

Le message qu'envoie le système professionnel québécois aux professionnels est, en effet, quelque peu ambigu dans la mesure où on y insiste à la fois sur le respect de la déontologie et sur la nécessité d'un bon jugement professionnel. On comprend mieux cette ambiguïté en replaçant ces deux éléments dans le contexte de régulation du système professionnel québécois. Le *Code des professions*, qui est le cadre légal régissant notre système professionnel, oblige tous les ordres professionnels de se doter d'un code de déontologie. Cette obligation prend elle-même son sens dans le fait que les ordres professionnels ont pour principal mandat de veiller à assurer la protection du public. Pour y arriver, on a jugé essentiel de préciser un ensemble d'obligations que les professionnels doivent impérativement satisfaire dans l'exercice de leurs activités professionnelles. Ces codes de déontologie sont donc des rappels, pour les professionnels, de ce qu'ils doivent faire ou éviter de faire. Ils savent que le fait de ne pas respecter l'un ou l'autre des articles du code régissant leur profession peut entraîner des sanctions, allant de la simple réprimande à la radiation permanente. L'intervention déontologique emprunte ainsi la logique inhérente à une approche de commandement (*command and control*). Selon cette approche, on attend du commandé qu'il obéisse, qu'il se conforme purement et simplement au commandement, sans poser de question. On semble aux antipodes d'une approche qui favoriserait l'autonomie de jugement et la compétence éthique.

Pourtant, le *Code des professions* reconnaît lui-même que les professions se distinguent des autres occupations, notamment par le degré d'autonomie dont jouissent leurs membres dans l'exercice de leurs activités. C'est un des facteurs qui est considéré afin de déterminer si une occupation peut être reconnue comme étant une profession. Certes, l'autonomie dont il est question peut varier considérablement d'une profession à l'autre et au sein d'une même profession. Un notaire ayant son bureau privé a davantage d'autonomie professionnelle qu'un ingénieur à l'emploi d'une entreprise aéronautique internationale. Les professionnels qui sont des salariés ne peuvent, en effet, être considérés comme jouissant du même degré d'autonomie que ceux qui reçoivent des honoraires plutôt qu'un salaire. Ils ne sont pas pour autant de simples exécutants. Comme le souligne Georges A. Legault, « [...] la relation professionnelle exige toujours une autonomie d'exécution » (1999 : 25). Même lorsqu'il est en situation d'emploi, le professionnel doit continuer de faire valoir sa liberté de décision. C'est lui, après tout, qui a l'expertise nécessaire pour juger au mieux de la qualité des actes à poser afin de respecter les « règles de l'art » de sa profession. Parmi ses obligations réside donc, implicitement, celle d'exercer sa liberté décisionnelle ! Cela est susceptible, évidemment, de placer le professionnel dans des situations délicates vis-à-vis de son employeur. Nous reviendrons plus loin sur cette question.

On pourrait penser que l'autonomie professionnelle dont il est question se résume à la possibilité, pour le professionnel, de déterminer la méthode la plus efficace pour résoudre les problèmes techniques qu'il rencontre. Il devrait ainsi assumer le fait qu'il possède une expertise et une compétence professionnelle qui l'obligent à juger des actes qu'il aura à poser à partir des connaissances et des savoirs techniques qu'il maîtrise. L'exercice du jugement professionnel va toutefois au-delà de l'exercice de la seule compétence technique, propre aux savoirs disciplinaires acquis pendant les études universitaires. Comme le souligne le Conseil interprofessionnel du Québec :

> La compétence entendue au sens de compétence professionnelle – c'est-à-dire la compétence en contexte de risque de préjudice – comporte [...] des dimensions particulières. En effet, au-delà des connaissances et des habiletés propres à un domaine, le professionnel doit démontrer une capacité à intégrer et à mettre en application celles-ci dans des situations diverses et complexes, au service d'un client ou employeur et en prévention des préjudices pour ce dernier. On parle alors de dimensions éthique et déontologique dans l'appréciation des besoins et des services. La compétence ainsi définie supporte l'exercice du jugement professionnel (2007 : 12).

Aux dires du Conseil, le jugement professionnel fait donc appel à des savoirs techniques, mais également, et de façon au moins aussi importante, à des aptitudes autres qui ont à être mobilisées dans des contextes de risque de préjudice pour le client et la société. La compétence professionnelle paraît ainsi inclure non seulement la compétence technique, mais aussi des éléments de la compétence éthique. C'est à cette condition que l'on parlera d'un véritable jugement professionnel.

Le Conseil parle néanmoins tout à la fois de « dimensions éthique et déontologique », comme si l'une et l'autre étaient toujours complémentaires. Or, ce n'est pas le cas. Si la déontologie s'inscrit dans une approche de commandement, l'éthique – et la compétence qui lui est propre – fait appel à l'autonomie de jugement : une tension entre les deux demeure donc toujours possible. À moins de réduire la fonction du professionnel à celle de simple exécutant – en ce cas, il ne ferait plus sens d'en parler comme d'un « professionnel » –, il est difficile d'envisager que le jugement professionnel en situation puisse faire fi des capacités réflexives qui ont été soulignées précédemment.

Valoriser la compétence éthique du professionnel

Un professionnel sachant exercer correctement son jugement pratique en situation ne se limitera donc pas toujours à simplement répéter la règle déontologique qu'il a apprise et qui s'impose à lui. Ce n'est pas parce que la compétence éthique dont il ferait preuve l'inciterait d'emblée à s'opposer au respect des règles établies. C'est plutôt qu'elle le conduira parfois à s'attarder plus longuement à la signification de ces règles, à leur raison d'être, de manière à juger en toute connaissance de cause de la meilleure façon d'agir dans les circonstances. Il pourra alors arriver qu'une autre norme, règle ou attente lui étant adressée l'emporte sur la règle déontologique dans l'opération d'arbitrage qu'il aura à effectuer. Exercer sa compétence éthique en contexte professionnel revient à assumer le risque de la liberté et de l'autonomie de jugement.

La liberté et l'autonomie de jugement peuvent aussi se traduire inversement par une affirmation forte et non négociable de la règle déontologique vis-à-vis d'un employeur qui souhaiterait voir le professionnel passer outre à certaines de ses obligations professionnelles. Plusieurs auteurs ont souligné ces dernières années les conflits de loyauté que vivent des professionnels de divers horizons, alors qu'ils font face à de telles requêtes émises au nom de l'intérêt supérieur de l'entreprise ou institution qui les engage (Langlois, 2008b ; Patenaude et Xhignesse, 2003 ; Bégin, 2008 ; Legault, 1999). Par exemple, de façon à sauver temps et argent, des employeurs demanderont à l'un ou à l'autre des professionnels à leur emploi de couper court à certaines procédures de vérification de la qualité, même si cela va nettement à l'encontre des règles de l'art admises dans la profession en question. Que fera le professionnel ? En tant qu'employé, il fait face à certaines obligations, du fait du contrat de travail qui le lie à son employeur ; en tant que professionnel, il fait face à d'autres obligations qui le lient tout autant. Dans les deux cas, il encourt le risque de sanctions : pour avoir tenu tête à son employeur ou pour avoir contrevenu à son code de déontologie.

Ce cas de figure est intéressant pour faire ressortir le rôle que peut jouer la compétence éthique en milieu professionnel et pourquoi elle devrait être valorisée même si elle ne conduit pas toujours à une stricte conformité à la règle déontologique. Dans la situation où le professionnel exercerait peu sa compétence éthique, on peut raisonnablement présumer qu'il procéderait à la résolution du problème sur la base d'un rapide calcul de son intérêt personnel, ce qui pourrait le conduire tout autant à acquiescer à la demande de l'employeur qu'à se conformer aux règles de sa déontologie[5]. Certains pourraient même ne pas être très attentifs à la dimension éthique de la situation et aux risques et aux conséquences pour la société et les utilisateurs potentiels du bien produit. Ne pas voir qu'une demande de l'employeur pose un problème s'avère parfois une solution simple pour s'éviter des ennuis. Il faut dire que cet « aveuglement » éthique – qui empêche tout exercice de la compétence éthique – sera bien souvent encouragé par le contexte de travail lui-même : une certaine organisation du travail où ne sont reconnues et encouragées que les expertises techniques ainsi que la valorisation des normes de l'organisation au détriment de l'affirmation de l'identité professionnelle compte parmi les facteurs qui nuisent à l'exercice de la compétence éthique (Gunz et Gunz, 2007 ; Butterfield *et al.*, 2000 ; Solbrekke, 2008).

Si l'on fait un retour sur les quatre exigences de réflexivité propres à la compétence éthique que nous avons identifiées précédemment, on pourra

---

5. Selon la gravité du geste posé et de la sanction disciplinaire prévisible, un professionnel pourrait, en effet, faire le calcul qu'il est plus « payant » d'affronter son employeur que de contrevenir à ses obligations professionnelles.

mesurer l'écart qui sépare le professionnel exerçant peu sa compétence éthique de celui faisant valoir une telle compétence. Tout d'abord, ce dernier sera attentif à la dimension éthique de la situation dans laquelle il se trouve. Capable de prendre du recul face à la demande de son employeur, il évitera d'y répondre de manière automatique et convenue. C'est un préalable à toute activité réflexive. Il sera également en mesure d'identifier clairement les risques et les conséquences – pour lui, mais aussi pour les utilisateurs potentiels du bien produit et pour la société en général – qui sont associés à la demande de son employeur. Cette réflexion sur les répercussions possibles de sa décision montre qu'il prend son rôle social de professionnel au sérieux : on attend, en effet, du professionnel qu'il soit toujours soucieux des impacts potentiels de ses décisions. Compte tenu de son expertise, il est, en effet, bien souvent le seul, avec ses pairs, à pouvoir juger convenablement des risques associés à son activité. C'est pourquoi tous les codes de déontologie ont des dispositions qui rappellent l'importance de cette question. Ce professionnel veillera également à identifier, à comparer et à pondérer les attentes, les obligations et les règles se présentant comme étant légitimes dans les circonstances. Il sera aussi en mesure de formuler, à l'appui de sa décision, des raisons d'agir qui pourront prétendre être valides auprès d'interlocuteurs raisonnables ; il sera donc soucieux de l'acceptabilité et de la raisonnabilité de ce qu'il avance. Cela revient à dire qu'il saura adopter un point de vue social sur sa décision et dans l'argumentation à l'appui de celle-ci. En effet, la détermination du caractère raisonnable d'une décision suppose d'emblée un point de vue social : le raisonnable est un concept intersubjectif dont on ne peut disposer seul sans prendre en compte l'appréciation par les autres (Perelman, 2000). Au total, ce professionnel fera preuve d'une réelle autonomie de jugement. Il sera en mesure d'assumer totalement la décision qu'il aura prise.

Lequel de ces deux professionnels voudrait-on donner en exemple aux futurs professionnels ? Lequel serait en mesure de nous inspirer davantage confiance ? Le professionnel exerçant peu sa compétence éthique ou celui faisant valoir une telle compétence ? La réponse va de soi. Il faut se rappeler qu'aucun des deux n'offre de garantie absolue qu'il respectera en tout temps sa déontologie professionnelle. Étant une compétence formelle, la compétence éthique n'est pas directement associée à des décisions d'action qui s'imposeraient en tout temps et toutes circonstances. Par la réflexivité qui la caractérise, toutefois, elle offre les meilleures garanties de décisions réfléchies, prises en toute connaissance de cause. Et par l'autonomie de jugement qui en constitue la troisième caractéristique, la compétence éthique se présente comme la meilleure assurance que le jugement du professionnel pourra se déployer de façon indépendante des pressions pouvant s'exercer sur lui. Il est dès lors permis de croire que le professionnel compétent sur le plan de l'éthique aura une plus grande capacité à affronter sereinement les dilemmes éthiques se présentant à lui. La compétence éthique des professionnels vaut d'être estimée et valorisée.

CONCLUSION

Au terme de cette clarification de la notion de compétence éthique et de la présentation de certaines de ses retombées en contexte professionnel, nous considérons qu'il convient de mettre en garde contre une tentation qui pourrait en accompagner la promotion. À partir du moment où la promotion de la compétence éthique en milieu professionnel se présente comme un objectif attrayant à viser, il devient, en effet, pertinent de s'interroger sur les façons de vérifier la présence ou non de cette compétence éthique chez les employés professionnels. On pourrait aussi vouloir procéder à de telles vérifications chez les autres catégories d'employés, comme chez les gestionnaires. Pourtant, on devrait se garder de toute précipitation en la matière. La compétence éthique renvoie à plusieurs aptitudes dont le niveau de développement ne se laisse pas aisément évaluer. Qui plus est, il n'existe pas de test ou d'instrument de mesure intégré de cette compétence et dont la fiabilité serait suffisante. Étant une compétence formelle, la compétence éthique ne se laisse pas mesurer au moyen d'une vérification de réactions comportementales ; elle ne se laisse pas davantage mesurer par l'administration de tests demandant de résoudre des dilemmes éthiques. S'il est possible par ce dernier moyen d'obtenir des indications quant au niveau de compétence éthique d'une personne, il ne pourra s'agir que d'indications approximatives tellement sont multiples les variables dont il faudrait pouvoir tenir compte.

C'est plutôt du côté des conditions de développement de la compétence éthique que l'attention devrait se tourner. Il est possible, en effet, de favoriser le développement des capacités constitutives de la compétence éthique, comme en fait foi la littérature scientifique portant sur ces capacités. Il est également possible de chercher à mieux aménager les contextes de travail de façon à faciliter l'expression de cette compétence. De nombreuses études révèlent que différents types de contraintes organisationnelles rendent difficile la mise en œuvre de l'une ou de l'autre des capacités constitutives de la compétence éthique[6]. Il reste encore beaucoup à faire et à comprendre en ce

6. Le lecteur intéressé par cette question pourra consulter les travaux suivants : Trevino, 2007 ; Bégin, 2009 ; Boisvert, 2007 ; Langlois, 2008a.

domaine, mais il s'agit d'une avenue fertile à explorer si l'on entend valoriser la compétence éthique.

QUESTIONS DE COMPRÉHENSION

1. Quelles sont les trois caractéristiques centrales de la notion de compétence éthique ?
2. Lorsqu'on parle de compétence éthique, on devrait s'exprimer dans le langage des aptitudes et capacités plutôt que dans celui des attitudes. Expliquez.
3. Le système professionnel québécois est porteur d'un message ambigu relativement à la question de la compétence éthique des professionnels. Expliquez.
4. Quelles sont les exigences particulières de réflexivité qui sont associées à la notion de compétence éthique ?
5. L'exercice du jugement professionnel ne se limite pas à l'exercice de la seule compétence technique. Expliquez.

Bibliographie

Bégin, L., 1997, « La compétence éthique : une notion à contenu variable », dans M.-P. Desaulniers *et al.* (dir.), *Les défis éthiques en éducation*, Sainte-Foy, Presses de l'Université du Québec, Collection Éthique, p. 27-37.

Bégin, L., 2008, « Titulaires de rôle(s) et acteurs moraux : tensions et paradoxes de l'éthique organisationnelle », dans *Pyramides. Revue du Centre d'études et de recherches en administration publique*, vol 16, n° 1, p. 63-82.

Bégin, L. (dir.), 2009, *L'éthique au travail*, Montréal, Liber.

Boisvert, Y. (dir.), 2007, *L'intervention en éthique organisationnelle : théorie et pratique*, Montréal, Liber.

Butterfield, K.D. *et al.*, 2000, « Moral awareness in business organizations : Influences of issue-related and social context factors », *Human Relations*, vol. 53, n° 7, p. 981-1018.

Conseil interprofessionnel du Québec, 2007, *Le système professionnel du Québec*, 41 p. http://www.professions-quebec.org/index.php/fr/element/telecharger/id/2417.

Conseil supérieur de l'éducation, 1990, *Développer une compétence éthique pour aujourd'hui : une tâche éducative essentielle*, Québec, Les Publications du Québec.

Desaulniers, M.-P. *et al.*, 2005, « Les enjeux de la compétence éthique dans la formation des enseignants », dans C. Gohier et D. Jeffrey, *Enseigner et former à l'éthique*, Québec, Les Presses de l'Université Laval, p. 131-147.

Gendron, C., 2009, « Développer la compétence éthique par le biais de l'éthique du *care* : une utopie ? », dans F. Jutras et C. Gohier, *Repères pour l'éthique professionnelle des enseignants*, Québec, Presses de l'Université du Québec, p. 133-152.

Gunz, H. et S. Gunz, 2007, « Hired professional to hired gun : An identity theory approach to understanding the ethical behaviour of professionals in non-professional organizations », *Human Relations*, vol. 60, nº 6, p. 851-887.

Habermas, J., 1986, *Morale et communication*, Paris, Éditions du Cerf, Collection Passages.

Kohlberg, L., 1984, *Essays on Moral Development II : The Psychology of Moral Development*, New York, Harper & Row.

Langlois, L., 2008a, *Anatomie du leadership éthique*, Québec, Les Presses de l'Université Laval.

Langlois, L., 2008b, « Une éthique à deux vitesses : dangers et répercussions sur l'identité professionnelle », dans *Pyramides. Revue du Centre d'études et de recherches en administration publique*, nº 16/2, p. 33-52.

Legault, G.A., 1999, *Professionnalisme et délibération éthique*, Québec, Presses de l'Université du Québec.

Ministère de l'Éducation, 2006, *Programme de formation de l'école québécoise, éducation préscolaire enseignement primaire*, Québec, Les Publications du Québec.

Oakley, J. et D. Cocking, 2001, *Virtue Ethics and Professional Roles*, Cambridge, Cambridge University Press.

Patenaude, J. et M. Xhignesse, 2003, « Processus identitaire et syndrome du conflit de rôles. Le cas de la profession médicale », dans G.A. Legault (dir.), *Crise d'identité professionnelle et professionnalisme*, Québec, Presses de l'Université du Québec.

Perelman, C., 2000, *Le raisonnable et le déraisonnable en droit – Au-delà du positivisme juridique*, Bruxelles, LGDJ.

Piaget, J., 1978, *Le jugement moral chez l'enfant*, Paris, Presses universitaires de France.

Rest, James R., 1986, « The Major Component of Morality », dans W.M. Kurtines et J.L. Gerwitz (dir.), *Morality, Moral Behavior, and Moral Development*, New York, Wiley, p. 24-38.

Selman, R.L., 1980, *The Growth of Interpersonal Understanding : Developmental and Clinical Analyses*, New York, Academic Press.

Solbrekke, T.D., 2008, « Professional responsibility as legitimate compromises – from communities of education to communities of work », *Studies in Higher Education*, vol. 33, nº 4, p. 485-500.

Trevino, L.K., 2007, *The Key Role of Human Resources in Organizational Ethics*, Pennsylvania, Ethics Resource Center.

Biographie de Luc Bégin

Luc Bégin est professeur titulaire à la Faculté de philosophie de l'Université Laval et directeur de l'Institut d'éthique appliquée à cette même université. Il est également directeur de la revue *Éthique publique*. Ses travaux les plus récents portent sur l'éthique professionnelle et organisationnelle.

Deuxième partie

Les aspects pratiques de l'éthique

Chapitre 8

Principaux jalons de l'institutionnalisation de l'éthique, secteurs publics et privés

Jennifer Centeno

Objectifs poursuivis :

- Offrir une chronologie des événements principaux récents ayant marqué l'institutionnalisation et la formalisation de l'éthique au sein du gouvernement provincial québécois, du gouvernement fédéral et du secteur privé ;
- Illustrer ce processus par l'entremise des propos d'intervenants clés en provenance de ces trois secteurs ;
- Aborder ce qui, du point de vue de ces praticiens, constituent des éléments ayant facilité, ou mis au défi, l'institutionnalisation de l'éthique dans les divers milieux.

INTRODUCTION

> Le respect d'une éthique est une condition préalable implicite pour que l'opinion publique accorde sa confiance à l'administration. C'est aussi un élément capital de la bonne gouvernance (OCDE, 2000 : 9).

Ces quelques lignes figurent en préface du rapport *Renforcer l'éthique dans le service public : les mesures des pays de l'OCDE*, publié en avril 2000. S'appuyant sur la notion d'infrastructure de l'éthique, ce rapport fait notamment état des dispositifs et des initiatives mis en œuvre par les 29 pays membres afin d'améliorer le comportement éthique de leurs services publics. Plus de dix ans plus tard, la justesse de ces mots perdure alors que l'éthique demeure une préoccupation majeure, et ce, tant pour la fonction publique que pour le secteur privé.

L'actualité ne fait certes que rehausser l'importance d'une éthique accrue. Or, comme le dit le vieil adage, pour savoir où l'on va, il faut savoir d'où l'on vient. C'est ainsi qu'au-delà des scandales, des commissions d'enquête et des revendications qui animent le discours médiatique et qui pèsent sur l'opinion publique, l'objectif du présent chapitre se veut modeste : offrir un survol des développements principaux qui ont façonné la construction de l'éthique au sein du gouvernement du Canada, du gouvernement du Québec et, fier exemple corporatif québécois, du Mouvement Desjardins. Nous proposons plus précisément de poser notre regard sur les développements marquants des vingt dernières années et de présenter ces derniers sous la forme de chronologies.

Au niveau provincial, nous retenons comme point de départ le discours d'ouverture de la 35e Législature, proclamé par Jacques Parizeau et véritable coup d'envoi des réflexions en matière d'éthique au sein du gouvernement du Québec. Au niveau fédéral, la création du Groupe de travail sur les valeurs et l'éthique dans la fonction publique, présidé par John C. Tait, constitue notre point de départ. Par souci de concision, nous avons enfin omis de faire état des initiatives entreprises par les divers ministères et organismes.

En deuxième partie, les propos recueillis lors d'entretiens tenus auprès d'individus jouant aujourd'hui un rôle clé en matière d'éthique, sont présentés et ont pour but de contrebalancer, voire de donner vie, à cette approche historique. C'est ainsi que trois questions ont été soumises à madame Meredith, dirigeante principale des ressources humaines du gouvernement du Canada, à monsieur Louis Sormany, secrétaire adjoint à l'éthique et à la législation au Ministère du Conseil exécutif ainsi qu'à madame Pauline D'Amboise, vice-présidente soutien à la coopération et secrétaire générale du Mouvement Desjardins. Ces questions ont pour but de : caractériser l'institutionnalisation de l'éthique au sein de chacun des trois milieux ; d'identifier la présence et la nature des défis rencontrés lors de la mise en œuvre de pratiques et/ou de dispositifs éthiques ; et enfin, d'identifier les facteurs clés ayant facilité l'institutionnalisation de l'éthique, toujours selon ces intervenants.

En découle un portrait qui, nous l'espérons, incitera à la réflexion. Non tant sur le passé de ce domaine en pleine évolution, mais sur les remises en questions qui demeurent nécessaires et sur les obstacles qu'il nous reste à franchir, en tant que théoriciens et que praticiens.

1. FAITS SAILLANTS DE L'INSTITUTIONNALISATION DE L'ÉTHIQUE AU SEIN DE LA FONCTION PUBLIQUE CANADIENNE

Printemps 1995

Constitution, par le Centre canadien de gestion, du Groupe de travail sur les valeurs et l'éthique dans la fonction publique. Ce dernier a pour mandat d'identifier les valeurs anciennes et nouvelles de la fonction publique canadienne, prélude essentiel au lancement d'un dialogue au sein du gouvernement fédéral.

Mai 1995

Publication du *Rapport du vérificateur général du Canada*. Le premier chapitre de ce rapport, intitulé *La sensibilisation à l'éthique et à la fraude au gouvernement*, fait état des initiatives gouvernementales en matière d'éthique et questionne la sensibilité éthique des fonctionnaires. S'appuyant sur une série d'entretiens menés auprès de ces derniers, le rapport propose l'adoption d'un cadre éthique comportant notamment un énoncé de principes, un mécanisme permettant le signalement et le partage de problématiques éthiques de même qu'une formation en éthique.

31 janvier 1996

Entrée en vigueur de la *Loi modifiant la Loi sur l'enregistrement des lobbyistes et d'autres lois en conséquence*, sanctionnée le 15 juin 1995. Cette loi prévoit notamment la création d'un code de déontologie pour les lobbyistes. Elle vient modifier la loi originellement sanctionnée en septembre 1988 et entrée en vigueur le 30 septembre 1989.

Décembre 1996

De solides assises: Rapport du groupe de travail sur les valeurs et l'éthique dans la fonction publique est publié. Le rapport, rédigé sous la présidence de John C. Tait, résulte de l'exercice de réflexion du Groupe. 4 familles de valeurs sont identifiées et proposées, soit: les valeurs démocratiques, les valeurs professionnelles, les valeurs liées à l'éthique et les valeurs liées aux personnes. Suite à la publication de ce rapport, de nombreuses initiatives sont mises en place afin de favoriser les discussions sur les valeurs et l'éthique, au sein de la fonction publique[1].

1 mars 1997

Entrée en vigueur du *Code de déontologie des lobbyistes*. La loi et le code en matière de lobbyisme sont sous la responsabilité du conseiller en éthique.

Mai 1998

Le greffier du Conseil privé nomme les sous-ministres Scott Serson et Janice Cochrane à titre de co-champions des valeurs et de l'éthique. Ces derniers ont le mandat d'encourager un discours et une réflexion éthiques au sein du secteur public.

---

1. À titre indicatif, le rapport *Bâtir sur de solides assises – le dialogue continue: une approche par étude de cas aux valeurs et à l'éthique dans la fonction publique, vol. I* (2000) présente les propos recueillis dans le cadre du programme *Discussions informelles*. Des séances mensuelles portant sur des études de cas sont également organisées après la publication de ce premier volume et font l'objet d'un deuxième volume, publié en 2001.

Mars 1999

Création du Bureau des valeurs et de l'éthique au sein du Secrétariat du Conseil du Trésor. Le Bureau se veut un centre d'expertise et a pour mission de promouvoir une gestion axée sur les valeurs[2].

Mars 2000

Des résultats pour les Canadiens et les Canadiennes : Un cadre de gestion pour le gouvernement du Canada est publié par le Secrétariat du Conseil du Trésor. Dans ce document, le gouvernement fédéral s'engage à définir un ensemble commun de valeurs et de principes éthiques. Le rapport précise également les responsabilités de gestion des ministères et des organismes fédéraux, dont la promotion continue des valeurs de la fonction publique.

Octobre 2000

Publication du *Rapport du vérificateur général du Canada*. Le chapitre 12, intitulé *Les valeurs et l'éthique dans le secteur public fédéral*, fait état des programmes et des initiatives gouvernementaux en matière d'éthique. S'appuyant notamment sur les recommandations du rapport Tate, le vérificateur général propose 8 mesures prioritaires, dont le renforcement du leadership éthique et l'élaboration d'un énoncé de valeurs et d'éthique commun. Il souligne l'importance d'établir un plan d'action spécifique pour la fonction publique de même que pour ses entités.

---

2. La direction du Bureau des valeurs et de l'éthique est relayée, en novembre 2003, à l'Agence de gestion des ressources humaines de la fonction publique du Canada. Cette dernière est alors chargée de prendre en charge une partie des responsabilités de GRH que porte le Secrétariat du Trésor. L'Agence sera dissoute en 2009 lors de la création du Bureau du dirigeant principal des ressources humaines (BDPRH) au sein du Secrétariat du Conseil du Trésor du Canada. Parmi les responsabilités du BDPRH figurent les valeurs et l'éthique. Quant aux initiatives mises sur pied par le Bureau des valeurs et de l'éthique de la fonction publique à ce jour, soulignons : la création de réseaux de soutien en matière de valeurs et d'éthique ; la participation à de nombreux partenariats ; la publication de guides et de rapports portant sur des thématiques diverses reliées à l'éthique ; et la mise en ligne d'une formation gratuite offerte aux membres de la fonction publique fédérale.

30 novembre 2001

Entrée en vigueur de la *Politique sur la divulgation interne d'information concernant des actes fautifs au travail.* Cette politique a pour but de permettre la divulgation d'information sur des actes fautifs, sans crainte de représailles. Tout fonctionnaire en vertu de la partie I de l'annexe I de la *Loi sur les relations de travail dans la fonction publique* se doit de respecter cette dernière. De plus, chaque ministère se doit de nommer un « agent supérieur » responsable de la divulgation interne.

Juin 2002

Le guide du ministre et du secrétaire d'État est publié par le premier ministre Jean Chrétien. Alors que ce dernier annonce une révision de la procédure pour la nomination du conseiller en éthique, le guide propose des lignes directrices destinées aux rapports entre les ministres et les sociétés d'État. Le *Guide du sous-ministre* suivra en juin 2003.

1er septembre 2003

Entrée en vigueur du *Code de valeurs et d'éthique de la fonction publique.* S'inspirant des familles de valeurs proposées dans *De solides assises*, le Code précise les comportements attendus se rattachant aux valeurs démocratiques, professionnelles, liées à l'éthique et liées aux personnes. Des mesures relatives aux conflits d'intérêts sont également précisées de même que des mesures d'observation propres à l'après-mandat.

7 novembre 2003

La *Loi sur la modernisation de la fonction publique* obtient la sanction royale. Cette loi prévoit notamment l'adoption d'une nouvelle *Loi sur les relations de travail dans la fonction publique* et d'une nouvelle *Loi sur l'emploi dans la fonction publique.*

17 mai 2004

Création du Bureau du commissaire à l'éthique en tant que nouvelle entité du Parlement, à la suite de la *Loi modifiant la Loi sur le Parlement du Canada*[3]. Entrée en fonction du premier commissaire à l'éthique.

Juin 2004

Entrée en vigueur d'un nouveau *Code régissant les conflits d'intérêts des députés* (aussi appelé Code des députés). L'application du Code relève du Bureau du commissaire à l'éthique. Ce dernier est notamment responsable de la tenue du registre public des députés, du respect des obligations du Code par ses derniers, de la tenue d'enquêtes lors de manquements réels ou perçus et de la présentation d'un rapport annuel à la Chambre des communes.

1er avril 2005

Entrée en fonction du premier conseiller sénatorial en éthique, haut fonctionnaire indépendant du Sénat chargé de l'administration, de l'interprétation et de l'application du *Code régissant les conflits d'intérêts des sénateurs*. Le Bureau du conseiller sénatorial en éthique est créé en vertu de la *Loi sur le Parlement du Canada*. Il joue un rôle-conseil préventif auprès des membres du Sénat, est responsable de la tenue du registre public des intérêts des sénateurs et se charge du processus de déclaration annuel.

18 mai 2005

Adoption par le Sénat du *Code régissant les conflits d'intérêts des sénateurs*.

20 juin 2005

Entrée en vigueur de la *Loi modifiant la Loi sur l'enregistrement des lobbyistes*, sanctionnée le 11 juin 2003. Parmi les changements apportés, le terme “lobbyisme” est clarifié et le devoir de mise à jour des déclarations des lobbyistes est précisé.

---

3. Avant cette date, le conseiller en éthique fait partie d'Industrie Canada. Il y a donc transfert du Bureau du pouvoir exécutif au pouvoir législatif. Une période de transition sera négociée entre Industrie Canada et le bureau et ce, jusqu'au 31 mars 2005.

6 février 2006

Par décret, le Bureau du directeur des lobbyistes est transféré au Conseil du Trésor, à titre d'organisme autonome. Le poste de directeur est pour sa part décrété administrateur général. Il s'agit de l'aboutissement d'une période d'incertitude ayant donné suite à l'abolition du poste de conseiller en éthique en mai 2004 et au rapatriement de la *Loi sur l'enregistrement des lobbyistes* au sein d'Industrie Canada.

12 décembre 2006

Adoption par le gouvernement du Canada de la *Loi fédérale sur la responsabilité*. Cette loi prévoit une *Loi sur les conflits d'intérêts* qui enchâsse le *Code régissant la conduite des titulaires de charge publique en ce qui concerne les conflits d'intérêts et l'après-mandat* (aussi appelé Code du premier ministre), alors sous la responsabilité du Bureau du commissaire à l'éthique. Elle précise également le rôle du commissaire aux conflits d'intérêts et à l'éthique. Parmi les changements additionnels qu'entraîne la loi, soulignons des modifications à la *Loi sur l'enregistrement des lobbyistes*, maintenant *Loi sur le lobbying*.

15 avril 2007

Entrée en vigueur de la *Loi sur la protection des fonctionnaires divulgateurs d'actes répréhensibles* (LPFDAR). Cette loi a pour but d'offrir un processus confidentiel de divulgation aux employés du secteur public fédéral, et ce, sans craintes de représailles. Cette loi remplace la *Politique sur la divulgation interne d'information concernant des actes fautifs au travail* et s'applique à tous les fonctionnaires en vertu de la partie 1 de l'annexe 1 de la *Loi sur les relations de travail dans la fonction publique.*

12 juin 2007

L'agence indépendante du Parlement est créée en vertu de la *Loi sur la protection des fonctionnaires divulgateurs d'actes répréhensibles* et organise ses activités autour de trois principes directeurs, soit : informer, protéger et prévenir. La nomination de la commissaire prend effet le 6 août 2007.

9 juillet 2007

Entrée en vigueur de la *Loi sur les conflits d'intérêts*, applicable aux titulaires passés et présents de charges publiques. Dissolution du Bureau du commissaire à l'éthique.

9 juillet 2007

Création du Commissariat aux conflits d'intérêts et à l'éthique. Nomination d'une haute fonctionnaire du Parlement à titre de commissaire aux conflits d'intérêts et à l'éthique. La commissaire est responsable de l'application du *Code régissant les conflits d'intérêts des députés* et de la *Loi sur les conflits d'intérêts*. Elle enquête lors de possibles infractions, à la demande d'un parlementaire ou de son propre chef, et fait rapport des allégations de violation. Elle voit également à la production de divers rapports, dont un rapport annuel sur ses activités relatives à l'application du Code des députés. Le Commissariat joue un rôle-conseil auprès des titulaires de charge publique et des députés et est chargé du maintien des registres publics, tel que précisé dans le Code ainsi que dans la Loi.

2 juillet 2008

Entrée en vigueur de la *Loi sur le lobbying* et de règlements afférents. Cette loi cible les lobbyistes rémunérés et distingue trois catégories, soit le lobbyiste-conseil, le lobbyiste salarié (personne morale) et le lobbyiste salarié (organisation). Le poste de Commissaire au lobbying, lequel est indépendant du Parlement, est également créé, et celui de directeur des lobbyistes est aboli. Le commissaire joue dès lors un rôle de sensibilisation, d'examen et d'enquête en vue de l'administration et du respect du *Code de déontologie des lobbyistes*, de la *Loi sur le lobbying* et de ses règlements. Il veille de plus à la gestion du Registre des lobbyistes.

Quant aux règlements, ils entraînent notamment une nouvelle catégorie de titulaires de charge publique, dits 'titulaires d'une charge publique désignée'. En résulte un élargissement des postes, et des individus, ciblés par cette désignation et ses obligations.

20 septembre 2010

Modification au *Règlement désignant certains postes comme postes de titulaire d'une charge publique désignée*. Quatorze postes ou catégories de postes sont dès lors ciblés par le règlement, dont les sénateurs, les députés ainsi que les employés qui travaillent dans les bureaux du chef de l'opposition du Sénat et de la Chambre des communes.

2. FAITS SAILLANTS DE L'INSTITUTIONNALISATION DE L'ÉTHIQUE AU SEIN DE LA FONCTION PUBLIQUE QUÉBÉCOISE.

29 novembre 1994

Annonce, par le premier ministre Jacques Parizeau, de la présentation d'un projet de loi ayant pour but de déterminer des règles de conduite en matière d'éthique dans l'administration publique. Cette annonce a lieu à l'occasion du discours d'ouverture de la 35e Législature.

13 janvier 1995

Création par le ministère de la Justice du Groupe de travail sur l'éthique, la probité et l'intégrité des administrateurs publics. Ce groupe est dirigé par André C. Côté et a pour mandat d'évaluer les fondements éthiques de l'administration publique québécoise afin de proposer des mesures qui favoriseront la transparence et, ce faisant, qui renforcement le lien de confiance existant entre les citoyens et l'administration publique.

26 avril 1995

Dépôt du *Rapport du Groupe de travail sur l'éthique, la probité et l'intégrité des administrateurs publics*, communément appelé Rapport Côté. Parmi les recommandations effectuées, soulignons la création d'un programme de formation en matière d'éthique, l'encadrement de la pratique du lobbyisme au Québec, l'intégration d'un souci éthique à même le processus de nomination et la mise sur pied, par les administrateurs des sociétés d'État et de leurs filiales, de codes d'éthique et de déontologie.

1er janvier 1998

Entrée en vigueur de la *Loi modifiant la Loi sur le ministère du Conseil exécutif et d'autres dispositions législatives concernant l'éthique et la déontologie*[4].

17 juin 1998

Adoption par décret du *Règlement sur l'éthique et la déontologie des administrateurs publics.*

30 mai 2000

Entrée en vigueur de la *Loi sur l'administration publique.* En plus de réitérer l'orientation client de la fonction publique québécoise, cette dernière prône un mode de gestion axé sur les résultats de même qu'une plus grande autonomie de la part du personnel.

Juin 2001

Dépôt du *Rapport à l'Assemblée nationale pour l'année 2000-2001*, par le Vérificateur général. Le chapitre 3 du rapport, intitulé Éthique au sein de l'administration gouvernementale québécoise, fait suite aux travaux effectués par le vérificateur auprès du Secrétariat du Conseil du trésor, du Conseil exécutif et de cinquante entités du gouvernement. Ces rencontres avaient pour but d'évaluer l'infrastructure éthique existante au sein de l'administration publique québécoise, des organismes subventionnés et des organismes partenaires.

Automne 2001

Lancement par le Secrétariat du Conseil du trésor d'un Programme d'accueil gouvernemental. Ce programme, développé en collaboration avec l'École nationale d'administration publique (ENAP) et le Centre de services partagés du Québec (CSPQ), prévoit une journée d'accueil pour tous les nouveaux employés réguliers. L'éthique figure parmi les thèmes abordés.

---

4. Parmi les dispositions prévues par cette loi, les organismes et les entreprises du gouvernement, dont les établissements du réseau de la santé et des services sociaux et du secteur de l'éducation, seront tenus de se doter d'un code d'éthique et de déontologie. Cette loi fait notamment suite au rapport Côté et à la tenue de consultations publiques en commission parlementaire, en février 1996.

18 octobre 2001

Commission de l'administration publique. Les lacunes identifiées dans le cadre du rapport du vérificateur général, de même que les voies de solution proposées, sont adressées dans le cadre d'une commission portant sur l'éthique au sein de l'administration publique québécoise. Jean Saint-Gelais, secrétaire général du Conseil exécutif et Diane Jean, secrétaire du Conseil du trésor annoncent alors de nombreuses initiatives dont la création d'un réseau de répondants en éthique, la mise sur pied d'activités de formation et de sensibilisation à l'éthique et l'adoption future d'une déclaration de valeurs fondamentales. Tout en s'engageant à exercer un leadership en matière d'éthique, ils recommandent la nomination d'un responsable du dossier de l'éthique au sein du Conseil exécutif.

12 novembre 2001

Création du poste de secrétaire adjoint à l'éthique et à la législation au ministère du Conseil exécutif et nomination de monsieur Louis Sormany. Parmi ses responsabilités, le secrétaire a pour mandat de : coordonner, au nom du ministère, les actions de l'administration publique québécoise en matière d'éthique ; de sensibiliser ses membres à l'importance d'une administration publique éthique ; de proposer des modifications législatives, réglementaires ou administratives en matière d'éthique et ; d'assurer le respect des normes établies par les administrateurs publics.

8 février 2002

Première réunion du Réseau des répondants en éthique, mis en place par le Secrétariat du Conseil du trésor. Par le biais d'activités régulières de mises en commun et de formation, cette initiative vise l'appui des intervenants œuvrant au sein des divers ministères et organismes publics. La mission du Réseau consiste plus spécifiquement à favoriser le développement d'une compréhension et d'une vision commune de l'éthique, à appuyer le déploiement de l'éthique dans l'administration publique et à soutenir le maintien d'une culture éthique. Un programme de formation est subséquemment offert aux membres du Réseau.

13 juin 2002

Adoption à l'Assemblée nationale de la *Loi sur la transparence et l'éthique en matière de lobbyisme*. Cette loi a pour but d'assurer la transparence et le sain exercice des activités de lobbyisme auprès de charges publiques. La Loi prévoit notamment la création d'un registre public sur les lobbyistes et leurs activités et accorde au commissaire au lobbyisme, lequel est nommé par l'Assemblée nationale, une indépendance de l'administration gouvernementale. Parmi les responsabilités du commissaire figure l'élaboration et l'adoption d'un code de déontologie pour les lobbyistes.

1er novembre 2002

Publication d'un rapport conjoint du ministère du Conseil exécutif et du Secrétariat du Conseil du trésor, à la suite des recommandations de la Commission de l'administration publique. Ce rapport, intitulé *Rapport sur l'état d'avancement des travaux relatifs à l'éthique dans l'administration publique*, fait état des progrès relatifs aux infrastructures éthique et juridique de l'administration publique québécoise et fait part des initiatives futures.

21 novembre 2002

Entrée en vigueur du *Règlement sur l'éthique et la discipline dans la fonction publique*[5]. Ayant pour but de préciser les règles de conduite des fonctionnaires, ce règlement appuie et complète les dispositions prévues dans *Loi sur la fonction publique*[6].

21 novembre 2002

Dépôt à l'Assemblée nationale de la *Déclaration de valeurs de l'administration publique québécoise*. Cinq valeurs fondamentales sont identifiées afin d'aiguiller le comportement et la prise de décision des employés de la fonction publique. Ces valeurs sont: la compétence, l'impartialité, l'intégrité, la loyauté et le respect[7].

---

5. Ce dernier remplace le *Règlement sur les normes d'éthique, de discipline et le relevé provisoire de fonctions dans la fonction publique* du 27 mars 1985.
6. Entrée en vigueur en 1984, cette loi prévoit des normes d'éthique et de discipline.
7. Une série d'initiatives suivront dont, en 2003, un programme de formation.

Automne 2003

Lancement de formations en éthique destinées aux gestionnaires de l'administration publique québécoise. Ces formations s'appuient notamment sur les trousses développées par le Laboratoire d'éthique publique de l'ENAP et de la chaire Fernand-Dumont de l'Institut national de recherche scientifique (INRS), dont *Le petit manuel d'éthique appliquée à la gestion publique*.

Septembre 2003

Publication, par le ministère du Conseil exécutif, du guide l'*Éthique dans la fonction publique québécoise*[8]. Ce dernier se veut un outil de référence pour les employés de l'État, de même que pour le grand public. S'appuyant sur la *Loi sur la fonction publique*, le *Règlement sur l'éthique et la discipline dans la fonction publique* et la *Déclaration de valeurs de l'administration publique québécoise*, il présente les règles d'éthique et les valeurs communes qui orientent les employés de cette dernière[9].

15 octobre 2003

Entrée en vigueur de la *Directive concernant les règles applicables lors de la cessation d'exercice de certaines fonctions pour l'État* et de la *Directive sur la transparence et l'éthique relativement à l'exercice des fonctions du personnel des cabinets de ministre*. Ces dernières ciblent les membres du Conseil exécutif et leur personnel de cabinet. Elles apportent des compléments aux directives existantes – notamment en matière de lobbyisme et de conflits d'intérêts – tout en réitérant l'existence de dispositions diverses en matière d'éthique.

4 mars 2004

Entrée en vigueur du *Code de déontologie des lobbyistes*.

Décembre 2005

Publication de *Cinq années de gestion axée sur les résultats au gouvernement du Québec*: *Rapport sur la mise en œuvre de la Loi sur l'administration publique*. Conformément aux obligations définies dans le cadre de cette loi, le rapport

8. L'édition originale ayant été publiée en 1990.
9. Il s'agit d'une réédition, la brochure originale ayant été publiée en 1990.

fait état des progrès et des défis rencontrés dans la mise en œuvre du cadre de gestion axée sur les résultats. Des pistes d'amélioration sont également proposées, dont l'adoption d'un code d'éthique et de déontologie par les organismes dont les employés ne sont pas régis par la *Loi sur la fonction publique*, faisant écho aux dispositions prévues par cette dernière.

14 décembre 2006

Entrée en vigueur de la *Loi sur la gouvernance des sociétés d'État.*

30 novembre 2010

Adoption à l'unanimité de la *Loi sur l'éthique et la déontologie en matière municipale*, laquelle sera sanctionnée le 2 décembre 2010. Parmi les implications de cette loi: la participation à une formation sur l'éthique et la déontologie en matière municipale et l'adoption d'un code d'éthique et de déontologie pour les élus ainsi que pour les employés, selon des échéanciers déterminés.

8 décembre 2010

Sanction et entrée en vigueur progressive du *Code d'éthique et de déontologie des membres de l'Assemblée nationale*, voté à l'Assemblée nationale le 3 décembre de la même année. Tous les articles du Code sont en vigueur depuis le 1er janvier 2012.

9 décembre 2010

Nomination du premier Commissaire à l'éthique et à la déontologie, responsable de l'application du *Code d'éthique et de déontologie des membres de l'Assemblée nationale.* Me Jacques Saint-Laurent est assermenté le 6 janvier 2011. Conformément aux dispositions du texte, le commissaire devra publier un rapport rétrospectif et prospectif sur la mise en œuvre du code, au plus tard trois ans après l'entrée en vigueur de ce dernier.

Janvier 2011

Publication d'une nouvelle édition du document *Pour un gouvernement responsable – Guide du ministre et du ministre d'État*, faisant suite à celle de 2008. Parmi les modifications figure des précisions quant aux activités de financement et aux rapports avec les lobbyistes.

Entretiens auprès de personnes clés à propos de l'éthique au travail[10]

10. « Tous les entretiens ont été réalisés par Jennifer Centeno en septembre 2010 ».

Entretien auprès de Daphné Meredith, dirigeante principale des ressources humaines du gouvernement du Canada.

Comment s'est institutionnalisée l'éthique au sein du secteur public du Canada ?

Le *Code de valeurs et d'éthique de la fonction publique*, adopté en septembre 2003, constitue l'outil principal du gouvernement canadien en matière d'éthique. Il représente également l'aboutissement d'un processus de réflexion et de discussion considérable, au sein de l'appareil gouvernemental.

D'entrée de jeu, nul ne peut aborder le thème de l'éthique au sein de la fonction publique fédérale sans évoquer l'importance du rapport Tait, publié en décembre 1996. Intitulée *De solides assises : Rapport du groupe de travail sur les valeurs et l'éthique dans la fonction publique*, la contribution de John C. Tait ouvre le dialogue en matière d'éthique et propose quatre familles de valeurs représentant la « nouvelle fonction publique ».

Pour madame Meredith, dirigeante principale des ressources humaines, ce rapport « incontournable » a pour influence première de « promouvoir les bénéfices d'une approche non pas centrée de façon excessive sur les règles, mais davantage ancrée dans les valeurs ».

Alors que la lettre du texte présente les valeurs qui seront, sept ans plus tard, retenues dans le Code, son esprit incite le Secrétariat du Conseil du Trésor à développer des outils susceptibles d'aiguiller et de soutenir les fonctionnaires dans leurs activités professionnelles quotidiennes. Parmi ces outils figure un petit livret de poche qui se veut, certes, un outil de référence, mais également la base de ce qui, on l'espère, deviendra un dialogue commun :

> Il [John C. Tait] disait à l'époque que les valeurs, parce qu'elles ne sont pas des règles, doivent faire l'objet d'un dialogue continu au sein du secteur public […] et que ces valeurs, et véritablement l'éthique, ne peuvent prendre vie qu'au travers des expériences individuelles.

Pour madame Meredith, cette prise de position est particulièrement importante en contexte organisationnel :

> Les questions difficiles auxquelles les individus doivent faire face dans le cadre de leurs fonctions sont celles qui opposent, ou qui occasionnent des frictions entre les différentes valeurs épousées. Afin de dissoudre ces tensions, et d'être à même de prendre une décision avec laquelle il sera lui-même confortable, l'individu ne peut qu'avoir recours au dialogue, notamment pour s'assurer qu'il connaît bien la situation et le point de vue de toutes les parties impliquées.

L'initiative *Fonction de contrôleur moderne*, présentée dans le document *Des résultats pour les Canadiens et les Canadiennes* publié en 2000, contribue également à la mise en place d'un contexte favorable à l'adoption du Code. S'inscrivant dans la vision de modernisation du gouvernement, cette initiative cible une responsabilisation accrue de l'administration fédérale, notamment par le biais de valeurs et de principes déontologiques communs :

> Cette initiative positionnait clairement les valeurs et l'éthique en tant qu'un des quatre piliers de la gestion publique. [...] En ce sens, le contexte était fort favorable à l'arrivée du Code. Les gens comprenaient déjà l'important rôle que jouent les valeurs et l'éthique dans l'aiguillage des comportements au quotidien. La sensibilisation était déjà faite.

Un troisième développement vient également préparer le terrain. Il s'agit d'une prise de position montante, au sein de l'opinion publique, quant à l'importance de l'intégrité et de la transparence au sein de la fonction publique. Ceci incite le gouvernement canadien à adopter, en novembre 2001, la *Politique sur la divulgation interne d'information concernant des actes fautifs au travail.*

Cette politique sera suivie par l'entrée en vigueur, en 2007, de la *Loi sur la protection des fonctionnaires divulgateurs d'actes répréhensibles* laquelle exige du Secrétariat qu'il élabore un code de conduite pour le secteur public fédéral. L'objectif poursuivi est double : renforcer l'intégrité du secteur et réitérer les valeurs qui devraient guider les fonctionnaires dans leurs activités professionnelles. Sous cette loi, les ministères et les organismes fédéraux doivent également se doter de codes de conduite similaires adaptés. Tel que le souligne madame Meredith, cette disposition est considérable puisqu'elle donne au Secrétariat « l'opportunité d'influer en matière de valeurs et d'éthique auprès de près de 500 000 fonctionnaires ».

Avez-vous rencontré des défis lors de la mise en œuvre de pratiques et/ou de dispositifs éthiques ?

Compte tenu de la taille imposante du secteur public fédéral, il n'est pas surprenant qu'un des défis principaux rencontrés lors de la mise en œuvre de pratiques éthiques consiste à développer des textes, des outils et des initiatives qui sont à la fois porteurs d'une vision commune, et adaptés aux besoins des différents secteurs d'activité.

Ici aussi, la contribution de Tait s'avère utile :

> La Loi prévoit l'élaboration de codes de conduite distincts afin de respecter la réalité et les besoins propres à chacune des organisations. Je crois toutefois que nous devons sans cesse revenir à ce concept de dialogue continu : les situations rencontrées en milieu de travail sont souvent épineuses et les textes ne doivent

pas être appliqués de façon hâtive ou sans distinction… chaque situation a ses propres nuances.

Ce défi d'équilibre entre désir d'uniformité et besoin de flexibilité se traduit, pour le Secrétariat, en un rôle bien précis :

> D'une part, nous devons reconnaître que chaque organisation a sa propre réalité et être suffisamment flexibles pour s'y adapter. Nous devons aussi admettre que les membres des diverses organisations sont les mieux placés pour prendre en main et assurer la construction d'une organisation éthique. Ce rôle n'est pas le nôtre. […] Nous cherchons plutôt à nous assurer que certains éléments structurels sont mis en place afin de soutenir les valeurs et l'éthique implantées au sein des divers milieux. Nous les mettons au défi de développer ces éléments et nous apportons le soutien nécessaire afin que cela soit fait correctement à tous les niveaux.

Les organisations voient ainsi leurs cheminements soutenus par le Secrétariat, ainsi que par l'ensemble de la structure gouvernementale :

> À titre d'exemple, nous devons nous assurer qu'ils gèrent adéquatement leurs programmes de formation. Ces programmes se doivent d'être robustes et font l'objet d'évaluations. Ils sont toutefois soutenus par les programmes de formation centraux : L'École de la fonction publique du Canada offre une séance d'orientation à tous les nouveaux employés du secteur public intitulée « Paver la voie : Fondements des valeurs et de l'éthique pour les employés ». Tous les cours offerts sur le leadership comportent également des composantes reliées aux valeurs et à l'éthique.

Pour madame Meredith, ceci est conforme à l'approche priorisée par le gouvernement fédéral : « Notre approche n'est pas de dépendre de la simple interprétation du Code, mais bien d'ancrer son application dans divers mécanismes et dispositifs déployés à la grandeur de l'organisation ». C'est ainsi que les valeurs adoptées viennent aussi façonner les activités de dotation, et ce, qu'il soit question d'embauche externe ou de promotion à l'interne :

> La Commission de la fonction publique a bâti des grilles d'analyse pour tous les postes et l'une des compétences principales évaluées est celle de l'éthique et des valeurs. La lettre d'offre d'emploi des nouveaux fonctionnaires précise également qu'ils sont tenus de respecter le Code en place et ce dernier fait partie des conditions d'emploi. […] Des critères semblables sont également utilisés afin d'évaluer le rendement des employés et le mérite des candidats lors de nominations.

Quant au défi d'assurer l'uniformité des pratiques de gestion entre les organisations, madame Meredith souligne le temps important qu'accorde chaque année le Secrétariat du Conseil du Trésor au *Cadre de responsabilisation de gestion* :

À chaque année, nous observons les activités de gestion des divers départements et évaluons leur performance les uns par rapport aux autres. Les résultats sont ensuite pris en compte dans l'évaluation annuelle des sous-ministres. Une fois de plus, l'éthique et les valeurs constituent l'une des composantes centrales de cette évaluation.

Publié en 2003, le *Cadre de responsabilisation de gestion* découle de la *Fonction de contrôleur moderne*.

Quels sont les facteurs clés qui ont facilité l'institutionnalisation de l'éthique au sein du secteur public du Canada ?

Parmi les facteurs principaux évoqués par madame Meredith figurent la mise en place, et le maintien, d'un leadership solide. Elle rappelle à ce propos que l'investissement du gouvernement fédéral en matière d'éthique a récemment été réitéré dans le *Plan d'action 2010-2011 pour le renouvellement de la fonction publique*:

> Cette déclaration permet au gouvernement de réaffirmer l'importance des valeurs qui sous-tendent le renouvellement de la fonction publique et de rappeler que le service apporté aux Canadiens continuera d'être guidé par ces dernières.

Au soutien des dirigeants s'ajoute un autre facteur clé, soit l'engagement des fonctionnaires :

> La participation obtenue de la part des employés est simplement fantastique. Je siège sur le comité de renouvellement et nous impliquons fréquemment des groupes d'employés afin de discuter des défis futurs de la fonction publique. De tous les sujets abordés, aucun ne retient plus l'attention que celui de nos valeurs communes, et ce, tant auprès des nouvelles recrues que des employés d'expérience. L'intérêt est tout simplement palpable.

Afin d'alimenter cet intérêt, plusieurs mécanismes de rétroaction sont mis en place. Madame Stevens souligne notamment l'existence de processus de consultation, dirigés par le Secrétariat du Conseil du Trésor :

> Nous regroupons des représentants de toutes les organisations couvertes par le Code afin qu'ils puissent échanger. Ils partagent leurs « meilleures pratiques » et les leçons qu'ils ont apprises, ils identifient de nouveaux risques et ils échangent quant aux mesures mises en place afin d'atténuer ces risques. Le processus de consultation est une extension du dialogue continu qui est encouragé au quotidien. Il est toutefois fascinant de voir à quel point les employés veulent partager leurs expériences. [...] Les employés ont d'ailleurs eu l'opportunité de contribuer lors de la phase de développement du Code. Nous avons cherché à obtenir les commentaires de plus de 60 000 employés.

Le *Sondage auprès des fonctionnaires fédéraux* constitue une autre source de rétroaction importante. Cet outil permet d'ailleurs au Secrétariat de mesurer l'efficacité des efforts déployés :

> Mettre les structures en place est une chose, mais il est essentiel de prendre le pouls de l'organisation… de savoir, du point de vue des employés, comment les diverses initiatives sont perçues et quels secteurs d'activités nécessitent une plus grande attention. Le sondage est mené auprès de l'ensemble de la fonction publique fédérale, soit auprès de 300 000 employés, aux trois ans.

L'effectif de la fonction publique fédérale étant fortement dispersé, le réseau électronique en place est également d'un grand soutien. L'intranet du gouvernement permet la diffusion rapide d'information, la mise en ligne de formations et le développement de plateformes à partir desquelles est encouragé le partage des connaissances. Enfin, divers réseaux de soutien en matière de valeurs et d'éthique ont été mis sur pied.

Pour madame Meredith, l'intérêt continu des employés « témoigne de la santé de l'institution » :

> Notre effectif est composé de membres dynamiques et sensibilisés aux valeurs et à l'éthique. Ainsi, lorsqu'une nouvelle initiative est lancée – un nouveau programme de formation ou un outil d'évaluation, par exemple – aucune résistance initiale ne risque de la détourner.

Les deux interlocutrices soulignent toutefois l'importance de « vivre les valeurs ». Pour madame Meredith, ceci exige une grande intégrité : « Il faut toujours être authentique. Il doit y avoir uniformité entre ce qui est dit et ce qui est fait. Il s'agit du pont entre ce à quoi on aspire – le comportement attendu – et la réalité telle qu'elle se vit au quotidien. »

Reconnaissant que le fait d'exprimer ouvertement ses valeurs puisse s'avérer problématique si celles-ci ne sont pas vécues avec véracité, elle demeure néanmoins convaincue de la justesse de l'approche privilégiée par le gouvernement fédéral :

> Je crois que les gens veulent trouver un sens dans leur travail et ils ne le trouveront pas à moins de pouvoir relier ce qu'ils font à ce qui leur tient à cœur. Les gens veulent aussi savoir quelles sont leurs obligations et leurs responsabilités au travail. Tous les employeurs ont des attentes à l'égard de leurs employés et le gouvernement ne fait pas exception à la règle, loin de là.

Selon madame Stevens, cette approche a d'ailleurs permis au Canada de se démarquer :

> La sortie du Code en 2003 – et son éloignement d'une logique de conformité, au profit d'une approche reposant sur des principes – a permis au Canada de se démarquer. Il est vrai que certaines organisations se sentent plus confortables lorsqu'ils n'ont qu'à appliquer des règlements très précis, mais d'un point de vue

structurel, les principes sont plus intelligibles puisqu'ils peuvent être interprétés et mis en application dans n'importe quelle situation, par le biais du dialogue. À l'opposée, les règles résultent trop souvent en une simple recherche de failles. Alors en réalité, nous croyons que l'approche par principes est beaucoup plus efficace.

Madame Daphné Meredith

Titulaire d'un baccalauréat et d'une maîtrise en économie de l'Université Queen's, madame Meredith a débuté sa carrière dans la fonction publique en 1983, à Ressources naturelles Canada. Elle a par la suite occupé divers postes au sein du gouvernement du Canada, notamment au ministère des Finances, dans le domaine de la politique du secteur financier et de la politique de l'impôt ; au Bureau du Conseil privé, où elle a participé à l'établissement des priorités, à la planification et aux activités du Cabinet relatives à la politique du développement social ; et à Agriculture et Agroalimentaire Canada, où elle a contribué à la gestion stratégique.

Après avoir occupé des postes de cadre supérieur au Secrétariat du Conseil du Trésor, madame Meredith a été nommée sous ministre déléguée à Travaux publics et Services gouvernementaux Canada, en août 2006. Sa nomination à titre de dirigeante principale des ressources humaines a pour sa part pris effet le 31 août 2009. Le 4 septembre 2012, madame Meredith a été nommée sous-ministre de la Diversification de l'économie de l'Ouest canadien et Daniel Watson a été nommé au poste de dirigeant principal des ressources humaines.

Madame Meredith a enseigné l›économie à l'Université Queen's ainsi qu'au Collège militaire royal du Canada, et son expertise en matière de politiques gouvernementales l'a amenée à travailler à titre de conseillère dans le secteur privé.

Madame Meredith était accompagnée de madame Mary Anne Stevens, directrice des valeurs et de l'éthique au Secrétariat du Conseil du Trésor du Canada.

Entretien auprès de Louis Sormany, Secrétaire adjoint à l'éthique et à la législation

Comment s'est institutionnalisée l'éthique au sein de la fonction publique québécoise ?

Avant de faire état des initiatives et des programmes ayant permis une véritable institutionnalisation de l'éthique dans la fonction publique québécoise, monsieur Sormany prend soin de souligner l'existence d'un contexte institutionnel qu'il juge essentiel. Il fait alors référence notamment à l'existence d'une société démocratique dans laquelle le citoyen peut s'exprimer et faire valoir ses droits devant des tribunaux indépendants, à la mise sur pied d'une fonction publique indépendante, justement rémunérée – afin d'être moins vulnérable aux marchés d'influences – et soumise à des normes touchant l'éthique ainsi qu'à la présence d'institutions indépendantes chargées de surveiller les dérives du système, comme la Commission de la fonction publique, le vérificateur général, le Directeur général des élections, la Commission d'accès à l'information et le protecteur du citoyen.

Reconnaissant la propension déontologique des premières initiatives adoptées par la fonction publique, monsieur Sormany les explique par le fait qu'avant de parler d'éthique, encore faut-il qu'il y ait une infrastructure déontologique. Il rappelle que cette infrastructure s'articule quand même au départ autour de valeurs communes :

> À la suite des années 1950, avec la Révolution tranquille, les gens ont senti le besoin d'avoir une fonction publique indépendante et impartiale parce qu'on avait vécu un véritable système de patronage. [...] Il y avait des valeurs communes derrière ces normes, mais sans qu'on n'ait vraiment senti le besoin de le dire, de les expliciter.

Si la Révolution tranquille et les décennies qui ont suivi ont servi à la mise en place de toute cette infrastructure de base, les années 1990 pour leur part feront ressortir des préoccupations éthiques à l'égard des administrateurs publics, à savoir les dirigeants d'organismes gouvernementaux. Ces préoccupations sont explicitées notamment en 1995 dans le *Rapport du Groupe de travail sur l'éthique, la probité et l'intégrité des administrateurs publics* (Rapport Côté). C'est ainsi qu'en 1998, la *Loi modifiant la Loi sur le ministère du Conseil exécutif et d'autres dispositions législatives concernant l'éthique et la déontologie* entre en vigueur, suivie du *Règlement sur l'éthique et la déontologie des administrateurs publics*.

Les années 2000 marquent toutefois un tournant dans l'action gouvernementale en cette matière. D'abord, la création de la Table de travail sous-ministérielle sur l'éthique et la déontologie en l'an 2000, dans le cadre des travaux préalables à la mise en application de la *Loi sur l'administration publique*, constitue un moment marquant pour monsieur Sormany :

> Je pense que le raisonnement éthique a connu une importante évolution avec la Table de concertation sous-ministérielle sur l'éthique et la déontologie. C'est là que, consciemment ou en tout cas un peu plus officiellement, pour la première fois, on a dit « il y a la déontologie, mais il y a aussi l'éthique ». Puis on a commencé à voir que la déontologie, ce n'est pas tout, et qu'il faut aller au-delà de cela, voir ce vers quoi l'on doit tendre : et c'est là qu'intervient l'éthique.

La *Loi sur l'administration publique*, adoptée en 2000, vient en effet permettre une plus grande liberté d'action de la part des fonctionnaires. Ce tournant important dans l'administration publique met en exergue l'important rôle qu'est alors appelée à jouer l'éthique :

> La nouvelle *Loi sur l'administration publique*, prévoyait, d'une part, qu'il faut arrêter d'être encarcanné par les règles, qu'il faut avoir plus de discrétion. Mais, si on a plus de discrétion, encore faut-il ne pas agir n'importe comment et tomber dans le favoritisme ou l'arbitraire. Ainsi l'éthique vient faire un contrepoids à l'approche clientéliste préconisée par cette loi. Mais, et c'est ça qui est intéressant, l'éthique se situe quand même dans la même mouvance que cette loi, recherche le même objectif, en ce sens qu'il faut aller au-delà des règles et raisonner autrement.

Dès lors, chaque ministère et organisme de la fonction publique est appelé à développer son propre programme en matière d'éthique, avec l'appui des organismes centraux, à savoir le ministère du Conseil exécutif et le Secrétariat du Conseil du trésor. C'est ainsi que, dès 2002, le Secrétariat du Conseil du trésor mettait sur pied un Réseau des répondants en éthique :

> Les répondants sont des gens qui, dans leur organisation, doivent être crédibles, qui sont connus, qui connaissent bien l'organisation, et qui sont fiables. Ils ont pour rôle de susciter la réflexion éthique dans leur organisation et de proposer des initiatives à cet égard. Ils ont aussi pour rôle d'aider les gens lorsqu'ils ont des questionnements en matière d'éthique et de déontologie. Cependant, ils doivent se situer en amont plutôt qu'en aval d'une problématique de nature éthique.

Afin de permettre aux répondants d'accomplir de façon adéquate leurs fonctions, une formation en éthique leur est offerte :

> Même si chaque organisme nommait son répondant et même si chacun agissait chez lui de façon indépendante [...] tout le monde a, au départ, reçu une formation de 4 jours qui leur a donné une vision de ce qu'est l'éthique, de ce qu'est la déontologie, puis du rôle qu'ils peuvent jouer. Et je dirais que cela a assuré une unité d'action à l'intérieur du secteur public. [...] Je pense qu'au niveau de la fonction publique, le message est très cohérent.

Par ailleurs, la *Déclaration de valeurs de l'administration publique québécoise*, déposée à l'Assemblée nationale en novembre 2002, est venue pour sa part réitérer l'importance de l'éthique, au-delà des règles déontologiques, et affirmer pour la première fois de façon officielle les principales valeurs qui guident l'administration publique québécoise dans la réalisation de sa mission d'intérêt public.

Les sessions d'accueil, destinées aux nouveaux employés, aux nouveaux cadres ainsi qu'aux sous-ministres et aux dirigeants d'organismes viennent aussi façonner le message :

> En ce qui concerne les sous-ministres et les dirigeants d'organismes, ils ont une session d'accueil de deux jours, en moyenne, où je viens leur parler pendant une heure et demie d'éthique et de déontologie. Je leur explique alors l'importance de ces questions et j'explicite les notions même d'éthique et de déontologie. Puis, je leur fais part de conseils un peu plus concrets : les invitations, les conflits d'intérêts, la discrétion dans l'expression des opinions politiques [...]. Le premier conseil que je donne, c'est de bien prendre le pouls de leur organisation parce que l'éthique, c'est une question de culture. On parle beaucoup de culture, d'implanter une culture éthique, mais si on ne prend pas le pouls de notre organisation, on va poser des gestes qui ne seront peut-être pas appropriés et on va manquer des choses importantes.

Des formations sont aussi organisées en collaboration avec l'École nationale d'administration publique (ENAP). Alors que ces dernières ciblent d'abord les gestionnaires, elles sont ensuite offertes aux chefs d'équipe, puis aux professionnels et aux techniciens. Par ailleurs, la brochure *L'*éthique dans la fonction publique québécoise, publiée une première fois en 1990 est mise à jour, rééditée et mise en ligne sur Internet en septembre 2003. Les statistiques de consultation en ligne tenues dans l'année qui a suivi cette réédition témoignent à cet effet de la grande popularité du document.

Enfin, monsieur Sormany mentionne qu'il reçoit une centaine d'appels par année sur des problématiques de nature éthique de la part de titulaires d'emplois supérieurs (sous-ministres et dirigeants d'organismes), de fonctionnaires et même aussi parfois du grand public. Il souligne que de nombreuses initiatives ont été mises en place à des fins de prévention au niveau des titulaires d'emplois supérieurs. À titre d'exemple, monsieur Sormany signale la confection, en 2004, d'une déclaration d'intérêts pour ceux-ci : alors que la vérification de leurs intérêts se faisait jusqu'alors de façon plutôt *ad hoc*, ils sont maintenant tenus de remplir un formulaire spécifique lors de leur entrée en fonction, ainsi que lors d'un changement de poste. Ce faisant, ils déclarent tout intérêt jugé problématique. Ils doivent aussi attester avoir pris connaissance du code d'éthique de leur organisme et s'engager à le respecter. Une lettre leur est aussi acheminée en fin de charge, leur rappelant leurs obligations d'après-mandat. Des textes portant sur diverses thématiques reliées à l'éthique et à la déontologie sont également mis à la disposition des titulaires d'emplois supérieurs, par le biais d'un site Internet privé.

Avez-vous rencontré des défis lors de la mise en œuvre de pratiques et/ou de dispositifs éthiques ?

Au départ, monsieur Sormany mentionne à cet égard le travail de sensibilisation qu'il a dû faire particulièrement lors de son entrée en fonction, en 2001 :

> À cette époque, quand je communiquais avec les organismes pour leur dire de faire un code d'éthique et de déontologie – parce qu'en vertu du règlement il était prévu qu'ils devaient faire un code – j'avais assez souvent l'impression de les prendre par surprise. Ils ne savaient pas trop quoi faire. Maintenant quand j'appelle les responsables de nouveaux organismes, ils me répondent souvent : « Monsieur Sormany, c'est déjà fait ! » Alors on voit que c'est passé dans les mœurs.

Parmi les autres défis rencontrés en matière d'éthique, monsieur Sormany souligne celui de la pérennité :

> Il y a le danger que l'éthique soit considérée comme une mode. [...] Il y a un danger qu'il y ait un certain essoufflement et qu'à un moment, l'éthique soit mise un peu de côté parce que les gens pensent que le travail a déjà été fait.

Or, puisque l'éthique se doit d'être un exercice de constante redéfinition, il faut s'assurer d'une pérennité dans les pratiques au sein des organisations. Plus concrètement, pour monsieur Sormany, le remplacement des personnes en place qui ont fait avancer le dossier de l'éthique dans leur organisation est un problème concret et qui guette tous les ministères et organismes.

Par ailleurs, il y a aussi le fait que le rôle de répondant en éthique au sein des organisations ne constitue généralement pas une responsabilité à temps plein. Or, comme l'éthique se situe davantage au niveau des moyens que des résultats, une prise de conscience constante de l'importance du développement d'une culture éthique est nécessaire dans chaque organisation.

Quels sont les facteurs clés qui ont facilité l'institutionnalisation de l'éthique au sein de la fonction publique québécoise ?

Parmi les facteurs ayant contribué à l'institutionnalisation de l'éthique au sein de la fonction publique québécoise, monsieur Sormany souligne l'importance de la volonté gouvernementale en cette matière. Il voit d'ailleurs en la création de son rôle une manifestation concrète de cet engagement, au plus haut niveau.

La mise en place d'une infrastructure éthique a aussi été facilitée par l'approche décentralisée adoptée par le gouvernement du Québec. Monsieur Sormany rappelle à ce propos que chaque organisme et ministère a été invité à développer ses propres initiatives. Plutôt que d'imposer des mesures, on a préféré laisser chaque organisation y aller à son rythme dans l'implantation et le développement d'une culture éthique adaptée à sa réalité.

Évidemment, il va sans dire qu'une uniformité au niveau du message, voire qu'une vision commune, était des plus souhaitables. L'élaboration d'un programme commun de formation des répondants en éthique et la mise sur pied d›un réseau de répondants, notamment, ont permis de maintenir la cohésion nécessaire en cette matière.

Un autre facteur, c'est l'effort de sensibilisation qui a été entrepris tant au niveau central qu'au niveau de chaque organisation. Monsieur Sormany constate en effet que la sensibilisation, si nécessaire en début de mandat, a donné des résultats :

> Je pense que tout le monde réalise aujourd'hui que l'éthique est un incontournable. […] Le gouvernement est de plus en plus sensibilisé et quand des sous-ministres ou les dirigeants d'organismes me téléphonent, ce n'est pas toujours parce qu'ils ne savent pas quoi faire. Souvent, ils veulent discuter du fond de la question. Et même lorsqu'ils n'ont pas la solution, ils réalisent au moins qu'il y a un questionnement.

Cela dit, monsieur Sormany souligne que l'éthique est un travail continu, qui implique de rappeler constamment le message et qu'il en reste toujours à faire.

Monsieur Louis Sormany

Diplômé de l'Université Laval, monsieur Sormany est membre du Barreau du Québec depuis 1972 et est titulaire d'une maîtrise en droit. Après avoir œuvré à titre de conseiller juridique auprès de l'Office des professions du Québec, il se joint, en 1978, au Ministère de la Justice. Pendant dix ans, il y occupe différents postes, dont celui de conseiller en affaires législatives responsable de la Direction de la législation ministérielle. Il devient en 1988 conseiller senior au sein du Secrétariat à la législation du ministère du Conseil exécutif.

En novembre 2001, monsieur Sormany est nommé par le gouvernement Secrétaire adjoint à l'éthique et à la législation au ministère du Conseil exécutif. Il est le premier à occuper un tel poste.

Entretien auprès de Pauline D'Amboise, vice-présidente au soutien à la coopération et secrétaire générale du Mouvement Desjardins

Comment s'est institutionnalisée l'éthique au sein du Mouvement Desjardins ?

Pour madame D'Amboise, le souci d'honnêteté et d'intégrité qui anime le Mouvement Desjardins remonte aux valeurs mises de l'avant par son fondateur, Alphonse-Desjardins. Ce dernier prônait l'adoption et la défense d'un modèle basé sur les valeurs de la coopération, dont la valeur centrale de solidarité. À la fin des années 1980, le Mouvement s'est vu contraint par le législateur d'incorporer des préoccupations d'ordre déontologique dont la visée était ultimement la protection des intérêts de ses membres et clients par l'encadrement des risques de conflits d'intérêts. Ces règles ciblent à la fois les employés et les dirigeants élus. Un souci fondamental demeure toutefois, soit celui d'assurer le partage, voire le « faire vivre », des valeurs de la coopération, à un nombre grandissant d'individus.

Pour faciliter le partage des valeurs et de la culture coopérative de Desjardins, des formations sont offertes aux dirigeants élus des caisses, de même qu'aux employés. Une préoccupation pour la déontologie et pour l'éthique a d'ailleurs été observée lors des congrès organisés pour les dirigeants élus et au cours desquels les grandes orientations du Mouvement sont déterminées. À titre d'exemples, madame D'Amboise cite le débat quant à l'introduction de la carte de crédit pour le financement de biens durables de même que le congrès de 1986, portant spécifiquement sur les valeurs permanentes de Desjardins. Arrêtées lors de ce congrès, ces dernières trouvent leur source dans les écrits d'Alphonse-Desjardins et font écho aux valeurs fondamentales des coopératives que sont la prise en charge et responsabilité personnelle et mutuelle, la démocratie, l'équité, l'égalité et la solidarité. Les valeurs permanentes du Mouvement sont l'argent au service du développement humain, l'engagement personnel, l'action démocratique, l'intégrité et la rigueur dans l'entreprise coopérative et la solidarité avec le milieu.

La fusion de la Confédération des caisses Desjardins et des onze fédérations territoriales et de groupes signale, en 2001, le début d'une ère nouvelle, celle de la mise en œuvre d'une démarche structurée de développement de l'éthique appliquée. Le Mouvement confie alors à madame d'Amboise la fonction de Secrétaire générale de la Fédération qui aura alors le mandat d'harmoniser les règles déontologiques de l'ensemble du Mouvement. La responsabilité de la dimension éthique se partage alors entre deux unités de la Fédération. Dans un premier temps, une vice-présidence à la coopération et à la qualité est mise sur pied « avec le mandat de développer l'approche, ou l'idéologie, coopérative, de la mettre au goût du jour, de développer de nouveaux outils, de tenter d'intégrer [l'approche] dans les pratiques commerciales ». En parallèle, le volet déontologique est pris en charge par l'équipe de madame D'Amboise :

> Lorsqu'on m'a confié ce dossier, je me suis vite aperçue que la déontologie n'était pas suffisante pour résoudre les situations problématiques puisque les règles déontologiques ne couvrent pas tous les comportements pouvant aller à l'encontre des valeurs [...]. On interpellait souvent les valeurs, mais nous n'avions pas de démarche structurée à ce niveau-là. »

Cette situation l'incite à s'inscrire à l'Université de Sherbrooke, au diplôme de deuxième cycle en éthique appliquée et ensuite à la maîtrise, et ce, afin d'approfondir les notions de d'éthique et de déontologie. Ce processus d'apprentissage l'amène à intégrer l'approche en éthique appliquée aux travaux du Conseil d'éthique et de déontologie (CEDEO) de la Fédération, lequel se charge du développement de règles de déontologie pour le Mouvement et de l'élaboration d'outils visant l'appropriation de l'éthique et de la déontologie par les dirigeants élus et les employés :

> Notre code s'intitule *Code d'éthique et de déontologie* un peu par accident dans le sens où on voulait en simplifier l'appellation. En effet, on comprendra qu'on ne peut codifier des valeurs puisqu'elles sont là pour inspirer et non pour dicter une conduite précise. On fait donc comprendre aux gens que leur première référence, ce sont les valeurs ; la deuxième, au besoin, ce sont les principes éthiques ; et oui, il y a les règles de déontologie pour encadrer les comportements intolérables. Ces règles ne sont toutefois pas désincarnées, elles sont là pour protéger quelque chose, des éléments qui sont importants pour nous, pour actualiser les valeurs de l'organisation dont toutes les dimensions de la protection – soit des personnes, soit de l'organisation, ou des membres et clients de Desjardins. On explique l'interrelation entre les valeurs, les principes et les règles de déontologie et c'est à partir de [ces dimensions] qu'on a développé un guide d'application, des formations, qu'un bulletin de sensibilisation (InfoCEDEO) est publié plusieurs fois par année... justement pour sensibiliser les gens à ces différentes approches.

L'élaboration d'une approche éthique structurée a donc constitué une étape importante dans l'institutionnalisation de l'éthique au Mouvement Desjardins. Il ne s'agit toutefois que d'une première étape. L'intégration de préoccupations éthiques à même la stratégie de l'entreprise demeure, encore aujourd'hui, de première importance. Bien qu'il reste beaucoup à faire, la restructuration de 2009, laquelle a entraîné le regroupement sous une même vice-présidence des fonctions de « coopération » et d'« éthique et déontologie », se veut un pas dans la bonne direction pour renforcer le rayonnement de l'approche: «coopération, gouvernance, éthique/déontologie, et développement durable, ces [dimensions] sont en réalité indissociables». Depuis 2001, les mécanismes visant le maintien d'une culture éthique sont ainsi renforcés:

> On a une instance qui est le Conseil d'éthique et de déontologie, indépendant du conseil d'administration de la Fédération [...], des conseils de surveillance dans chacune des 450 caisses auxquelles on a confié la surveillance de la coopération, de l'éthique et de la déontologie, on a un *Code d'éthique* (les valeurs) *et de déontologie de Desjardins*, et différents mécanismes pour diffuser soit de la formation, soit de l'information. Les composantes disposent aussi d'un service conseil pour les accompagner.

Parmi les initiatives à venir, madame D'Amboise souligne le développement d'outils incitant les employés et les gestionnaires à favoriser l'approche éthique lorsque surviennent des différends personnels ou organisationnels:

> Nous sommes à développer un programme de prévention et règlement des différends s'appuyant sur la médiation qui invitera les gens, par l'approche déontologique, à régler par eux-mêmes un problème, un différend, à la lumière des valeurs de Desjardins. Cette approche vise à responsabiliser et à nourrir le vivre-ensemble au lieu de la confrontation.

La sensibilisation des membres de l'organisation quant aux distinctions entre voie déontologique et voie éthique se fait toutefois progressivement et fait l'objet de nombreuses interventions. L'Assemblée générale de la Fédération de 2010 a d'ailleurs permis à madame Lee-Gosselin, présidente du conseil de déontologie de la Fédération, de mettre de côté les aspects «conformité» de son allocution, au profit d'éléments permettant une meilleure compréhension du rôle du Conseil d'éthique et de déontologie:

> À la suite de l'Assemblée générale, on a transformé cette allocution en un bulletin d'information que l'on diffuse largement pour que les gens comprennent la différence entre [l'éthique et la déontologie] et à différentes occasions, on fait des interventions pour aider les gens à distinguer les différents modes de régulation des comportements que sont les valeurs, la déontologie, le droit, les mœurs et la morale.

Pour développer une culture éthique forte, madame D'Amboise prône une meilleure connaissance et reconnaissance des valeurs pour guider l'action au quotidien, mais elle insiste sur l'importance de bien comprendre les différents modes de régulation qui ont cours dans l'entreprise pour éventuellement bien accompagner la direction et les personnes dans les situations vécues:

> Chaque problème a son remède. Ce qui est important, c'est de choisir le bon mode de régulation. Quand vient le temps d'intégrer [ce mode] dans le management de l'entreprise, l'un ou l'autre va, de un, nécessité des efforts et des

investissements, et on n'aura pas nécessairement le même résultat selon le choix que l'on fera.

Pour madame d'Amboise, l'implantation d'une culture éthique structurée est certes un travail de sensibilisation de longue haleine, « mais les bases sont très bien jetées ».

Avez-vous rencontré des défis lors de la mise en œuvre de pratiques et/ou de dispositifs éthiques ?

Pour madame D'Amboise, le réflexe déontologique constitue un premier défi dans la mise en œuvre d'une culture éthique. Les gestionnaires, confrontés à un important souci d'efficacité, ont rapidement recours à la règle déontologique lorsque cette dernière existe. Le défi consiste par conséquent à sensibiliser les membres de l'organisation aux bienfaits d'une approche par les valeurs, même lorsque celle-ci implique des délais additionnels.

Le facteur temps constitue ainsi un deuxième défi important :

> Les gens trouvent ça long de régler les choses par une approche par les valeurs, ils aimeraient régler le problème rapidement. [Le défi] est donc de faire comprendre que ça prend du temps, mais pour de bonnes raisons et que [cette approche] permet aussi de faire de l'éducation à la coopération, à titre d'exemple, de ramener les gens sur les bases mêmes de notre organisation, puis de leur rappeler ce à quoi on s'attend de la part d'un coopérateur, comment on s'attend à ce qu'il actualise les valeurs qui nous sont chères.

Le troisième défi identifié en est un d'éducation :

> L'autre enjeu, c'est vraiment un enjeu d'éducation. Quand on est dans une très grande organisation [le défi est] de pouvoir communiquer, de faire comprendre et d'outiller chaque membre du personnel à la réalité des modes de régulation et de les outiller pour que, au jour le jour, cela leur soit une source de mobilisation, que cela leur soit utile et que cela les aide dans leurs fonctions et décisions. Il y a le défi du nombre, il y a un défi d'éducation, et il y a un défi d'investissement – en temps et en argent.

Quels sont les facteurs clés qui ont facilité l'institutionnalisation de l'éthique au sein du Mouvement Desjardins ?

La prise en charge, par les membres de la direction, de l'éthique, constitue un premier facteur déterminant de la réussite, ou de l'échec, de son institutionnalisation. Pour madame D'Amboise, la responsabilité de faire vivre les valeurs a toujours été un souci constant chez les dirigeants élus et la présidence du Mouvement :

> Les dirigeants élus ont tenu à avoir un Conseil d'éthique et de déontologie indépendant du conseil d'administration, ce qui n'avait pas été prévu au départ, dans la structure. Quand on a fusionné, [le Conseil] devait être un comité du conseil d'administration. Des dirigeants élus ont demandé que ce soit une instance indépendante – donc, un renforcement au niveau de la gouvernance.

Le soutien de l'organisation, observable tant dans l'acceptation de la création d'une instance indépendante que dans l'attribution de ressources, s'est avéré hautement facilitant. Madame D'Amboise précise à ce propos qu'elle dévoue 35 % de son temps aux questions éthiques et déontologiques, et qu'elle dispose d'une équipe de soutien composée d'une directrice principale et de quatre conseillers :

> J'ai une équipe de professionnels qui est là, qui soutient le réseau, pour répondre aux questions et pour développer des outils. Il y a donc une volonté sur le plan du temps, de l'argent, etc. Souvent les entreprises peuvent bien vouloir, mais elles ne donnent pas les moyens...

Un deuxième facteur, inné au Mouvement Desjardins, est venu favoriser l'institutionnalisation de l'éthique au sein de l'organisation :

> On est vraiment dans une entreprise qui, depuis toujours, a été administrée selon un management par les valeurs. On n'a jamais oublié nos valeurs chez Desjardins, peut-être qu'il y a eu des périodes un petit peu plus intenses que d'autres, mais ramener cela à la culture coopérative, ça s'est fait à travers les années et ce réflexe-là – de toujours valider ce que l'on fait à la lumière des valeurs de Desjardins, des valeurs de la coopération – c'est intrinsèque à la nature, ça fait partie de la culture... et ça, c'est un autre facteur de succès.

Les dirigeants élus, et leur rôle dans la structure de gouvernance, constituent enfin, pour madame D'Amboise, un troisième facteur clé :

> Les dirigeants élus sont les gardiens de la nature coopérative de Desjardins et ils interpellent constamment la direction [...] quand on risque de déraper, quand ils ont la perception qu'il y a des orientations, soit opérationnelles ou autres, qui se prennent et qui ne sont pas nécessairement cohérentes, ils vont le dire et ils ont toutes – et ça, c'est un autre facteur de succès – les instances pour faire valoir leurs points de vue.

C'est ainsi qu'un conseil de surveillance se charge, au niveau local, de la surveillance de la coopération, de l'éthique et de la déontologie. Ces conseils locaux sont en lien avec l'instance mise en place au niveau de la Fédération. En résulte une structure de gouvernance dans laquelle la notion d'éthique semble entièrement intégrée.

Madame Pauline D'Amboise

Pauline D'Amboise est à l'emploi du Mouvement Desjardins depuis 27 ans et occupe la fonction de Secrétaire générale et vice-présidente Soutien à la coopération. En plus d'assurer le soutien et de conseiller les instances décisionnelles dans l'exercice de leurs rôles et responsabilités, elle a pour mandat de coordonner le développement, la mise en œuvre et l'évolution des programmes en coopération, gouvernance, éthique organisationnelle ainsi que de responsabilité sociale et développement durable pour le premier groupe financier coopératif au Canada ; le 5ième en importance dans le monde.

Mme D'Amboise est détentrice d'une maîtrise en éthique appliquée de l'Université de Sherbrooke qui l'a récemment désignée *Ambassadrice du développement durable* et nommée membre de son Assemblée. En 2012, elle a été reconnue à titre de *Top 25 Women of influence* par le Magazine du même nom pour son engagement envers la coopération, la gouvernance éthique et le développement durable, ce qui lui a valu le titre de *Lauréate de la Semaine* par Radio-Canada/Le Soleil.

Mme D'Amboise est intervenante au Collège des administrateurs de sociétés dans le cadre de la formation en éthique. Elle est conférencière dans ses champs de compétence auprès de différentes organisations au Québec et en Europe et est conférencière accréditée de *Projet Réalité climatique Canada* d'Al Gore.

En 2011, elle a été nommée membre de la Commission de l'éthique en science et en technologie. Elle est administratrice et secrétaire de la Fondation David Suzuki depuis 2009. Elle siège aussi au conseil du CIRIEC et préside le comité consultatif sur le développement durable du CQCM. Mme D'Amboise est vice-présidente de la campagne de financement de la Fondation québécoise en environnement depuis 2004.

QUESTIONS DE COMPRÉHENSION

1. En quoi les approches adoptées par les différents secteurs relèvent-elles de la déontologie ?
   1.1 En quoi relèvent-elles de l'éthique ?
2. À la lumière des chronologies présentés et des propos recueillis, quels sont les défis auxquels les théoriciens du domaine de l'éthique devront faire face au cours de la prochaine décennie ? Justifiez votre réponse.
3. Quels sont les défis auxquels les praticiens devront faire face ? Pourquoi ?
4. Selon vous, l'approche préconisée par le secteur public se doit-elle de différer de celle adoptée par le secteur privé ? Si oui, en quoi ?

Biographie Jennifer Centeno

Jennifer Centeno détient un baccalauréat en relations industrielles et une maitrise en communication publique, spécialisée en communication organisationnelle, de l'Université Laval. Ayant eu l'opportunité d'œuvrer en gestion des ressources humaines et en développement organisationnel tant au Québec qu'à l'international, elle complète actuellement un doctorat en relations industrielles. Elle s'intéresse plus particulièrement au rôle que joue l'éthique au sein de la gestion des ressources humaines, aux infrastructures éthiques et à la responsabilité sociale d'entreprise.

Jennifer est chargée de cours au département des relations industrielles de l'Université Laval et coordonnatrice du Projet Questionnaire sur le Leadership Éthique (QLÉ). Elle est auxiliaire de recherche auprès de l'Institut d'éthique appliquée (IDÉA) où elle est coresponsable de l'École d'été en éthique organisationnelle. Elle siège au conseil d'administration du Réseau d'éthique organisationnelle du Québec (RÉOQ) et est coresponsable du comité Réseau

Chapitre 9

Lyse Langlois et Jennifer Centeno

L’éthique en négociation collective : un levier pour rehausser les conduites

Objectifs poursuivis :

- Connaître le potentiel que représente la dimension éthique dans une négociation collective ;
- Comprendre la dynamique entre le cadre réglementaire et l’éthique ;
- Saisir l’importance du rôle que peut jouer le professionnel des relations de travail dans le maintien de la qualité du lien d’emploi au travail.

Plusieurs chercheurs reconnaissent que la négociation est la pierre angulaire des relations de travail dans le secteur public. Ce principe est admis dans les conventions de travail, conventions des Nations Unies et de l'Organisation internationale du Travail. L'encadrement réglementaire, la législation, les politiques et les lignes directrices constituent des cadres qui permettent de tracer les frontières qui viendront préciser et aussi baliser les conduites à adopter. Cet appareillage nécessaire constitue une base assurant la cohésion. Toutefois, il ne permet pas de s'adapter aux situations qui évoluent et qui commandent une autre logique pour assurer une décision responsable et juste. Il arrive aussi des situations qui ne bénéficient d'aucune indication ni balise ; seul le jugement de l'individu représente la seule boussole pour régler la situation. Dans ces moments plusieurs questions surgissent pour le professionnel en relation de travail : Si je contourne ce règlement qui dans la réalité ne fait pas la promotion de l'équité au travail ? Si tel est le cas, suis-je toujours un professionnel ? Est-ce que cet arrangement qui va créer un précédent, sera acceptable ? Sera-t-il possible d'assurer une bonne gestion par la suite ? À qui appartient ma loyauté dans cette situation ? Aux travailleurs ? A l'organisation ? Suis-je en conflit de rôle ? Ai-je bien mené cette négociation au plan éthique ? Qu'est-ce qui est acceptable de faire ? Comment bien agir et bien faire dans le cadre d'une négociation complexe ? L'éthique en tant que valeur au cœur du professionnalisme et aussi en tant que dispositif organisationnel, peut apporter un éclairage intéressant pour le professionnel des relations de travail qui se questionne lors d'une négociation collective peu importe si elle est menée en eaux troubles ou par beau temps.

1. L'ENCADREMENT DE LA RELATION D'EMPLOI : UN DISPOSITIF SOUTENANT ?

Plusieurs chartes, codes et lois contribuent à l'encadrement de la relation d'emploi et précisent notamment les droits et les obligations respectives des parties. Un survol des textes législatifs met toutefois en évidence le peu de dispositions qui portent sur le processus même de négociation collective.

Le Code du travail du Québec et le Code canadien du travail soulignent l'obligation de négocier avec diligence et bonne foi, obligation qui trouve un écho dans le Code civil du Québec[1]. Alors que le premier texte de loi énonce

1. L'article 6 du Code civil du Québec stipule plus précisément que « toute personne est tenue d'exercer ses droits civils selon les exigences de la bonne foi ».

que « les négociations doivent commencer et se poursuivre avec diligence et bonne foi » (art. 53), aucune précision n'est offerte quant aux implications concrètes de cet impératif. Et ce, même si tout manquement à cet égard peut faire l'objet de dispositions pénales (art. 141). Même scénario dans le Code canadien du travail où l'alinéa a de l'article 50 précise, en lien avec l'obligation de négocier, que l'agent négociateur et l'employeur doivent « se rencontrer et entamer des négociations collectives de bonne foi ou charger leurs représentants autorisés de le faire en leur nom ». Il est à cet égard intéressant de constater que cette obligation revêt une importance particulière lors de différends, notamment lors de la négociation d'une première convention collective. Le Conseil est en effet appelé à prendre en considération « la mesure dans laquelle les parties ont négocié de bonne foi pour tenter de conclure la convention » (art. 80.3) avant de fixer les modalités de cette dernière. Le flou entourant cette notion est d'autant plus surprenant puisque les deux textes de loi contiennent de nombreuses modalités prévoyant le dégagement de toute responsabilité personnelle des parties, lors d'omissions ou d'actes faits de bonne foi[2].

Il faut dire que pour nombre d'auteurs, dont Villaggi (1996), l'obligation de négocier de bonne foi est davantage une obligation de moyen que de résultat. De ce fait, elle a pour but premier d'obliger les parties à prendre part à la négociation, et ce, dans l'intention d'entente et de compromis. Toutefois, tel que le précise l'auteur : « Elle ne comporte pas, cependant, l'obligation de conclure une convention collective. Elle n'empêche pas, non plus, qu'il y ait de la part d'une partie "marchandage, exagération ou dissimulation tactique". Elle n'empêche pas, enfin, la "négociation serrée" » (p.359). Ces « inconduites » sont, d'un point de vue légal, considérées comme étant acceptables. Malgré ce fait, certains comportements, dont la négociation de façade ainsi que le refus de discussion ou de négociation d'une clause relative aux conditions de travail, sont généralement admis comme étant proscrits. La jurisprudence a à cet effet apporté d'importantes précisions, notamment en ce qui a trait aux informations devant être divulguées dans le cadre de négociations collectives — en particulier quant aux projets de l'employeur, — ainsi que quant aux informations pouvant être demandées et devant conséquemment être fournies aux parties.

Sur le plan contractuel et déontologique, le professionnel en relation de travail a aussi l'obligation d'agir conformément aux usages et aux règles de

2. C'est notamment le cas des articles 126(3), 135.1(13) et 136(10) du Code canadien du travail en matière de santé et de sécurité, ainsi que des articles 100.1 et 137.52 du Code du travail du Québec en ce qui a trait à l'arbitrage de griefs et aux membres de la Commission des relations du travail.

son art. Alors que l'article 2100 du Code civil du Québec précise cette obligation pour l'individu à titre de prestataire de services[3], l'article 3 du Code de déontologie des membres de l'Ordre des CRHA et des CRIA du Québec énonce que « le membre doit exercer sa profession en tenant compte des normes de pratique généralement reconnues et en respectant les règles de l'art ». Bien que les implications de cette exigence ne soient pas explicité, les règles de l'art sont reliées aux standards de qualité de la prestation professionnelle et il est précisé qu'il est de la responsabilité du membre de tenir à jour ses compétences.

C'est ainsi que malgré le rôle que joue le cadre normatif en place, force est de constater que les dispositions législatives et déontologiques demeurent à elles seules insuffisantes afin de garantir des relations de travail et une négociation collective adéquate sur le plan de l'éthique. En effet, en dépit de l'appareillage juridique en place, des conduites inappropriées persistent, tel qu'en témoignent par exemple les conflits de travail, et l'interventionnisme étatique, survenus chez Postes Canada et Air Canada en 2011.

La persistance de conflits nous incite à affirmer que bâtir une relation d'emploi sous un angle dichotomique, soit de l'unique point de vue des intérêts et des revendications des parties, encastre et maintien les relations de travail dans un paradigme de lutte et de jeux de pouvoir. Cette vision peut constituer un défi pour le professionnel en relation de travail quant à la préservation du lien d'emploi et au maintien d'un climat de travail sain et équitable. Pour certains, il y a par conséquent nécessité de dépasser cette vision dichotomique considérée pour la plupart des professionnels non constructive. Il peut être intéressant et même enrichissant de faire appel à une structure intermédiaire étant donné la complexité des enjeux actuels. L'éthique peut devenir une telle structure. Plus précisément, l'éthique aide à prendre un chemin qui veille à garantir l'intégrité des procédures et des rapports, ainsi qu'à construire un nouvel horizon de sens et d'équité au sein des relations de travail.

---

3. « L'entrepreneur et le prestataire de services sont tenus d'agir au mieux des intérêts de leur client, avec prudence et diligence. Ils sont aussi tenus, suivant la nature de l'ouvrage à réaliser ou du service à fournir, d'agir conformément aux usages et règles de leur art, et de s'assurer, le cas échéant, que l'ouvrage réalisé ou le service fourni est conforme au contrat. Lorsqu'ils sont tenus du résultat, ils ne peuvent se dégager de leur responsabilité qu'en prouvant la force majeure. »

2. L'ÉTHIQUE EN NÉGOCIATION COLLECTIVE

Lorsque l'on analyse plus à fond les écrits sur le sujet, il est étonnant de constater le peu de place accordé à l'éthique dans les relations de travail. Provis (2005, 2006) parle d'un rendez-vous manqué entre les relations industrielles et l'éthique organisationnelle. Plus précisément, ce dernier soutien qu'alors que les tenants du premier tendent à accorder une plus grande importance au rôle joué par les institutions, les tenants du second insistent davantage sur les actions et les comportements individuels. Entre l'éthique et les relations de travail, un « écart » est donc perceptible.

Les professionnels des relations industrielles étant appelés à prendre en charge des fonctions reliées aux relations de travail, il est surprenant qu'une attention aussi restreinte ait été consentie à l'éthique. Pourtant, plusieurs des questions éthiques les plus pressantes concernent la relation d'emploi (Budd et Scoville, 2005). L'on constate à cet effet qu'un intérêt limité a été accordé à l'éthique de la négociation collective, « outil substantiel dans la mise en œuvre d'une politique éthique » (Allègre et Andréassian, 2008, p. 224). L'actualité foisonne de questionnements éthiques en remettant en question certaines pratiques jugées déviantes. Pensons aux conflits d'intérêts, bris de confidentialité, copinage, pots-de-vin et favoritisme. Comment expliquer cet intérêt limité pour l'éthique en relation de travail ? Les paragraphes suivants tenteront de démontrer le potentiel que représente l'éthique appliquée à ce domaine de même qu'à protéger l'intégrité du professionnel des relations de travail.

Le potentiel de l'éthique dans les relations de travail

Afin de bien comprendre l'éthique en matière de relation de travail, nous allons faire un retour sur une étude empirique ayant significativement contribué à l'approfondissement de la dimension éthique en négociation collective. Lapointe *et coll.* (2003), se sont plus spécifiquement intéressés à la perception des conseillers syndicaux québécois en ce qui a trait à l'éthique au sein de cette pratique.

La recension des écrits effectués par les chercheurs met en exergue le peu d'attention accordée, dans les écrits spécialisés, à l'aspect éthique de la négociation collective. Quant aux recherches répertoriées, elles tendent à s'intéresser aux tactiques et aux méthodes de négociation sans pour autant offrir une réflexion à l'égard de la stratégie globale de négociation collective. Alors que les méthodes de négociation – traditionnelle, raisonnée ou mixte – sont considérées comme étant éthiquement neutres, les conclusions des écrits s'intéressant aux tactiques de négociation collectives dites « éthiques » divergent. Ces divergences peuvent être attribuées à la compréhension de même que la définition qu'on a du terme éthique. Les études citées comportent également d'importantes lacunes, dont l'objet étudié (les négociations au sens large, plutôt que celles s'inscrivant dans un contexte spécifique), les sujets retenus (majoritairement des étudiants, plutôt que des praticiens), et la méthodologie employée (réponses fermées ne permettant pas la considération de tactiques autres que celles déjà prévues par les chercheurs).

C'est ainsi que l'étude menée par Lapointe et ses collaborateurs avait pour but de dresser, à partir d'une recherche empirique, un premier portrait des 'règles éthiques[4]' en négociation collective. Les chercheures se sont plus spécifiquement intéressées à la perspective des responsables, ou porte-paroles, syndicaux québécois. Vingt porte-parole en provenance d'une organisation syndicale d'importance du Québec ont été rencontrés dans le cadre d'entrevues semi-dirigées. Les participants ont été invités à indiquer les comportements jugés « implicitement inacceptables » et « implicitement attendus », explicitant de ce fait leurs perceptions à l'égard des règles éthiques encadrant leur fonction. Il résulte du processus d'analyse et de validation quarante-deux règles implicites de comportements liées au processus de la négociation collective.

Bien que la recherche de Lapointe *et coll.* ait certes contribué à la réflexion, il faut avouer qu'il aurait été intéressant d'intégrer des porte-paroles patronaux à l'échantillon de recherche. La prise en considération des perceptions de ce groupe critique aurait en effet contribué à l'établissement d'un portrait plus complet des règles implicites en négociation collective. Néanmoins cette étude a le mérite de confirmer clairement que les praticiens sont à même d'identifier les attitudes et les comportements considérés comme étant souhaitables de la part des parties impliquées dans la négociation collective, de même que les conduites inacceptables. Ce faisant, elle permet de mettre en évidence l'existence d'un code de conduite informel chez les conseillers syndicaux laissant poindre une forme d'autorégulation qui relève de l'éthique. Ces observations à l'égard des conduites jugées inacceptables nous ont incités à réfléchir quant aux zones à risque au plan éthique en milieu de travail.

4. La notion utilisée par les auteurs est celle de *règles éthiques*, terme que nous ne partageons pas nécessairement compte tenu de la vision que nous donnons à l'éthique soit celle d'une autorégulation. Nous privilégions le terme de balises ou principes éthiques.

Risques et zones à risque

Boisvert (2012) définit les zones à risque comme étant des situations de zones grises où les possibilités de conduites à adopter sont multiples. Ce dernier mentionne quelques situations pouvant se présenter aux individus et qui représentent des vulnérabilités quant aux décisions à prendre. Ces situations considérées comme étant des zones à risque sont celles qui : a) ne peuvent être régies par aucune règle ou norme existante ; b) sont régies par des normes et des règles inadéquates ; c) sont régies par des normes et des règles qui laissent place à l'interprétation ; d) sont régies par plusieurs normes ou valeurs parfois en conflit.

Boisvert ajoute que dans ce type de situation, le jugement professionnel représente le seul outil permettant à l'individu de faire face aux circonstances délicates et de décider par lui-même la conduite à adopter. Si le jugement professionnel de l'individu est bien articulé et développé et si ce dernier dispose des ressources nécessaires, il saura affronter ce brouillard. L'inquiétude provient de ceux et celles qui se sentent démunis et peu appuyés en milieu de travail pour faire face aux zones à risque. Pour bien comprendre l'importance des zones à risque au plan éthique, nous utiliserons deux exemples pouvant survenir lors d'une négociation collective.

Les tactiques : une zone à risque au plan éthique

Friedman et Shapiro (1995) soutiennent que le caractère éthique n'en revient pas à la méthode utilisée, mais bien aux tactiques de négociation qui sont déployées. Ainsi, les tactiques utilisées peuvent représenter un risque au plan éthique. Selon le Larousse, le mot tactique signifie *l'art de disposer et d'employer les troupes sur le terrain où elles doivent combattre. Au sens figuré, moyens qu'on emploie pour réussir*. Ce qui est intéressant dans cette définition se sont les mots *combattre* et *moyens utilisés* pour *réussir*. Pour combattre et réussir, certains vont jusqu'à affirmer que tous les moyens sont bons pourvu que l'on soit gagnant. Ici, on n'est pas dans un rapport gagnant-gagnant, mais bien dans un rapport de force. Au plan éthique, ce rapport de force interroge et représente une alerte qui peut permettre de vérifier si les fins poursuivies sont jugées acceptables.

Les conflits d'intérêts : une zone à risque au plan éthique

Les conflits d'intérêts constituent une zone à risque importante, notamment en contexte de négociation collective. Il s'agit d'une situation dans laquelle un professionnel a connaissance d'un intérêt privé suffisant pour influer sur l'exercice de ses fonctions et de ses responsabilités officielles. En d'autres termes, le conflit d'intérêts oppose les fonctions de l'individu et ses responsabilités professionnelles à ses intérêts personnels, ou encore, aux intérêts d'un parent ou d'un proche. Lorsque les responsabilités de même que les fonctions sont confuses et méconnues, cela ajoute un autre risque sur le plan éthique.

Le fait d'éviter et d'empêcher les situations pouvant donner lieu à un conflit d'intérêts réel ou potentiel[5], ou à l'apparence d'un conflit d'intérêts,[6] est l'un des principaux moyens par le biais duquel le professionnel préserve son impartialité, protégeant de ce fait la confiance qui lui est accordée et la crédibilité de sa fonction.

Divers dispositifs éthiques peuvent également être mis en place au sein d'un milieu de travail donné afin d'appuyer le professionnel désireux de maintenir et de protéger son intégrité.

Les dispositifs éthiques

Selon S. Mercier (1999), il existe différents types de dispositifs éthiques tels que l'énoncé de valeurs, le credo, le code de conduite, les politiques ou mécanismes institutionnalisés. Ces dispositifs reposent sur des valeurs organisationnelles qui visent à orienter la conduite des individus, et aussi à réduire les zones à risque. Bien que leur poids juridique demeure faible, ils représentent une réelle avancée lorsqu'ils sont partagés par l'ensemble des individus. Tel est à notre avis le défi véritable : partager et actualiser les valeurs dans les conduites et surtout dans les situations à risque. Pour Barège (2008), cet apport d'infrastructures éthiques assure une médiation entre la dimension individuelle et la dimension collective, entre le bien de la personne et le bien de la collectivité de travail. Instrument de détermination des valeurs d'un groupe ou exigence de conformité aux valeurs d'un groupe, l'infrastructure éthique peut être présentée comme un intermédiaire entre la liberté et la règle en mettant de l'avant un processus qui garantit l'intégrité et le respect des ententes convenues tout en préservant l'organisation d'un risque éthique.

Conçue sous cet angle, une infrastructure éthique a pour principale fonction de maintenir les liens de travail qui peuvent faciliter le rapport de

5. Dans le premier cas, les conflits d'intérêts potentiels, les circonstances sont telles que le professionnel s'expose à un risque puisqu'il est susceptible de se retrouver en situation de vulnérabilité dans le cadre de ses fonctions.
6. Dans le deuxième cas, soit l'apparence de conflit, le professionnel peut sembler retirer un avantage personnel, ou compromettre son impartialité, compte tenu de liens de collaborations et de rapprochement effectués dans le cadre de ses fonctions.

travail et la qualité du lien d'emploi. Toutefois, force est de reconnaître qu'actuellement ces dispositifs dépendent de la bonne volonté des décideurs et demeurent dans une sorte de zone discrétionnaire de certains acteurs. Les dispositifs éthiques considérés selon une démarche d'autocontrôle peuvent être un outil indispensable pour instaurer des conduites responsables et jouer un rôle décisif dans la préservation, le respect et la qualité du lien d'emploi. Une éthique qui se concrétise tant dans les structures que dans les conduites des professionnels ne peut que renforcer l'intégrité et les comportements responsables. Pour y arriver, il s'avère nécessaire que cette éthique soit véritablement partagée.

3. UNE ÉTHIQUE INTERPROFESSIONNELLE

Le mot interprofessionnel fait référence à la collaboration de professions diverses. Dans le cadre de sa thèse doctorale, D'Amour s'interrogeait sur cette notion dans le contexte des soins en santé. Pour cet auteur, l'interprofessionnelle « *est fait d'un ensemble de relations et d'interactions qui permettent ou non à des professionnels de mettre en commun, de partager leurs connaissances, leur expertise, leur expérience, leurs habiletés pour les mettre, de façon concomitante au service des clients (travailleurs) et pour le plus grand bien des clients (travailleurs).* » (D'Amour, 399 :1997) L'interprofessionnalisme n'implique pas la création de nouvelles professions, mais plutôt de nouvelles perspectives qui permettent aux membres de groupes professionnels distincts d'exercer leurs pratiques en collaboration. (D'Amour et Oandasan, 2004). Elle consiste en une « *structuration d'une action collective à travers le partage de l'information et de la prise de décision* (dans un processus de négociation[7]). (D'Amours, 399 : 1997)

Cette collaboration signifie que les individus travaillent ensemble pour atteindre un but et des objectifs communs en n'excluant pas les niveaux hiérarchiques supérieurs. Le cadre est aussi vu en tant que professionnel puisque plusieurs groupes professionnels se côtoient au sein d'Un milieu de travail donné. Une éthique partagée sera obligatoirement une éthique interprofessionnelle. Un des éléments principaux d'une éthique qui se veut interprofessionnelle consiste à identifier par le biais d'un langage commun des valeurs jugées significatives pour les partis de même que des valeurs à protéger lors d'une négociation. Toutefois, un tel processus requiert selon Nolan (1995), la confiance, la tolérance et la volonté à partager la responsa-

---

7. Les mots entre parenthèse ont été ajoutés par les auteures.

bilité. Le pouvoir occupe une place importante dans le contexte d'une négociation. Actualisé en contexte interprofessionnel, le pouvoir se réalise *avec* les autres et non *sur* les autres tel que promu par le courant féministe.

Malgré tout, la création d'une éthique commune ne pourra se réaliser tant que les différents professionnels ne seront pas prêts à collaborer, à discuter des valeurs importantes et de celles qui doivent être préservées afin de mieux se coordonner pour le bon déroulement d'une négociation. Toutefois, cela exige de promouvoir cette structure intermédiaire qu'est l'éthique et de l'appliquer avec cohérence dans ces moments d'inconfort que peut susciter une négociation et ce, même si elle ne constitue pas une voie facile. Pour ce faire, l'intention de cette structure ne doit pas être une simple vertu mais constituer une intention réelle qui s'actualise dans les diverses situations.

Une construction intersubjective de sens

La démarche que mène le professionnel en relation de travail dans un contexte de négociation collective n'est pas isolée : elle sera mise à l'épreuve de l'autre. Comme l'affirme Legault, « *toute décision se prend dans un contexte intersubjectif du vivre ensemble qui seul permet l'interpellation éthique* » (2002, p. 170). L'enjeu de ce contexte d'intersubjectivité est de reconnaître cette interpellation éthique, mais aussi de se donner la règle d'action commune qui dépasse les jeux de pouvoir. Cette règle commune se veut surtout une invitation réflexive permettant de trouver les valeurs signifiantes, agissantes en fonction d'un meilleur vivre ensemble dans le but de maintenir une négociation intègre. Pour préserver le caractère éthique, il est important de situer l'intégrité au cœur de cette démarche.

Le jugement réflexif critique

Cette intégrité ne peut faire l'économie d'un jugement éthique réflexif (Schon, 1983). Toutefois, elle exige que l'on soit non seulement capable de l'exercer, mais aussi que l'on soit capable de supporter le point de vue critique des autres, d'où la nécessaire réciprocité de ce processus. L'exercice d'un jugement réflexif critique implique que les professionnels doivent demeurer « vigilants dans leur compréhension de ce qui se passe autour d'eux ; une exigence d'exercer son jugement et son aptitude à nuancer ses propos ; une exigence aussi d'intervenir, de questionner, de se prononcer – et, au besoin, de dénoncer (plutôt que de détourner les yeux) – lorsque la situation le commande » (Bégin, 2012, p.5). Dans un tel cadre, l'exercice du jugement éthique représente un levier permettant de trouver les valeurs signifiantes qui pourront soutenir l'action. Elle permettra aussi de maintenir une certaine flexibilité à l'égard des règles indispensables dans tout processus de négociation. L'intégration du jugement éthique dans la pratique professionnelle aide à prendre des décisions plus éclairées et suscite un souci de s'interroger sur son rôle dans ce processus. Pour G. Legault (2002), cet exercice du jugement éthique favorise une responsabilité mutuelle nécessaire au vivre ensemble. Exercer cette aptitude instaure dans tout processus une légitimité non pas fondée sur le devoir (obligation), mais sur des valeurs partagées. Sa finalité vise à mettre de l'avant par le dialogue, ce qui unit, rassemble et construit entre l'employeur et l'employé afin de maintenir la qualité de la relation d'emploi.

CONCLUSION

Le rendez-vous de l'éthique et des relations de travail que nous espérons être en voie de confirmation demeure vraisemblablement encore en chantier. L'application d'une éthique relève du défi, car elle n'est pas encore pleinement comprise ni nécessairement prise en compte – non pas toujours par manque de volonté, mais parce que son opérationnalité peut sembler difficile à saisir et que son application peut constituer un défi lorsqu'elle est obligatoirement reconnue en tant que structure intermédiaire. L'éthique révèle les choix qui sont faits et exclue les intérêts personnels pour atteindre ne finalité supérieure. Évidemment, ce n'est pas facile de s'inscrire dans cette logique lorsque les jeux se fnt selon plusieurs stratégies aux finalités multiples poursuivies par les acteurs clés.

Comment assurer une négociation collective éthique sachant que face à la multiplicité des positions et des intérêts, aux particularités du contexte ainsi qu'à l'importance et la complexité des enjeux, on tende à exiger du professionnel en relation de travail qu'il se limite au simple respect du cadre normatif.

Les éléments de réponse proposés ont pris la forme de pistes de réflexion à l'égard des moyens susceptibles de permettre, voire d'engendrer, le dépassement d'une vision dichotomique – ou de rapport de force – de la négociation collective. Une infrastructure intermédiaire reconnue au sein des structures représente une avancée significative sur la volonté de promouvoir l'éthique au sein de ce dispositif qu'est la négociation. Cette infrastructure éthique si elle est reconnue et soutenue peut aider à promouvoir une intégrité et une conduite responsable en milieu de travail. Ces aspects sont essentiels à la construction d'une véritable éthique interprofessionnelle.

QUESTIONS DE COMPRÉHENSION

1. Comment s'explique l'intérêt limité pour l'éthique en relation de travail ?
2. Mis à part la mauvaise intention, quels facteurs peuvent être à l'origine des déviances considérées comme non éthiques dans le cadre d'une négociation collective non éthique ?
3. En quoi un conflit d'intérêts – réel, potentiel, apparent — constitue une zone à risque ? Donner un exemple.
4. À quoi peut ressembler une éthique interprofessionnelle dans le contexte d'une négociation difficile ?
5. Pourquoi est-il essentiel pour le professionnel des relations de travail d'agir avec intégrité ?
6. Pour vous, que signifie la phrase suivante : « *Cela exige de promouvoir une structure intermédiaire qu'est l'éthique et de l'appliquer avec cohérence dans ces moments d'inconfort que peut susciter une négociation et ce même si elle ne constitue pas une voie facile.* »
7. Comment caractérisez-vous le rôle du professionnel en relation de travail ? Est-il contraint à la simple application des conventions collectives de travail ou a-t-il un autre rôle ? Expliquer.

Bibliographie

Allègre, C. B. et Andréassian, A. E. (2008). *Gestion des ressources humaines : Valeur de l'immatériel*, Bruxelles, De Boeck.

Barège, A. (2008) *L'éthique et le rapport de de travail*, Lextenso éditions L.G.D.J,Paris.

Bégin, Luc (2012)Esprit critique et réflexion éthique, conférence prononcée dans le cadre de l'éthique et culture religieuse, www.enseigner-ecr.org, automne 2012.

Boisvert, Yves, Jutras, Magalie, Lalumière, François et Roy, Hugo (2011). *L'institutionnalisation de l'éthique gouvernementale : quelle place pour l'éthique ?*. Québec, Presses de l'Université du Québec, 2011, 205 p. (JA 79 B684 2011)

Boisvert, Yves (2012) Les risques éthiques au cœur de la vulnérabilité organisationnelle, colloque du Réseau d'éthique organisationnelle du Québec, Château Laurier, Québec, 4 juin 2012.

Boisvert, Yves. "L'éthique gouvernementale : la perception des répondants en éthique du gouvernement du Québec", *Éthique publique*. 6(automne 2004), p. 81-99.

Budd, J.W. et Scoville, J.G. (2005) « Moral Philosophy, Business Ethics, and the Employment Relationship », dans Budd, J.W. et Scoville, J.G. (2005). *The Ethics of Human Resources and Industrial Relations*, Champaign, Labor and Employment Relations Association, University of Illinois at Urbana-Champaign, pp.1-21.

D'Amour, D (1997) *Structuration de la collaboration interprofessionnelle dans les services de santé de première ligne au Québec*, Thèse de doctorat : Médecine, Montréal :GRIS, Université de Montréal.

D'Amour, D., et Oandasan, I. (2004). *Interdisciplinary Education for Collaborative, Patient-Centred Practice.* Ottawa : Santé Canada.

Friedman, R. A. et Shapiro, D. L. (1995), « Deception and Mutual Gains Bargaining : Are They Mutually Exclusive ? ». *Negotiation Journal*, vol. 11, no. 3, pp.243-253.

Lapointe, J., Ross, C. et Legault, G. (2003), « L'éthique en négociation collective : la perception de conseillères et conseillers syndicaux québécois ». *Relations industrielles*, vol. 58, no. 2, pp.177-201.

Mercier, S (1999) *L'éthique dans l'entreprise*, coll. Repères, éd. La Découverte.

Nolan, M. (1995) *Towards an ethos of interdisciplinary practice.* British Journal of Medecine, 311 :pp 305-307

Provis, C. (2005), « Industrial Relations and Business Ethics ». *Reworking*, pp.469-477.

Provis, C. (2006), « Industrial Relations, Ethics and Conscience ». *Business Ethics : A European Review*, vol. 15, no. 1, pp.64-75.

Schön, D. A. (1983). *The Reflective Practitioner : How Professionals Think in Action*, New York, Basic Books.

Villaggi, J.-P. (1996), « La convention collective et l'obligation de négocier de bonne foi : les leçons du droit du travail ». *Revue de droit : Université de Sherbrooke*, vol. 26, no. 2, pp.355-376.

Annexe : Étude de Lapointe et coll., (2003)

TABLEAU 1

Échantillon des résultats de l'étude menée par Lapointe et coll. (2003) – éléments et pourcentage des répondants correspondants

Négociation du contenu distributif et intégratif :	
Respecter la parole donnée	(75 %)
Faire preuve de franchise envers l'autre partie	(70 %)
Faire preuve de professionnalisme envers l'autre partie	(60 %)
Ne pas trafiquer le texte reflétant l'entente	(45 %)
Limiter les négociations à la table prévue à cet effet	(40 %)
Faire preuve d'ouverture	(35 %)
Respecter ses engagements	(35 %)
Ne pas user de discrimination	(30 %)
Ne pas user de faux-semblants	(30 %)
Respecter les demandes initiales	(25 %)
Faire preuve de transparence	(20 %)
Ne pas exagérer à outrance les demandes initiales	(20 %)
Ne pas faire de digressions inutiles	(5 %)
Structuration des attitudes intergroupes :	
Faire preuve d'écoute envers l'autre partie et les individus la représentant	(70 %)
Faire preuve de bienséance envers l'autre partie et les individus la représentant	(60 %)
Faire usage d'un langage convenable	(60 %)
Faire preuve de respect envers l'autre partie et les individus la représentant	(60 %)
Ne pas user d'attaques personnelles	(55 %)
Ne pas user de colères à répétition ou non stratégiques	(50 %)
Ne pas entretenir un climat d'hostilité entre les membres des comités de négociation	(35 %)
Ne pas soudoyer des individus de l'autre partie	(25 %)
Ne pas discréditer l'autre porte-parole devant ses mandants	(20 %)
Ne pas user de menaces de façon inconsidérée	(20 %)
Ne pas user de violence physique	(15 %)
Préserver une distance avec les individus représentant l'autre partie	(15 %)
Ne pas participer à un double jeu	(10 %)
Ne pas user de diffamation	(5 %)

Gestion des différences internes :	
Faire preuve de professionnalisme auprès des collègues du comité et des individus représentés	(65 %)
Respecter et faire respecter la méthode établie concernant les tours de parole	(55 %)
Effectuer une représentation de l'ensemble des mandants	(50 %)
Impliquer les individus représentés (dont les membres du comité)	(45 %)
Faire preuve de franchise envers ses collègues du comité et les individus représentés	(40 %)
Faire preuve de respect envers son comité et ses mandants	(40 %)
Établir un lien de solidarité entre les membres du comité	(35 %)
Respecter le mandat reçu par les mandants	(35 %)
Établir et préserver un climat de confiance entre les membres de son comité	(25 %)
Faire preuve d'objectivité	(25 %)
Faire preuve d'écoute envers les collègues du comité et des individus représentés	(20 %)
Faire preuve d'ouverture envers les membres de son comité	(15 %)
Préserver la confidentialité des individus représentés	(15 %)
Faire preuve de bienséance envers ses collègues du comité et les individus représentés	(5 %)
Préserver une distance entre le porte-parole et les individus représentés	(5 %)

Chapitre 10

Un modèle d'aide à la décision pour les professionnels en relation de travail et gestion des ressources humaines

Objectifs poursuivis :

- Prendre conscience du raisonnement éthique à partir d'une situation à résoudre ;
- Comprendre les composantes qui entourent un processus décisionnel qui intègre la dimension éthique ;
- Formuler une décision de manière éthique et parvenir à expliquer les éléments retenus qui ont permis d'en arriver à une décision raisonnable et juste.

PRÉSENTATION DU MODÈLE

Le modèle est composé de cinq étapes interreliées faisant intervenir la combinaison de deux types de raisonnements : le raisonnement éthique et le raisonnement technique, ou dit de type normatif. La combinaison de ces deux raisonnements a pour objectif d'aider le professionnel à prendre la meilleure décision possible selon les circonstances, en prenant en considération l'ossature normative dans laquelle il doit agir tout en intégrant des éléments associés à la capacité réflexive éthique. Chaque cas étant unique en soi, les lois, comme les normes en général, ont des limites dans leur application et peuvent parfois venir en contradiction. Les éléments éthiques retenus dans ce premier modèle visent, dans un premier temps, à aider le professionnel à prendre conscience du contexte dans lequel se déroule la situation et, dans un deuxième temps, à l'aider à mieux saisir les répercussions potentielles d'une alternative qui l'aidera à prendre sa décision.

Lorsqu'elle utilise son raisonnement technique ou normatif, la personne fait intervenir les éléments suivants : ce que je dois faire en tenant compte de mon devoir et de mes responsabilités selon les normes et les règlements qui sont ou qui peuvent être applicables et en vigueur à la situation (incluant les articles provenant d'un code de déontologie) par exemple.

En ce qui a trait au raisonnement éthique, il actionne une délibération sur les normes, les valeurs, les règles et les conséquences potentielles dans le but de discerner ce qui est le plus acceptable de faire selon les circonstances. Ce raisonnement met en évidence les raisons qui motivent la décision d'agir. C'est en quelque sorte la recherche de la meilleure réponse possible.

Ces deux types de raisonnement sont activés au cours du processus réflexif qui est engagé et se découpe en cinq grandes étapes : décrire, analyser, choisir des alternatives, décider et prévenir. Le modèle suivant illustre ces étapes qui sont imbriquées, tel un puzzle.

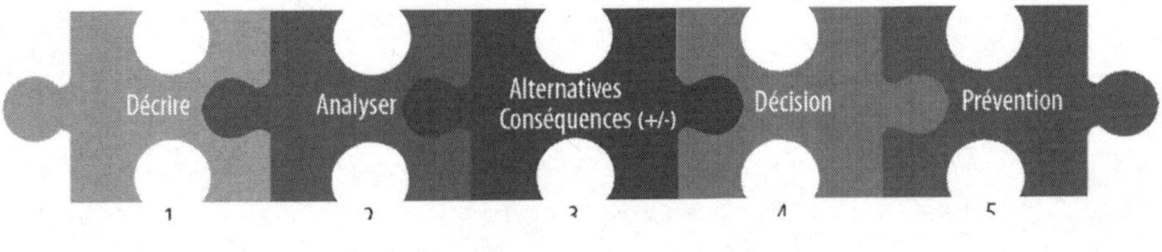

LA DÉMARCHE RÉFLEXIVE : FAIRE PREUVE D'IMAGINATION MORALE

Étape 1 – Décrire la situation réelle

- **Saisir l'essentiel du problème : être concis**

L'étape 1, « décrire la situation réelle », est une étape importante qu'il ne faut pas sous-estimer ni escamoter. La compréhension de la situation réelle est fondamentale, car une perception inexacte crée une distorsion de la réalité. Il est capital de saisir la nature véritable du problème exposé, car de cette description découleront tous les éléments et les justifications qui viendront appuyer la réflexion. Il est fréquent de sous-entendre que tous comprennent ce qui s'est passé. Il y a un problème, mais des compréhensions multiples. Si l'on fait ce travail en équipe, il faut prendre le temps de décrire la situation réelle, avec l'intention réelle de rechercher la vérité. Le contexte dans lequel s'inscrit la problématique mérite d'être pris en considération. L'exercice vise à décrire de la manière la plus objective possible, concise, impartiale et sans filtre, la situation en prenant en considération les éléments du contexte. Pour le professionnel, cela consiste à faire une bonne évaluation de la situation sans passer à côté d'un discernement réel d'une situation complexe. Plus la situation est complexe, plus cette étape sera importante, car plusieurs nœuds se présenteront et viendront compliquer la réalité.

Étape 2 – Analyser

- **Savoir mieux analyser la situation : être détaillé**

La deuxième étape, « analyser », consiste à mettre en évidence ce qui pose problème pour le professionnel, pour les personnes concernées de même que pour l'organisation. Pour cela, le professionnel doit être en mesure de répondre aux cinq éléments suivants : énumérer les dispositions réglementaires et légales en cause, énumérer les faits importants, mettre en évidence les valeurs qui sont en conflit, définir l'enjeu éthique et identifier les personnes qui sont concernées par la situation.

- **Énumérer les dispositions réglementaires (code) et légales en cause**

La réflexion amorcée pour cette seconde étape repose sur les éléments du cadre normatif pouvant s'appliquer à la situation. Les règles, les directives, les procédures, etc., vont permettre de clarifier les frontières entre ce qui est permis et ce qui ne l'est pas. À ce cadre s'ajoutent les normes d'un ordre professionnel si le professionnel en est un membre accrédité. Ces directives dictent en quelque sorte les devoirs et les responsabilités de la conduite de l'individu.

- **Énumérer les faits importants**

Le professionnel est invité à énumérer les faits tels qu'ils se présentent, sans les grossir ni les déformer. Pour agir ainsi, il est essentiel de se distancier de tout rapport de force ou de toute intimidation pouvant survenir en cours d'action. Prendre le recul nécessaire, loin du brouhaha, afin de trouver les informations pertinentes au problème, en mettant de l'avant l'exercice de son libre arbitre et de ses capacités de discernement s'avère crucial pour maintenir une conduite éthique. Il est aussi important de relever les émotions en présence, de les reconnaître. Le défi de cet exercice est de faire en sorte que les émotions qui sont vécues à cause du problème soient reconnues, mais ne viennent pas brouiller l'exercice du jugement ni cacher ce qui se passe réellement.

- **Mettre en évidence les valeurs qui sont en conflit**

À la suite des faits exposés, le professionnel doit tenter de découvrir quelles sont les valeurs en jeu selon le problème décrit à l'étape 1. Pour rester dans la réflexion éthique, il doit mettre en évidence ces groupes de valeurs et repérer deux valeurs qui sont en conflit afin de trouver celle qui sera significative pour justifier son action.

Trois groupes de valeurs peuvent être relevés et soulever des conflits. En voici un exemple :

- Groupe 1 : valeurs professionnelles pouvant toucher les membres d'un ordre professionnel :
  - valeur en conflit : le maintien de l'intégrité professionnelle qui peut devenir en opposition avec la valeur de la loyauté organisationnelle ;
- Groupe 2 : valeurs personnelles d'un employé, d'un cadre, d'un gestionnaire, etc. :
  - valeurs en conflit : la compassion que peut susciter la situation difficile vécue par un employé (divorce, maladie, difficultés familiales) en opposition avec le maintien de l'égalité ;
- Groupe 3 : valeurs organisationnelles lorsqu'elles sont affichées et présentes au sein de l'organisation et vues en tant que dispositif éthique :
  - valeurs en conflit : l'équité, valeur pouvant être reconnue dans un énoncé de valeur organisationnel et qui peut devenir en opposition avec le maintien de certaines règles ou normes qui favorisent une égalité de traitement pour tous plutôt que l'équité que commande une situation ;

- **Définir l'enjeu éthique**

Une fois que les valeurs en conflit sont précisées, il s'agit de les faire ressortir en prenant en considération la situation décrite à l'étape 1. Il est important de préciser que, lorsqu'on appartient à un ordre professionnel, ce groupe de valeurs devient prioritaire dans l'analyse de la situation étant donné que cette appartenance a priorité sur le contrat de travail. Le but est d'offrir un argumentaire faisant valoir ce choix auprès de l'organisation afin d'expliquer la valeur qui protège un conduite professionnelle selon l'appartenance du membre. Toutefois, l'individu n'étant pas désincarné, il a à agir dans un cadre organisationnel. Ce cadre peut avoir défini clairement – idéalement – sa mission, sa vision, ses valeurs. Le défi peut se situer dans la difficulté à nommer ces valeurs en conflit et dans le choix à prioriser. En situation de délibération individuelle, il s'agit d'identifier les valeurs en conflit et de repérer la valeur qui nous apparaît signifiante dans le contexte actuel de la problématique. Lorsque cette délibération se fait collectivement, l'important sera de se doter d'un espace qui permet la discussion sur les valeurs afin de trouver la valeur signifiante pour le groupe. Aucune réponse ne peut être apportée lorsque le professionnel se retrouve dans cette situation. Cela demande une ouverture au dialogue et une capacité à mettre de l'avant ce qui fait sens de même que les éléments sur lesquels l'action doit se reposer. Ce processus réflexif, lorsqu'il est ouvert à ce type de dialogue, permet de voir la valeur qui sera protégée et pourquoi elle le sera. Il se peut que les valeurs ne soient pas clairement définies pour une organisation donnée ou très peu actualisées dans les pratiques. Si tel est le cas, il sera capital pour le professionnel de bien prendre connaissance de ce vide et de mettre en évidence les raisons qui justifient sa décision. Cette réflexion éthique invite le professionnel à mieux saisir la valeur qu'il juge la plus significative afin de bien articuler ses arguments sous cet éclairage.

- **Identifier les personnes concernées (directement ou indirectement)**

Les personnes concernées ou touchées par la situation doivent être identifiées, autant celles qui ont un lien direct avec la situation que celles qui peuvent être concernées indirectement. Le but de cet exercice est d'obtenir un portrait global des acteurs qui sont en jeu dans la situation problématique et de mieux voir l'impact des décisions sur les différents groupes d'acteurs.

Étape 3 – Déterminer des options

- **Déterminer trois options**

À cette étape, le professionnel doit envisager différentes alternatives ou options possibles d'action afin de faire un choix éclairé. Pour réaliser cette étape, le professionnel est invité à déterminer au moins trois options, en évitant dans la mesure du possible une réflexion binaire. Chacune des options proposées doit mettre en évidence les conséquences positives et négatives pouvant être envisagées, que ce soit pour soi, pour les autres ou pour l'organisation. Pour chaque conséquence, il est important de faire ressortir la valeur à protéger (conséquence positive) ou menacée (conséquence négative). L'étape 2 est nécessaire à ce travail réflexif afin de bien délimiter les options possibles.

Ce travail d'introspection et de délibération aide à percevoir la finalité et les conséquences possibles de nos décisions.

L'écueil souvent remarqué à cette étape est de proposer des alternatives de type binaire (blanc/noir, vrai/faux) plutôt que d'envisager des options en prenant en considération leur complexité. Les conséquences du mode de pensée binaire sont le dualisme, l'absence de nuances, ce qui donne une vision simpliste et peut venir fausser la réalité. Tenter de percevoir des options plus en « dégradées ou nuancées » permet de dégager des alternatives riches et intéressantes.

Lors de ce processus, le professionnel doit laisser paraître aussi une certaine proportionnalité en vue des actes qui seront privilégiés. Ce travail réflexif aide à le rendre conscient des répercussions d'une option donnée. Le fait de mettre en évidence les valeurs donne un sens et une justification au choix retenu. On n'arrive pas à une bonne fin par de mauvais moyens. La malveillance rend mauvais l'acte dans sa globalité, d'où l'importance d'être clair quant à ses intentions afin de viser une résolution juste et éthique du problème.

Étape 4 – Décider

À cette étape, le professionnel est en mesure de se positionner et de décider, à la suite du travail réflexif engagé à chacune des étapes précédentes, quelle action choisir. La décision consiste à sélectionner une option parmi celles qui sont exposées à l'étape 3, qui correspond à ce qui est jugé bien. Ainsi le professionnel fait un choix selon ce qui lui semble le plus acceptable et le plus juste de faire, tant pour lui que pour le ou les individus concernés et l'organisation. Une fois que la décision est prise, le professionnel est invité à décrire comment il transmettra la réponse. Le but est de rendre le professionnel capable de justifier sa décision avec des arguments solides enchâssés dans un processus éthique.

Étape 5 – Prévenir

Une fois que la décision est prise, le professionnel se questionne sur les mesures préventives qui peuvent être mises en place pour éviter que ce type de problème se répète ou dégénère. L'important est de maintenir un environnement de travail éthique et des bonnes pratiques professionnelles. Pour ce faire, le professionnel est invité à mettre de l'avant au moins trois moyens d'action pouvant contribuer à éviter que le problème se produise de nouveau. À cette dernière étape se met en place petit à petit une culture de l'éthique qui assure une gestion des conduites de manière proactive.

* * *

L'application de ce modèle a pour objectif d'aider le professionnel à prendre une décision éclairée tout en intégrant deux types de raisonnements – technique et éthique – selon une trajectoire constructive, créatrice et responsable. Pour en arriver à cette « bonne décision éclairée », il est essentiel d'en discuter entre pairs et de réfléchir aux problèmes en équipe. Cette délibération collective aide à ne rien échapper de la situation et à favoriser le choc des idées dans les démarches de résolution de problème. Il ne faut pas sous-estimer le pouvoir de compréhension que représente la discussion. Il est évident que ce mode s'inscrit dans une intention franche de consultation visant à examiner d'autres points de vue pouvant être relevés par le groupe, à mieux saisir les éléments jugés prioritaires et à engager un débat réflexif sur les valeurs. Cette consultation vise aussi à dépasser le stade des « impressions personnelles » et à construire un raisonnement solide et structuré qui prend en compte plusieurs perspectives pouvant apporter un éclairage intéressant pour la résolution du problème. Une consultation en équipe sur chacune des composantes du modèle peut s'avérer riche de sens et aider à mieux saisir les enjeux pour en arriver à trouver ensemble des solutions mieux adaptées aux situations. Cela nécessite toutefois une ouverture d'esprit, un souci éthique et une volonté réelle de travailler et de comprendre ensemble.

GRILLE D'AIDE À LA PRISE DE DÉCISION ÉTHIQUE 1

GRILLE D'AIDE À LA PRISE DE DÉCISION ÉTHIQUE /Langlois 2011

CAS : ____________________

ÉTAPE 1 : Décrire la situation

	Notes personnelles
1.1. Quelle est la situation réelle?	
1.2. Quel est le contexte?	
1.3. Quelles sont les émotions en présence? (Cet aspect doit être nommé, mais ne devrait pas brouiller le reste du processus. Toutefois, il faut être conscient de l'influence que peuvent exercer les émotions dans une organisation d'où l'importance de les mentionner)	

2 Agir avec professionnalisme dans la prise de décision

ÉTAPE 2 : Analyser

ÉTAPE 2 : Analyser	Notes personnelles
2.1 Dégager les faits pertinents	Faits
2.2 Quel est le cadre normatif applicable à la situation ? • Code de déontologie • Politiques organisationnelles • Règles, normes • Autres	Cadre normatif
2.3 Identifier le conflit de valeur a) Valeurs organisationnelles	Conflit de valeurs __________ ↔ __________

b) Valeurs professionnelles	
c) Autres valeurs identifiées applicables au cas	
2.4 Cerner l'enjeu éthique • Quelle est la valeur en péril ou qui est menacée dans la situation présente (valeur à protéger)	Enjeu
2.5 Décrire les individus impliqués dans cette situation	Individus

ÉTAPE 3 : Identifier les options (faire preuve d'imagination, vous pouvez en identifier plus)

3.1 Identifier différentes alternatives possibles (tant positives que négatives) • Pour chaque alternative, identifier la valeur. ➻ alternative positive : valeur préservée ➻ alternative négative : valeur menacée **3.2 Percevoir et identifier les conséquences pour chaque alternative proposée** • Cette étape permet de mettre en évidence la finalité poursuivie. Cette finalité doit être en lien avec la vision et mission de l'organisation.	**Option 1** Valeur à préserver : Valeur menacée : Conséquence (+) : Conséquence (-) :

GRILLE D'AIDE À LA PRISE DE DÉCISION ÉTHIQUE

5

Option 2	Option 3
Valeur à préserver :	Valeur à préserver :
Valeur menacée :	Valeur menacée :
Conséquence (+) :	Conséquence (+) :
Conséquence (-) :	Conséquence (-) :

ÉTAPE 4 : Décision	Notes personnelles
4.1 Prendre position • Sélectionner l'option qui vous semble la plus responsable et acceptable au plan éthique (celle qui passera le test public si jamais la direction devait expliquer cette décision) • Exposer les arguments de même que la ou les valeurs retenues • Est-ce que cette décision va créer des précédents? Si oui, réfléchir aux conditions à mettre en place. **4.2 Recommandations (s'il y a lieu)**	Je retiens l'option X pour les raisons suivantes :

GRILLE D'AIDE À LA PRISE DE DÉCISION ÉTHIQUE

7

ÉTAPE 5 : Prévention	Notes personnelles
5.1 Proposer des moyens d'action ou mesures visant à préserver la mission, vision et les valeurs de l'organisation Ex. : • Politiques • Formation et développement • Rencontres, (individuelle ou collective) atelier, • Communication • Autres	

Annexes

Annexe 1

UNIVERSITÉ LAVAL

RIGUEUR DANS L'APPLICATION DE POLITIQUES CONTRIBUANT À L'EXCELLENCE AU DÉPARTEMENT DES RELATIONS INDUSTRIELLES

Le Département des relations industrielles a acquis au cours de son existence une place enviable parmi les plus importantes unités d'enseignement et de recherche en Amérique du Nord. La qualité de nos enseignants[1], professeurs et chargés de cours, de nos publications et de nos interventions dans le milieu professionnel nous permet, encore aujourd'hui, de conserver cette place. Au niveau de l'enseignement, cette tradition d'excellence se traduit, entre autres, par l'application stricte de trois politiques très importantes que tout étudiant doit connaître et respecter :

PLAGIAT : AUCUNE TOLÉRANCE

Tel que stipulé dans « le Règlement disciplinaire à l'intention des étudiants de l'Université Laval », il est interdit notamment :

de copier, contrefaire ou de falsifier un document sujet à évaluation [...] (article 28a),

d'emprunter, dans un document ou un travail sujet à évaluation, en tout ou en partie, l'œuvre d'autrui ou des passages tirés de celle-ci, sans les identifier comme citations et en indiquer la source [...], ce qui a pour effet de les faire passer pour siens et d'induire ainsi en erreur la personne chargée de l'évaluer (article 28 b),

de soumettre à deux ou à plusieurs personnes responsables d'une activité universitaire sujette à évaluation, à leur insu respectif, un même document ou plusieurs documents similaires sujets à une évaluation [...] (article 28 c).

De telles infractions entraînent des sanctions pouvant aller de la note « 0 » pour le travail ou l'échec pour le cours et une mise en probation jusqu'à une suspension d'inscription ou un congédiement de l'Université ou, le cas échéant, un rappel du diplôme délivré.

C'est dire que les professeurs et chargés de cours transmettent tout cas de plagiat au directeur des programmes de 1er cycle, qui en saisit le doyen de la faculté, afin que l'étudiant soit traduit devant le comité de discipline compétent. Le règlement s'applique à tout acte de plagiat quelle que soit l'activité évaluative (examens en salle, travaux ou examens maison, individuels ou en équipe, incluant le plagiat de documents accessibles sur Internet, le non-respect de la consigne de réaliser un travail individuellement, etc.).

De plus, en ce qui a trait à la tenue d'examens en salle, les professeurs et les chargés de cours mettent en place toutes les mesures préventives qui leur semblent appropriées (à titre d'exemple : n'autoriser qu'une seule personne par table, alignement des personnes les unes derrière les

1. Le générique masculin est utilisé sans aucune volonté de discrimination.

autres, ne permettre aucun document ou objet autre que la copie de l'examen et le cahier de réponses, exiger le dépôt des manteaux, sacs à dos, baladeurs et casquettes à l'avant de la classe, permettre l'accès à la toilette uniquement si l'étudiant peut être accompagné, etc.).

ABSENCE À UN EXAMEN : UNE SITUATION EXCEPTIONNELLE

L'étudiant qui, pour une raison majeure, ne peut se présenter à un examen doit en prévenir ou faire prévenir l'enseignant ou le secrétariat du Département, par courriel ou par téléphone, le plus tôt possible et, de toute manière, au plus tard dans l'heure qui suit le début de l'examen. De plus, l'étudiant doit remplir un formulaire d'absence à un examen (disponible sur le site Internet du Département ou au secrétariat) et le transmettre, accompagné d'une pièce justificative attestant de l'impossibilité de se présenter à l'examen au moment prévu, à la direction de son programme, au plus tard dans les deux jours ouvrables suivant la date de l'examen. Un report d'examen ne sera accordé par la direction de programme que pour des motifs sérieux (maladie, accident, décès de parents proches, accouchement ou autre empêchement majeur).

En cas d'absence non motivée, l'étudiant se voit attribuer la note « 0 » pour cet examen. Enfin, si un étudiant, pour des motifs sérieux et indépendants de sa volonté, ne peut se présenter à quatre examens ou plus durant la même session, le directeur des programmes pourra appliquer à sa discrétion toute mesure jugée appropriée, notamment celle de considérer que l'étudiant a abandonné sa session, le tout en conformité avec les dispositions du *Règlement des études* et, s'il y a lieu, du *Règlement sur les frais d'admission et d'inscription.*

Les règles énoncées ci-dessus s'appliquent également à la remise des travaux à moins qu'une entente ne soit intervenue entre le professeur et l'étudiant quant au report de la date de remise.

ÉVALUATION DES COURS : UNE RESPONSABILITÉ DE L'ÉTUDIANT

Cet exercice est primordial. Les évaluations de cours, lorsqu'elles sont valides, sont systématiquement prises en compte pour améliorer et maintenir la qualité de l›enseignement et pour assurer que les enseignements répondent adéquatement aux objectifs de formation des cours et du programme (éviter les chevauchements excessifs entre les cours, améliorer les contenus de cours, etc.). Cependant, pour être valide et pour que la direction du département puisse y donner suite, une évaluation doit avoir été complétée par au moins 60 % des étudiants inscrits au cours. En deçà de ce pourcentage, l'évaluation est non valide et ne peut être considérée. Il est donc du devoir de chaque étudiant d'y participer.

ÉTUDIANTS EN SITUATION DE HANDICAP

Les étudiants en situation de handicap qui ont une lettre d'attestation d'accommodations scolaires obtenue auprès d'un conseiller du Centre d'aide aux étudiants doivent rencontrer leur professeur au début de la session afin que leurs mesures d'accommodation en classe ou pour les évaluations puissent être organisées. Ceux qui estiment être admissibles à de telles mesures mais qui n'ont pas cette lettre doivent contacter le Centre d'aide aux étudiants au **656-2880**, le plus tôt possible.

Le Centre d'aide aux étudiants vous recommande fortement de vous prévaloir des services auxquels vous avez droit afin de pouvoir réussir vos études, sans discrimination ni privilège. Pour plus d'information, voir la Procédure de mise en application des mesures d'accommodations scolaires à l'adresse suivante : www.aide.ulaval.ca .

Annexe 2

Québec

Chapitre C-26, r. 81

Code de déontologie des membres de l'Ordre des conseillers en ressources humaines et en relations industrielles agréés du Québec

Code des professions
(chapitre C-26, a. 87)

D. 381-98 ; D. 837-2003, a. 1.

CHAPITRE I
DISPOSITION GÉNÉRALE

1. Le présent code détermine, en application de l'article 87 du Code des professions (chapitre C-26), des devoirs dont doit s'acquitter tout membre de l'Ordre des conseillers en ressources humaines et en relations industrielles agréés du Québec, notamment dans l'exécution d'un mandat confié par un client.

Il détermine, particulièrement, des actes dérogatoires à la dignité de la profession, des dispositions visant à préserver le secret quant aux renseignements de nature confidentielle qui viennent à la connaissance du membre de l'Ordre dans l'exercice de sa profession, des conditions et modalités d'exercice des droits d'accès et de rectification prévus aux articles 60.5 et 60.6 du Code des professions ainsi que des conditions, obligations et prohibitions quant à la publicité que fait un membre de l'Ordre.

D. 381-98, a. 1.

CHAPITRE II
DEVOIRS ENVERS LES CLIENTS, LA PROFESSION ET LE PUBLIC

SECTION I
COMPÉTENCE ET INTÉGRITÉ

2. Le membre doit s'acquitter de ses obligations professionnelles avec compétence et intégrité.

Il doit fournir des services professionnels de qualité.

D. 381-98, a. 2.

3. Le membre doit exercer sa profession en tenant compte des normes de pratique généralement reconnues et en respectant les règles de l'art.

Il doit prendre les moyens pour maintenir à jour ses connaissances.

D. 381-98, a. 3.

4. Le membre doit tenir compte des limites de ses aptitudes, de ses connaissances ainsi que des moyens dont il dispose.

Il doit éviter, notamment :

1° d'entreprendre des travaux pour lesquels il n'est pas suffisamment préparé, sans obtenir l'assistance ou l'information nécessaires ;

2° d'accepter un mandat pour lequel il n'a pas acquis en temps utile la compétence requise ou n'est pas en mesure de l'acquérir.

D. 381-98, a. 4.

5. Outre ce qui est prévu à l'article 54 du Code des professions (chapitre C-26), le membre doit s'abstenir d'exercer sa profession ou de poser certains actes professionnels dans des conditions ou des états susceptibles de compromettre la dignité de la profession ou la qualité des services professionnels qu'il fournit.

D. 381-98, a. 5.

6. Le membre doit, particulièrement dans l'exercice des fonctions qui l'amènent à gérer des ressources humaines, tenir compte :

1° de la valeur relative des résultats des divers outils d'évaluation qu'il utilise dans l'exercice de sa profession ;

2° des mesures d'hygiène et de la sécurité nécessaires dans le milieu de travail où il exerce sa profession ;

3° de la protection de la santé mentale et physique des personnes qu'il a sous son autorité ou sa supervision ;

4° de l'importance des mesures d'accueil et d'initiation des personnes qu'il a sous son autorité ou sa supervision ;

5° de l'importance des cours et des programmes d'avancement, de formation, de perfectionnement ou de promotion des personnes qu'il a sous son autorité ou sa supervision ;

6° de la confidentialité des dossiers des personnes qu'il a sous son autorité ou sa supervision et des informations ou renseignements de nature confidentielle concernant ces personnes et qui viennent à sa connaissance dans l'exercice de sa profession.

D. 381-98, a. 6.

7. Le membre doit protéger l'emploi et l'administration des techniques et des outils qu'il utilise ainsi que l'interprétation des informations qui en découlent contre une utilisation inadéquate de la part d'autrui.

D. 381-98, a. 7.

8. Le membre doit tenir compte de l'ensemble des conséquences prévisibles que peuvent avoir ses recherches et ses travaux sur la société.

D. 381-98, a. 8.

9. Le membre doit favoriser toute mesure susceptible d'améliorer la disponibilité et la qualité des services professionnels que peuvent fournir les membres de l'Ordre et particulièrement des services professionnels dans le domaine où le membre exerce sa profession.

Il doit, notamment, favoriser toute mesure d'éducation ou d'information destinée à informer le public relativement à ces services.

Il doit, de plus, sauf pour des motifs valables, poser les actes qui s'imposent pour que soit assurée la fonction d'éducation et d'information relativement à ces services.

D. 381-98, a. 9.

SECTION II
CONDUITE

10. Le membre doit avoir une conduite irréprochable.

Il doit, notamment, agir avec courtoisie, dignité, modération et objectivité.

D. 381-98, a. 10.

11. Le membre doit adopter une attitude empreinte de respect envers toute commission d'enquête, tout organisme ou tribunal ou envers l'un de ses membres.

Le membre ne doit pas, directement ou indirectement, diffuser ou publier des commentaires ou propos qu'il sait être faux ou qui sont manifestement faux, à l'égard d'une commission d'enquête, d'un organisme ou d'un tribunal ou à l'égard de l'un de ses membres.

Le membre ne doit pas, directement ou indirectement, commenter publiquement, de quelque manière que ce soit, une affaire pendante devant une commission d'enquête, un organisme ou un tribunal et dans laquelle lui-même ou un de ses associés ou employés occupe.

D. 381-98, a. 11.

12. Le membre doit éviter toute attitude ou méthode susceptibles de nuire à la réputation de la profession et à son aptitude à servir l'intérêt public. Il doit éviter d'avoir recours à des pratiques discriminatoires, frauduleuses ou illégales et doit refuser de participer à de telles pratiques.

D. 381-98, a. 12.

13. Le membre ne doit, en aucun cas, se laisser guider par un esprit de cupidité.

D. 381-98, a. 13.

SECTION III
DÉSINTÉRESSEMENT ET INDÉPENDANCE

14. Le membre doit subordonner son intérêt personnel à celui du client.

D. 381-98, a. 14.

15. Le membre doit faire preuve de désintéressement et d'objectivité lorsque des personnes autres que des clients lui demandent des informations.

D. 381-98, a. 15.

16. Le membre peut représenter un client dans une affaire, quelle que soit son opinion personnelle sur la position prise par le client dans cette affaire.

D. 381-98, a. 16.

17. Le membre ne doit généralement agir, dans la même affaire, que pour une partie représentant les mêmes intérêts. Si ses devoirs professionnels exigent qu'il agisse autrement, le membre doit préciser la nature de ses fonctions ou de ses responsabilités et doit tenir toutes les parties intéressées informées qu'il cessera d'agir si la situation devient inconciliable avec son devoir d'indépendance.

D. 381-98, a. 17.

18. Le membre est libre d'accepter ou de refuser un mandat.

Cependant, il ne doit pas accepter un nombre de mandats supérieur à ce que peut exiger de lui l'intérêt des clients ou le respect de ses obligations professionnelles.

D. 381-98, a. 18.

19. Le membre doit sauvegarder en tout temps son indépendance professionnelle. Il doit, notamment :

1° ignorer toute intervention d'un tiers qui pourrait influer sur l'exécution de ses obligations professionnelles au préjudice du client ;

2° éviter d'accomplir une tâche contraire à sa conscience professionnelle ou aux principes régissant l'exercice de sa profession ;

3° éviter toute situation où il serait en conflit d'intérêts.

Sans restreindre la généralité de ce qui est mentionné au paragraphe 3 du premier alinéa, un membre est en conflit d'intérêts lorsque les intérêts en présence sont tels qu'il peut être porté à préférer certains d'entre eux à ceux du client ou que son jugement et sa loyauté envers celui-ci peuvent en être défavorablement affectés.

D. 381-98, a. 19.

20. Le membre appelé à collaborer avec une autre personne, notamment un autre membre de l'Ordre ou un membre d'un autre ordre professionnel, doit préserver son indépendance professionnelle.

D. 381-98, a. 20.

21. Le membre doit s'abstenir de recevoir, en plus de la rémunération à laquelle il a droit, tout avantage ou toute commission ou ristourne relatifs à l'exercice de sa profession. De même, il ne doit pas verser, offrir de verser ou s'engager à verser un tel avantage ou une telle commission ou ristourne.

D. 381-98, a. 21.

SECTION IV
DILIGENCE ET DISPONIBILITÉ

22. Le membre doit faire preuve d'une diligence et d'une disponibilité raisonnables.

D. 381-98, a. 22.

SECTION V
HONORAIRES

23. Le membre ne peut demander que des honoraires justes et raisonnables.

Sont considérés justes et raisonnables, les honoraires qui sont justifiés par les circonstances et proportionnés aux services professionnels rendus.

D. 381-98, a. 23.

24. Pour fixer le montant de ses honoraires, le membre peut tenir compte, notamment, des facteurs suivants :

1° son expérience ;

2° le temps consacré à l'exécution du service professionnel ;

3° la difficulté et l'importance du service professionnel ;

4° la prestation de services professionnels inhabituels ou exigeant une célébrité ou une compétence exceptionnelles ;

5° le degré de responsabilité assumé.

D. 381-98, a. 24.

25. Le membre doit s'abstenir d'exiger d'avance le paiement complet de ses honoraires.

D. 381-98, a. 25.

26. Le membre ne peut percevoir des intérêts sur un compte d'honoraires en souffrance qu'après en avoir préalablement avisé le client. Les intérêts ainsi exigés doivent être d'un taux raisonnable.

D. 381-98, a. 26.

27. Avant de recourir à des procédures judiciaires, le membre doit épuiser les autres moyens dont il dispose pour obtenir le paiement de ses honoraires.

D. 381-98, a. 27.

28. Le membre qui confie à une autre personne la perception de ses honoraires doit, dans la mesure du possible, s'assurer que celle-ci procède avec tact et mesure.

D. 381-98, a. 28.

29. Le membre ne peut partager ses honoraires avec une autre personne que dans la mesure où ce partage correspond à une répartition des responsabilités et des services.

D. 381-98, a. 29.

30. Pour un service professionnel donné, le membre ne doit accepter d'honoraires que d'une seule source, à moins d'entente explicite au contraire entre toutes les parties intéressées. Il ne doit accepter le versement de ces honoraires que du client.

D. 381-98, a. 30.

SECTION VI
RESPONSABILITÉ

31. Le membre doit engager pleinement sa responsabilité civile. Il lui est interdit d'insérer dans un contrat de services professionnels une clause excluant directement ou indirectement, en totalité ou en partie, sa responsabilité civile personnelle.

Il ne peut signer un contrat contenant une telle clause.

D. 381-98, a. 31.

SECTION VII
DEVOIRS ADDITIONNELS LORS DE L'EXÉCUTION D'UN MANDAT

32. Le membre doit s'identifier auprès du client comme étant membre de l'Ordre des conseillers en ressources humaines et en relations industrielles agréés du Québec.

D. 381-98, a. 32.

33. Le membre doit chercher à établir une relation de confiance mutuelle entre lui-même et le client.

À cette fin, il doit notamment:

1° s›abstenir d›exercer sa profession d›une façon impersonnelle;

2° respecter les valeurs et convictions personnelles du client.

D. 381-98, a. 33.

34. Le membre doit s'abstenir d'intervenir dans les affaires personnelles du client sur des sujets qui ne relèvent pas de l'exercice de la profession ou qui sont étrangers aux fins pour lesquelles le client lui a confié un mandat.

D. 381-98, a. 34.

35. Le membre doit reconnaître en tout temps le choix du client de consulter un autre membre de l'Ordre, un membre d'un autre ordre professionnel ou toute autre personne compétente.

D. 381-98, a. 35.

36. Si le bien du client l'exige, le membre doit, avec l'autorisation de ce dernier, consulter un autre membre de l'Ordre, un membre d'un autre ordre professionnel ou toute autre personne compétente ou le diriger vers l'une de ces personnes.

D. 381-98, a. 36.

37. Dès qu'il constate qu'il se trouve dans une situation de conflit d'intérêts, le membre doit en aviser le client et lui demander s'il l'autorise à continuer son mandat.

D. 381-98, a. 37.

38. Le membre doit s'abstenir de donner au client des avis ou des conseils contradictoires. Avant de donner des avis ou des conseils au client, le membre doit chercher à avoir une connaissance complète des faits.

Il doit, dès que possible, informer le client de l'ampleur et des modalités d'exécution du mandat que ce dernier lui a confié et obtenir son consentement à ce sujet.

Si en cours de mandat survient un fait nouveau pouvant en modifier l'ampleur ou les modalités d'exécution, le membre doit, dès que possible, en informer le client et obtenir son consentement.

D. 381-98, a. 38.

39. Le membre doit exposer au client, d'une façon complète et objective, la nature et la portée du problème qui, à son avis, ressort de l'ensemble des faits qui sont portés à sa connaissance par le client.

Il doit, de plus, informer le client des risques inhérents et prévisibles associés à une solution envisagée pour solutionner un problème.

D. 381-98, a. 39.

40. Le membre doit, le cas échéant, faire au client les recommandations pertinentes relativement aux sujets énumérés à l'article 6.

D. 381-98, a. 40.

41. En plus des avis et des conseils, le membre doit fournir au client les explications nécessaires à l'appréciation et à la compréhension des services professionnels qu'il lui fournit.

D. 381-98, a. 41.

42. Le membre doit prévenir le client du coût approximatif et prévisible de ses services professionnels, aussi bien au niveau des déboursés que des honoraires.

Il doit aussi fournir au client toutes les explications nécessaires à la compréhension de son compte d'honoraires et des modalités de paiement.

D. 381-98, a. 42.

43. Le membre doit éviter de poser ou de multiplier les actes professionnels qui ne sont pas justifiés par la nature du mandat que lui a confié le client.

D. 381-98, a. 43.

44. Le membre doit soumettre au client toute offre de règlement qui lui est faite relativement au mandat que lui a confié le client.

D. 381-98, a. 44.

45. Le membre doit, à la demande du client, rendre compte du progrès de l'exécution du mandat qu'il lui a confié.

D. 381-98, a. 45.

46. Le membre doit cesser de fournir ses services professionnels au client si ce dernier révoque le mandat qu'il lui a confié.

D. 381-98, a. 46.

47. Le membre ne doit pas mettre fin unilatéralement à un mandat confié par un client, sauf pour un motif juste et raisonnable.

Constituent notamment des motifs justes et raisonnables :

1° le fait que le membre soit en situation de conflit d'intérêts ou dans un contexte tel que son indépendance professionnelle pourrait être mise en doute ;

2° la perte de la confiance du client ;

3° le fait d'être trompé par le client ou le défaut du client de collaborer ;

4° le fait que le client refuse de payer ses honoraires ;

5° l'incitation, de la part du client, à l'accomplissement d'un acte discriminatoire, frauduleux ou illégal ;

6° l'impossibilité pour le membre de communiquer avec le client ou d'obtenir de lui des éléments qu'il juge nécessaires à la poursuite de l'exécution du mandat.

D. 381-98, a. 47.

48. Le membre qui, pour un motif juste et raisonnable, entend mettre fin unilatéralement à un mandat doit donner au client un avis préalable à cet effet indiquant à quel moment il mettra fin au mandat.

Il doit donner cet avis dans un délai raisonnable et s'assurer, dans la mesure du possible, que le client n'en subira pas de préjudice.

D. 381-98, a. 48.

49. Le membre doit se présenter en personne ou se faire représenter au temps fixé à toute procédure relative à l'exercice de sa profession, à moins d'en être empêché pour des raisons suffisantes et d'avoir, si possible, donné avis préalable de son absence au client et aux autres parties intéressées.

D. 381-98, a. 49.

SECTION VIII
ACTES DÉROGATOIRES À LA DIGNITÉ DE LA PROFESSION

50. Outre ceux visés par l'article 59 du Code des professions (chapitre C-26), celui mentionné à l'article 59.1 de ce code et ce qui peut être déterminé en application du paragraphe 1 du deuxième alinéa de l'article 152 de ce code, les actes suivants sont dérogatoires à la dignité de la profession :

1° le fait pour le membre de communiquer avec la personne qui a demandé la tenue d'une enquête sans la permission écrite et préalable du syndic de l'Ordre, ou du syndic adjoint, lorsqu'il est informé qu'une enquête est faite à son sujet en application de l'article 122 du Code des professions ou lorsqu'il a reçu signification d'une plainte conformément à l'article 132 de ce code;

2° le fait pour le membre de conseiller ou d'encourager quelqu'un à poser un acte discriminatoire, frauduleux ou illégal;

3° le fait pour le membre de refuser de conseiller ou de représenter une personne pour le seul motif qu'elle a demandé, à l'égard d'un autre membre de l'Ordre, la tenue d'une enquête en application de l'article 122 du Code des professions, qu'elle a porté une plainte contre un autre membre de l'Ordre en vertu de l'article 128 de ce code ou qu'elle a une réclamation contre un autre membre de l'Ordre;

4° le fait pour le membre de ne pas signaler au syndic de l'Ordre qu'il a des motifs raisonnables de croire qu'un autre membre de l'Ordre contrevient au Code des professions ou à un règlement pris en application de ce code;

5° le fait pour le membre de produire une déclaration ou un rapport qu'il sait être incomplet, sans indiquer de réserve appropriée, ou qu'il sait être faux;

6° le fait pour le membre de permettre à une personne qui n'est pas inscrite au tableau de l'Ordre de porter un titre ou de s'attribuer des initiales réservés aux membres de l'Ordre ou de laisser croire qu'elle est membre de l'Ordre, ou de ne pas informer le secrétaire de l'Ordre en temps utile lorsqu'il sait qu'une personne qui n'est pas inscrite au tableau de l'Ordre utilise un titre ou s'attribue des initiales réservés aux membres de l'Ordre.

D. 381-98, a. 50.

SECTION IX
DISPOSITIONS VISANT À PRÉSERVER LE SECRET QUANT AUX RENSEIGNEMENTS DE NATURE CONFIDENTIELLE

51. Aux fins de préserver le secret quant aux renseignements de nature confidentielle qui viennent à sa connaissance dans l'exercice de sa profession, le membre doit:

1° s'abstenir de faire usage de tels renseignements au préjudice du client ou en vue d'obtenir, directement ou indirectement, un avantage pour lui-même ou pour autrui;

2° prendre les mesures nécessaires pour que ses collaborateurs et les personnes qu'il a sous son autorité ou sa supervision ne divulguent pas ou ne se servent pas de tels renseignements qui viennent à leur connaissance dans l'exercice de leurs fonctions;

3° éviter de tenir ou de participer à des conversations indiscrètes au sujet d'un client et des services qui lui sont rendus.

D. 381-98, a. 51.

SECTION IX.1
COMMUNICATION D'UN RENSEIGNEMENT VISÉ PAR LE SECRET PROFESSIONNEL EN VUE D'ASSURER LA PROTECTION DES PERSONNES

D. 837-2003, a. 2.

51.1. Le membre qui communique un renseignement protégé par le secret professionnel en vue d'assurer la protection des personnes, en application du troisième alinéa de l'article 60.4 du Code des professions (chapitre C-26), doit:

1° prévenir sans délai la ou les personnes exposées à un danger, leur représentant ou les personnes susceptibles de leur porter secours;

2° consigner par écrit dans le dossier du client les renseignements suivants:

a) les motifs au soutien de la décision de communiquer un renseignement, incluant l'identité et les coordonnées de la personne qui l'a incité à le communiquer;

b) la nature du renseignement communiqué, incluant l'identité et les coordonnées de la personne ou des personnes à qui le renseignement a été communiqué en précisant, selon le cas, qu'il s'agit de la ou des personnes exposées au danger, de leur représentant ou des personnes susceptibles de leur porter secours.

D. 837-2003, a. 2.

SECTION X
CONDITIONS ET MODALITÉS D'EXERCICE DES DROITS D'ACCÈS ET DE RECTIFICATION PRÉVUS AUX ARTICLES 60.5 ET 60.6 DU CODE DES PROFESSIONS ET OBLIGATION POUR LE MEMBRE DE REMETTRE DES DOCUMENTS AU CLIENT

§1. Dispositions générales

52. Le membre peut exiger qu'une demande visée par l'article 54, 57 ou 60 soit faite et le droit exercé à son domicile professionnel, durant ses heures habituelles de travail.

D. 381-98, a. 52.

53. À défaut de répondre dans les 20 jours de la réception d'une demande visée par l'article 54 ou 57, le membre est réputé avoir refusé d'y acquiescer.

D. 381-98, a. 53.

§2. Conditions et modalités d'exercice du droit d'accès prévu à l'article 60.5 du Code des professions

54. Outre les règles particulières prescrites par la loi, le membre doit donner suite, avec diligence et au plus tard dans les 20 jours de sa réception, à toute demande faite par un client dont l'objet est:

1° de prendre connaissance des documents qui le concernent dans tout dossier constitué à son sujet;

2° d'obtenir copie des documents qui le concernent dans tout dossier constitué à son sujet.

D. 381-98, a. 54.

55. Le membre ne peut, à l'égard d'une demande visée par le paragraphe 2 de l'article 54, charger au client que des frais raisonnables n'excédant par le coût d'une reproduction ou d'une transcription de documents ou le coût de transmission d'une copie.

Le membre qui exige de tels frais doit, avant de procéder à la reproduction, à la transcription ou à la transmission, informer le client du montant approximatif qu'il sera appelé à débourser.

D. 381-98, a. 55.

56. Le membre qui, en application du deuxième alinéa de l'article 60.5 du Code des professions (chapitre C-26), refuse au client l'accès à un renseignement contenu dans un dossier constitué à son sujet, doit indiquer au client, par écrit, que la divulgation entraînerait vraisemblablement un préjudice grave pour le client ou pour un tiers.

Il doit, de plus et dans le même écrit :

1° identifier le préjudice grave pour le client ou pour le tiers visé ;

2° identifier le tiers visé.

D. 381-98, a. 56.

§3. Conditions et modalités d'exercice du droit de rectification prévu à l'article 60.6 du Code des professions

57. Outre les règles particulières prescrites par la loi, le membre doit donner suite avec diligence et au plus tard dans les 20 jours de sa réception, à toute demande faite par un client dont l'objet est :

1° de faire corriger, dans un document qui le concerne et qui est inclus dans tout dossier constitué à son sujet, des renseignements inexacts, incomplets ou équivoques en regard des fins pour lesquelles ils sont recueillis ;

2° de faire supprimer tout renseignement périmé ou non justifié par l'objet du dossier constitué à son sujet ;

3° de verser au dossier constitué à son sujet les commentaires qu'il a formulés par écrit.

D. 381-98, a. 57.

58. Le membre qui acquiesce à une demande visée par l'article 57 doit délivrer au client, sans frais, une copie du document ou de la partie du document qui permet au client de constater que les renseignements y ont été corrigés ou supprimés ou, selon le cas, une attestation que les commentaires écrits que le client a formulés ont été versés au dossier.

D. 381-98, a. 58.

59. À la demande écrite du client, le membre doit transmettre copie, sans frais pour le client, des renseignements corrigés ou une attestation que des renseignements ont été supprimés ou, selon le cas, que des commentaires écrits ont été versés au dossier à toute personne de qui le membre a reçu les renseignements ayant fait l'objet de la correction, de la suppression ou de commentaires ainsi qu'à toute personne à qui les renseignements ont été communiqués.

D. 381-98, a. 59.

§4. Obligation pour le membre de remettre des documents au client

60. Le membre doit donner suite, avec diligence, à toute demande écrite faite par un client, dont l'objet est de reprendre possession d'un document que le client lui a confié.

Le membre indique au dossier du client, le cas échéant, les motifs au soutien de la demande du client.

D. 381-98, a. 60.

SECTION XI
CONDITIONS, OBLIGATIONS ET PROHIBITIONS RELATIVES À LA PUBLICITÉ

61. Le membre doit faire figurer son nom et son titre professionnel dans sa publicité.

D. 381-98, a. 61.

62. Le membre ne peut faire, ou permettre que soit faite, par quelque moyen que ce soit, de la publicité fausse, incomplète, trompeuse ou susceptible de l'être.

D. 381-98, a. 62.

63. Le membre qui, dans sa publicité, s'attribue des habiletés ou qualités particulières, notamment quant à l'efficacité ou à l'étendue de ses services et de ceux généralement assurés par les autres membres de sa profession ou quant à son niveau de compétence, doit être en mesure de les justifier.

Le membre qui, dans sa publicité, attribue à un bien ou à un service un avantage particulier ou certaines caractéristiques de rendement, prétend qu'un avantage pécuniaire résultera de l'acquisition ou de l'utilisation d'un bien ou d'un service ou qu'un bien ou un service répond à une norme déterminée doit également être en mesure de les justifier.

D. 381-98, a. 63.

64. Le membre ne peut utiliser ou permettre que soit utilisé, dans sa publicité, un témoignage d'appui ou de reconnaissance qui le concerne, à l'exception des prix d'excellence et autres mérites soulignant une contribution ou une réalisation dont l'honneur a rejailli sur la profession.

D. 381-98, a. 64.

65. Le membre ne peut utiliser de procédés publicitaires susceptibles de dénigrer ou dévaloriser quiconque est en relation avec lui dans l'exercice de sa profession, notamment un autre membre de l'Ordre ou un membre d'un autre ordre professionnel.

D. 381-98, a. 65.

66. Le membre qui annonce des honoraires doit le faire d'une manière compréhensible pour le public et, notamment:

1° maintenir le montant de ces honoraires en vigueur pour la période mentionnée dans la publicité, laquelle période ne doit pas être inférieure à 90 jours à compter de la dernière diffusion ou publication autorisée;

2° préciser les services inclus dans ces honoraires.

Le membre peut toutefois convenir avec le client d'un montant inférieur à celui diffusé ou publié.

D. 381-98, a. 66.

67. Le membre ne peut, de quelque façon que ce soit, accorder, dans sa publicité, plus d'importance à un prix spécial ou à un rabais qu'au service professionnel offert.

D. 381-98, a. 67.

68. Dans le cas d'une publicité relative à un prix spécial ou à un rabais, le membre doit mentionner la durée de la validité de ce prix ou de ce rabais, le cas échéant. Cette durée ne peut être inférieure à 90 jours.

D. 381-98, a. 68.

69. Le membre ne peut, de quelque façon que ce soit, faire ou permettre que soit faite de la publicité destinée à des personnes qui, sur le plan émotif ou physique, peuvent être vulnérables du fait de la surveillance d'un événement spécifique.

D. 381-98, a. 69.

70. Le membre doit conserver une copie intégrale de toute publicité qu'il a faite dans sa forme d'origine pendant une période d'au moins 3 ans suivant la date de la dernière diffusion ou publication autorisée. Cette copie doit être remise au syndic, à sa demande.

D. 381-98, a. 70.

71. Le membre qui utilise le symbole graphique de l'Ordre dans sa publicité, sauf sur une carte professionnelle, doit joindre à sa publicité l'avertissement suivant : « Cette publicité n'est pas faite par l'Ordre des conseillers en ressources humaines et en relations industrielles agréés du Québec et n'engage pas la responsabilité de l'Ordre ».

D. 381-98, a. 71.

SECTION XII
RELATIONS AVEC L'ORDRE ET LES PERSONNES AVEC QUI LE MEMBRE EST EN RELATION DANS L'EXERCICE DE SA PROFESSION

72. Le membre à qui le Conseil d'administration ou le comité exécutif de l'Ordre demande d'être membre du comité d'inspection professionnelle, du conseil de discipline, du comité de révision constitué en vertu de l'article 123.3 du Code des professions (chapitre C-26) ou d'un conseil d'arbitrage de comptes formé en application des dispositions du règlement pris en vertu de l'article 88 de ce code, doit accepter cette fonction, à moins de motifs raisonnables.

D. 381-98, a. 72.

73. Le membre doit répondre dans le plus bref délai à toute correspondance provenant du secrétaire de l'Ordre, du syndic de l'Ordre, s'il y a lieu du syndic adjoint, d'un expert dont s'est adjoint le syndic, ainsi que d'un membre du comité d'inspection professionnelle, d'un enquêteur, d'un expert ou d'un inspecteur de ce comité.

D. 381-98, a. 73.

74. Le membre ne doit pas, à l'égard de quiconque est en relation avec lui dans l'exercice de sa profession, notamment un autre membre de l'Ordre ou un membre d'un autre ordre professionnel, abuser de sa confiance, l'induire volontairement en erreur, surprendre sa bonne foi ou utiliser des procédés déloyaux.

Il ne doit pas s'attribuer le mérite d'un travail qui revient à une autre personne, notamment à un autre membre de l'Ordre.

D. 381-98, a. 74.

SECTION XIII
CONTRIBUTION AU DÉVELOPPEMENT DE LA PROFESSION

75. Le membre doit, dans la mesure de ses possibilités, contribuer au développement de sa profession par l'échange de ses connaissances et de son expérience avec les autres membres de l'Ordre et les étudiants, ainsi que par sa participation aux activités, cours et stages de formation continue organisés pour les membres de l'Ordre.

D. 381-98, a. 75.

SECTION XIV
UTILISATION DU NOM DU MEMBRE DE L'ORDRE DANS LE NOM D'UNE SOCIÉTÉ

76. Le membre ne peut faire figurer son nom dans le nom d'une société que si le nom de la société ne comprend que le nom d'autres membres de l'Ordre qui exercent ensemble.

Le membre ne peut faire figurer son nom dans le nom d'une société comportant l'expression « et associé » ou toute autre expression ayant le même sens que si au moins un autre associé exerce avec lui et que le nom d'au moins un autre associé qui exerce avec lui ne figure pas dans le nom de la société.

Le membre peut faire figurer son nom dans le nom d'une société même si ce nom comporte le nom d'un associé décédé ou retraité.

D. 381-98, a. 76.

77. Le membre qui se retire de la société doit veiller à ce que son nom ne figure plus dans le nom de la société, ni dans quelque document publicitaire de la société au-delà d'un an suivant le retrait, à moins d'une convention écrite au contraire avec les membres dont le nom figure dans le nom de la société.

D. 381-98, a. 77.

SECTION XV
REPRODUCTION DU SYMBOLE GRAPHIQUE DE L'ORDRE

78. Le membre qui, à quelque fin que ce soit, reproduit le symbole graphique de l'Ordre doit s'assurer qu'il est conforme à l'original détenu par le secrétaire de l'Ordre.

D. 381-98, a. 78.

CHAPITRE III
DISPOSITIONS FINALES

79. Le présent règlement remplace le Code de déontologie des conseillers en relations industrielles (R.R.Q., 1981, c. C-26, r. 52).

D. 381-98, a. 79.

80. *(Omis).*

D. 381-98, a. 80.

RÉFÉRENCES D. 381-98, 1998 G.O. 2, 1906 D. 837-2003, 2003 G.O. 2, 3964 L.Q. 2008, c. 11, a. 212

Annexe 3

Déclaration des droits des étudiants et des étudiantes à l'Université Laval

Préparation :	Bureau du secrétaire général
Révision :	Bureau du secrétaire général
Approbation :	Conseil d'administration
Cadre juridique :	Statuts de l'Université Laval, article 153, paragraphe 9 Préambule de l'Application de la Déclaration

UNIVERSITÉ LAVAL

Déclaration des droits des étudiants et des étudiantes

Texte approuvé par le Conseil de l'Université Laval à sa séance ordinaire du 15 août 1989 (U-89-150), modifié le 13 février 1990 (U-90-38) et modifié par le Conseil d'administration à sa séance du 18 décembre 1991 (CA-91-176), à sa séance du 17 février 1993 (CA-93-35), à sa séance du 20 octobre 1993 (CA-93-223), à sa séance du 17 janvier 1996 (CA-96-5), à sa séance du 17 avril 1996 (CA-96-25) et à sa séance du 17 juin 1998 (CA-98-126) et, par concordance, à sa séance du 21 juin 2004 (CA-2004-85).

PRÉAMBULE

Les droits des étudiants et des étudiantes énoncés dans cette Déclaration découlent de la qualité de membres de l'Université reconnue à tous les étudiants et à toutes les étudiantes par la Charte et les statuts de l'Université et font obligation à l'Université de s'assurer que tous les règlements et politiques les concernant respectent ces droits.

Les étudiants et les étudiantes reconnaissent qu'il est du ressort de l'Université de gérer, diriger et administrer ses affaires et exercer les pouvoirs qui lui sont conférés par la Charte et les statuts de l'Université.

La première section a trait à la formation des étudiants et des étudiantes et énonce les droits qui découlent de leur inscription à un programme ou à des cours ainsi que ceux qui président à leur relation avec les personnes chargées de leur fournir l'enseignement et d'encadrer leurs activités de recherche.

La deuxième section qui traite du droit à l'information et la troisième section qui traite du droit à la participation des étudiants et des étudiantes à la vie universitaire énoncent les droits qui président à leur relation avec l'Université dont ils sont membres.

La quatrième section a trait à la protection des étudiants et des étudiantes contre toute conduite abusive et énonce les droits qui président à leur relation avec les autres membres de la communauté universitaire.

1.0 Le droit à une formation universitaire de qualité

Les étudiants et les étudiantes ont droit, tenant compte des ressources humaines et matérielles dont dispose l'Université, à des programmes de formation qui répondent adéquatement aux objectifs généraux des différents cycles d'études, au respect du programme auquel ils sont inscrits ainsi qu'à une évaluation équitable.

Les étudiants et les étudiantes ont droit à un enseignement en français et à des conditions d'apprentissage qui tiennent compte de l'évolution de leur champ d'études et qui se complètent par un encadrement stimulant leur participation.

En conséquence et de façon non limitative :

1.1 les étudiants et les étudiantes ont droit, pour chaque cours auquel ils s'inscrivent, à un plan de cours écrit;

1.2 les étudiants et les étudiantes ont le droit, dès le début du cours, de discuter, dans le respect du contenu et des objectifs établis, des conditions d'encadrement et des modes d'évaluation proposés ainsi que de suggérer des modifications au responsable du cours;

1.3 les étudiants et les étudiantes ont droit à une évaluation commentée de leurs travaux, essais, examens, mémoires et thèses dans des délais raisonnables de même qu'à la consultation de ces documents après correction, dans le respect, le cas échéant, des conditions nécessaires au maintien de la validité des instruments utilisés;

1.4 les étudiants et les étudiantes ont droit à une révision de leurs notes d'évaluation faite conformément au *Règlement des études;*

1.5 les étudiants et les étudiantes ont droit, dans la mesure de leur contribution à ces ouvrages, à la propriété intellectuelle de leurs travaux d'études, essais, mémoires et thèses;

1.6 les étudiants et les étudiantes ont droit à des services auxiliaires de l'enseignement et de la recherche qui soutiennent leur formation et leur permettent de la compléter.

Les droits relatifs à la formation universitaire prennent un sens particulier pour les étudiants et les étudiantes des deuxième et troisième cycles dont la formation s'appuie sur l'apprentissage de la recherche.

En conséquence et de façon non limitative :

1.7 ces étudiants et ces étudiantes ont le droit de connaître de façon précise, en plus des exigences de leur programme de formation, les possibilités d'encadrement offertes et les ressources disponibles à cette fin. Compte tenu de ces ressources, ils ont droit à un accès équitable aux équipements et aux services techniques;

1.8 ces étudiants et ces étudiantes ont droit à un encadrement continu dont les modalités sont établies en concertation avec eux et, en particulier, à une appréciation de l'avancement de leurs travaux d'études dans des délais raisonnables;

1.9 ces étudiants et ces étudiantes ont le droit de choisir, compte tenu des personnes disponibles à cette fin et avec l'accord des instances appropriées, leur directeur ou leur directrice de recherche et, dans une situation où l'avancement de leurs travaux de recherche serait compromis, de modifier ce choix;

1.10 ces étudiants et ces étudiantes partagent, dans la mesure de leur contribution, la propriété intellectuelle des travaux de recherche auxquels ils ont contribué dans le cadre de leur programme de formation ainsi que les droits d'auteur qui pourraient en découler.

2.0 Le droit à l'information

Les étudiants et les étudiantes ont droit à l'information relative aux politiques, aux règlements, aux règles administratives les concernant ainsi qu'à l'information nécessaire à la poursuite de leurs études.

En conséquence et de façon non limitative :

2.1 les étudiants et les étudiantes ont droit à l'information concernant l'offre des cours prévus à leur programme;

2.2 les étudiants et les étudiantes ont le droit d'être informés, dès que possible et par écrit, de toute décision administrative ayant des effets sur la poursuite de leur programme d'études ou de leur projet de recherche;

2.3 les étudiants et les étudiantes ont le droit d'être informés par écrit de toute décision prise à leur égard et affectant leurs droits;

2.4 les étudiants et les étudiantes ont le droit d'être avisés dans un délai raisonnable de toute procédure disciplinaire prise à leur endroit.

3.0 Le droit de participer à la vie universitaire

Les étudiants et les étudiantes ont le droit de participer à la vie universitaire de façon à leur permettre d'assumer la responsabilité qu'ils ont de leur formation et ainsi de contribuer, avec les autres membres de la communauté universitaire, au développement de l'Université.

Les droits de participation reconnus par la présente Déclaration appellent, en réciprocité, l'engagement des associations étudiantes à assurer la présence effective d'étudiants et d'étudiantes aux postes qui leur sont attribués.

En conséquence et de façon non limitative :

3.1 les étudiants et les étudiantes ont le droit de participer à l'élaboration et à l'application de toute politique d'évaluation des programmes d'études et des cours offerts;

3.2 les étudiants et les étudiantes ont le droit de procéder eux-mêmes à l'évaluation des enseignements reçus et ainsi de contribuer à l'évaluation des cours;

3.3 les étudiants et les étudiantes ont le droit d'être représentés par des étudiants et des étudiantes, membres à part entière, au sein des comités, commissions et conseils prévus aux statuts et règlements et dont le mandat traite explicitement de leurs conditions d'études et de vie à l'Université;

3.4 les étudiants et les étudiantes ont le droit de se faire représenter auprès des instances universitaires par des associations étudiantes accréditées. Ils ont aussi le droit de déléguer à ces associations ou à des regroupements de celles-ci leurs droits de nomination à ces instances;

3.5 les étudiants et les étudiantes ont droit à la reconnaissance formelle de leur participation au sein de ces associations et de ces instances;

3.6 les étudiants et les étudiantes ont le droit de participer de façon déterminante à la définition et à l'orientation des programmes offerts par les services aux étudiants ainsi que de procéder à leur évaluation;

3.7 les étudiants et les étudiantes engagés dans la recherche ont le droit de participer à la détermination des conditions générales du développement de la recherche et des politiques de soutien financier les concernant;

3.8 les étudiants et les étudiantes ont le droit, en cas de conflit de travail, d'être entendus par les instances de l'Université dans le cadre des discussions visant à établir les services à maintenir.

4.0 Le droit à un environnement de qualité

Les étudiants et les étudiantes ont droit à un environnement de qualité dans la poursuite de leur formation universitaire.

En conséquence et de façon non limitative :

4.1 les étudiants et les étudiantes ont droit, dans leurs relations avec les membres de la communauté universitaire, à des rapports exempts de harcèlement psychologique et de harcèlement sexuel;

4.2 les étudiants et les étudiantes ont droit, dans leurs relations avec les membres de la communauté universitaire, à des rapports exempts de pressions visant à obtenir des faveurs en retour de services auxquels ils ont droit;

4.3 les étudiants et les étudiantes ont droit à des conditions normales d'hygiène et de sécurité dans la poursuite de leurs activités universitaires.

Application des droits des étudiants et des étudiantes

PRÉAMBULE

Tout membre de la communauté universitaire est tenu, dans ses relations avec les étudiants et les étudiantes, de respecter les droits énoncés dans la Déclaration.

Aux fins de l'application de celle-ci, les étudiants et les étudiantes sont les personnes régulièrement inscrites en cette qualité dans les registres de l'Université. Nonobstant les dispositions suivantes, toute matière concernant le harcèlement sexuel relève exclusivement du *Règlement pour prévenir et contrer le harcèlement à l'Université Laval.*

Le secrétaire général a la responsabilité générale de l'application de la Déclaration. Il fait rapport à ce sujet une fois par année au Conseil universitaire et fait toute recommandation qui soit de nature à favoriser l'application de la Déclaration.

Tout membre de la communauté universitaire exerçant une fonction de gestion pédagogique ou de gestion administrative a la responsabilité de voir à l'application de la Déclaration dans les domaines de sa compétence.

1.0 Introduction de la plainte

1.1 Compte tenu des responsabilités ci-dessus décrites, l'étudiant ou l'étudiante qui, après avoir utilisé les voies habituelles, s'estime lésé d'un droit reconnu dans la Déclaration adresse une plainte écrite au supérieur immédiat de la personne qu'il tient responsable de la violation de ses droits.

1.2 La personne qui reçoit une plainte répond par écrit au plaignant ou à la plaignante au plus tard 10 jours ouvrables après réception de la plainte.

1.3 S'il n'y a pas entente à ce premier niveau, l'étudiant ou l'étudiante s'adresse à l'ombudsman. Celui-ci juge de la recevabilité de la plainte, fait enquête et tente toute médiation qu'il croit utile et ce, dans le cadre de son mandat.

Si l'ombudsman constate l'échec d'une telle médiation ou s'il constate que cette plainte ne relève pas de sa compétence, il recommande au secrétaire général, après en avoir discuté avec le plaignant ou la plaignante, de saisir le comité d'application des droits des étudiants et des étudiantes de la plainte de cet étudiant ou de cette étudiante.

1.4 Lorsque le secrétaire général reçoit une telle recommandation, il l'achemine sans délai au Comité d'application des droits des étudiants et des étudiantes.

2.0 Comité d'application des droits des étudiants et des étudiantes

2.1 Composition du comité

a) Le comité est formé par le secrétaire général, à partir d'une liste de personnes habilitées à y siéger et choisies par le Conseil universitaire sur proposition du recteur pour une durée de deux ans, sauf dans le cas des étudiants.

Cette liste de personnes habilitées comprend :

- un membre diplômé de l'Université Laval qui agit comme président du comité. Ce membre ne doit pas avoir de lien d'emploi avec l'Université Laval;
- quatre membres professeurs choisis parmi les candidats proposés par l'assemblée des professeurs de chacune des facultés;
- six membres étudiants, dont deux étudiants de deuxième ou de troisième cycle nommés par l'Association des étudiantes et des étudiants de Laval inscrits aux études supérieures (ÆLIÉS) et quatre étudiants de premier cycle nommés par la Confédération des associations d'étudiants et d'étudiantes de l'Université Laval (CADEUL), pour une durée d'une année ou pour la durée non écoulée du mandat de leur prédécesseur;
- deux membres du personnel administratif désignés chacun par l'association ou le syndicat auquel il appartient.

b) Le comité est composé de sept personnes :

- le président, deux professeurs, trois étudiants et un membre du personnel administratif choisis à tour de rôle et selon leur disponibilité pour représenter la catégorie à laquelle ils appartiennent.

c) La ou le secrétaire est nommé par le Comité exécutif pour un mandat de trois ans.

d) Une réunion du comité ne peut avoir lieu que si cinq de ses membres y participent, dont obligatoirement le président et un professeur.

2.2 Mandat du comité

- Recevoir, à la demande du secrétaire général, les plaintes qui n'ont pu être traitées de façon satisfaisante par les instances qui en ont été préalablement saisies, entendre les parties, proposer les moyens susceptibles de redresser le ou les torts subis et faire ses recommandations au secrétaire général.
- Faire rapport de ses travaux une fois par année au secrétaire général.
- Interpréter, au besoin, le sens et la portée des droits des étudiants et des étudiantes.

2.3 Audition de la plainte

S'il le juge à propos, le comité peut décréter le huis-clos.

2.3.1 Compte tenu des dispositions de l'article 1.3, lorsque le secrétaire général reçoit la plainte d'un étudiant ou d'une étudiante, il en informe par écrit le président du comité.

2.3.2 L'audition doit avoir lieu au plus tard 15 jours ouvrables après la signification de la plainte au président du comité.

2.3.3 Les dépositions sont enregistrées sur rubans magnétiques ou prises de la manière prescrite par le président du comité. Elles ne sont cependant transcrites que si ce dernier l'ordonne.

2.3.4 Le comité doit permettre aux parties de se faire entendre adéquatement. À cet effet, l'intimé peut comparaître seul ou être assisté par une personne de son choix.

2.3.5 Le comité peut recourir à tous les moyens légaux pour s'instruire des faits allégués dans la plainte; du consentement de toutes les parties, il peut, à sa discrétion, recevoir une preuve recueillie hors de l'audition.

2.3.6 Durant l'enquête, le comité, par son président, peut convoquer tous les témoins ou requérir la production de tous les documents jugés utiles par lui ou par l'une des parties.

Avant de rendre témoignage, chaque témoin doit s'engager sur son honneur à dire toute la vérité.

2.3.7 Le comité se prononce alors sur le bien-fondé ou non de cette plainte.

2.3.8 La décision du comité est prise à la majorité des voix des membres présents et doit être prononcée dans les dix jours ouvrables qui suivent l'audition de la plainte. Elle doit être motivée et signée par le président ou, à défaut, par tout autre membre que le comité désigne. Le président a droit de suffrage; de plus, au cas d'égalité des voix, il a droit à un vote prépondérant.

2.3.9 Si le comité rejette la plainte, le comité fait rapport au secrétaire général du caractère non fondé de la plainte.

2.4 Recommandations du comité

2.4.1 Si le comité juge que la plainte est fondée, il établit les mesures à prendre pour corriger la situation.

2.4.2 Le président doit transmettre sans délai au secrétaire général l'original des recommandations. Par le même document, le président avise le secrétaire général des sanctions que le comité juge devoir être prises et fait toute autre recommandation qu'il croit nécessaire.

2.4.3 Le secrétaire général doit transmettre sans délai aux parties et à l'ombudsman, sous pli recommandé ou, à défaut, par tout autre moyen qu'il juge utile, copie certifiée des recommandations prononcées par le comité.

2.4.4 Le secrétaire général transmet les recommandations du comité au vice-recteur compétent ou à l'instance décisionnelle compétente, selon le cas, pour qu'ils en disposent.

2.4.5 Le secrétaire général est responsable de la conservation de tous les dossiers relatifs aux plaintes déposées en vertu de l'application de la Déclaration des droits des étudiants et des étudiantes.

Renseignements :

Bureau du secrétaire général
Téléphone : 418 656-2732
Télécopieur : 418 656-7394
Courriel : sg@sg.ulaval.ca

OU

Bureau de l'ombudsman
Téléphone : 418 656-3081 ou 1-800-323-2271
Télécopieur : 418 656-3846
Courriel : info@ombudsman.ulaval.ca
www.ombudsman.ulaval.ca

OU

Centre de prévention et d'intervention en matière de harcèlement
Téléphone : 418 656-7632
Télécopieur : 418 656-3846
Courriel : cpimh@cpimh.ulaval.ca
www.harcelement.ulaval.ca

Publié par le Bureau du secrétaire général

Annexe 4

UNIVERSITÉ LAVAL

Bureau l'Ombudsman

HISTORIQUE DE LA FONCTION À L'UNIVERSITÉ LAVAL

En avril 1978, le Comité des amendements des statuts recevait le mandat d'étudier l'opportunité de créer un poste d'ombudsman à l'Université Laval.

En mars 1980, le Comité faisait rapport au Recteur d'alors et, recommandait la création d'un poste de protecteur universitaire.

Le 22 avril 1980, le Conseil de l'Université recevait favorablement ce rapport, acceptait de modifier les statuts de l'Université et, adoptait le *Règlement concernant le protecteur universitaire*. Le premier protecteur universitaire a été nommé le 10 mars 1981. Lors de la réforme du *Règlement concernant l'ombudsman* en 1998, le titre de la fonction a été modifié pour devenir celui d'*ombudsman*.

L'ombudsman est nommé par le Conseil d'administration de l'Université avec l'appui du Conseil universitaire. Il bénéficie dans l'exécution de sa mission d'une complète liberté d'action.

EN POSTE

Maître Nancy Chamberland, notaire, est entrée en fonction le 1er juin 2010 pour un mandat de 5 ans, se terminant le 31 mai 2015. Son mandat est renouvelable une seule fois.

MISSION

Les Statuts de l'Université Laval indiquent en leur titre XXII (article 238) que: « Pour la protection des droits des membres de la communauté universitaire, le Conseil d'administration nomme une personne appelée ombudsman dont les fonctions et la durée du mandat sont déterminées par règlement du Conseil d'administration. Le recteur propose le candidat au Conseil d'administration et au Conseil universitaire. Le Conseil d'administration procède à la nomination si elle reçoit l'appui d'au moins les deux tiers des voix des membres présents du Conseil d'administration et d'au moins les deux tiers des voix des membres présents du Conseil universitaire. » La **mission** est confirmée dans le préambule du *Règlement concernant l'ombudsman* précisant que:

« L'ombudsman s'assure que les membres de la communauté universitaire soient traités avec justice et équité dans le respect des droits fondamentaux. Cette personne a pour fonctions principales de recevoir les plaintes des membres de la communauté universitaire et les demandes d'informations et de conseils, de faire enquête lorsqu'elle le juge nécessaire et de transmettre ses recommandations aux personnes ou aux organismes intéressés. Elle a aussi pour fonction de contribuer à l'amélioration des pratiques universitaires de justice et d'équité, notamment par l'information de la communauté universitaire et par la formulation de propositions de modifications aux politiques et aux règlements. »

VALEURS

Les valeurs qui guident les actions de l'ombudsman à l'Université Laval sont :

- la neutralité,
- l'impartialité,
- l'indépendance,
- la confidentialité et,
- l'écoute respectueuse et empathique.

Annexe 5

Bureau de l'Ombudsman

UNIVERSITÉ LAVAL

Règlement

Texte adopté par la résolution CU-98-93 du Conseil universitaire du 3 mars 1998 et la résolution CA-98-43 du Conseil d'administration du 18 mars 1998, modifié par la résolution CU-99-124 du Conseil universitaire du 7 septembre 1999 et la résolution CA-99-164 du Conseil d'administration du 29 septembre 1999, modifié par la résolution CU-2002-152 du Conseil universitaire du 3 décembre 2002 et la résolution CA-2002-224 du Conseil d'administration du 11 décembre 2002, modifié par la résolution CU-2004-137 du Conseil universitaire du 2 novembre 2004 et la résolution CA-2004-155 du Conseil d'administration du 23 novembre 2004.

Préambule

L'ombudsman s'assure que les membres de la communauté universitaire soient traités avec justice et équité dans le respect des droits fondamentaux. Cette personne a pour fonctions principales de recevoir les plaintes des membres de la communauté universitaire et les demandes d'information et de conseils, de faire enquête lorsqu'elle le juge nécessaire et de transmettre ses recommandations aux personnes ou aux organismes intéressés. Elle a aussi pour fonction de contribuer à l'amélioration des pratiques universitaires de justice et d'équité, notamment par l'information de la communauté universitaire et par la formulation de propositions de modifications aux politiques et règlements.

Art. 1 Avant de proposer au Conseil d'administration et au Conseil universitaire la nomination d'un ombudsman suivant les dispositions de l'article 238 des statuts, le recteur invite, par un avis public, la communauté universitaire à lui suggérer des candidatures de personnes qui possèdent les qualités particulières que requiert cette fonction. Cet avis, diffusé dans les médias appropriés, invite aussi toute personne intéressée, membre ou non de la communauté universitaire, à faire acte de candidature.

Dans le choix de la candidature à proposer au Conseil universitaire et au Conseil d'administration, le recteur est appuyé d'un Comité conseil constitué, sauf exception, de membres du Conseil universitaire ou du Conseil d'administration selon la répartition suivante:

- un doyen ou une doyenne;
- un professeur ou une professeure;
- la titulaire de la Chaire d'étude Claire-Bonenfant sur la condition des femmes, ou une professeure désignée par la Chaire;
- un membre externe;
- un membre du personnel administratif;
- une chargée ou un chargé de cours;
- deux étudiants ou étudiantes de premier cycle et deux de deuxième ou de troisième cycle, dont au moins un ou une de l'étranger.

Lorsqu'il présente sa proposition au Conseil universitaire et au Conseil d'administration, le recteur dépose le rapport du Comité conseil.

Malgré ce qui précède, le Comité conseil peut, après évaluation, recommander au recteur de proposer le renouvellement du mandat de l'ombudsman en place sans appel de candidatures.

À son entrée en fonction, l'ombudsman prête serment en présence du président du Conseil universitaire et du président du Conseil d'administration (voir la Déclaration solennelle en annexe).

Art. 2 La durée du mandat de l'ombudsman est de cinq ans; ce mandat ne peut être renouvelé qu'une seule fois. Nonobstant l'expiration de son mandat, l'ombudsman demeure en fonction jusqu'à sa renomination ou son remplacement.

Art. 3 L'ombudsman peut démissionner en tout temps en donnant un avis écrit au recteur.

Art. 4 Le Conseil d'administration fixe les conditions d'engagement de l'ombudsman, et le Comité exécutif met à sa disposition les ressources nécessaires à l'exécution de ses fonctions.

Art. 5 L'ombudsman doit respecter l'exclusivité de service et éviter tout conflit d'intérêts.

Art. 6 L'ombudsman s'engage à prendre les mesures nécessaires pour sauvegarder la discrétion absolue quant aux renseignements qu'il obtient dans l'exercice de ses fonctions.

Art. 7 L'ombudsman a pour fonctions de recevoir personnellement les plaintes des membres de la communauté universitaire et de faire enquête sur de telles plaintes lorsqu'il a raison de croire que la ou les personnes qui ont déposé une plainte ont été lésées par les mécanismes administratifs ou ont été l'objet d'injustice ou d'atteinte aux droits fondamentaux ou à la dignité de la part d'un membre agissant au nom de l'Université.

Il peut aussi recevoir une plainte des candidats ou candidates au titre d'étudiant ayant soumis une demande d'admission à l'Université.

Art. 8 L'ombudsman doit refuser de se saisir d'une plainte et de faire enquête lorsque le plaignant ou la plaignante dispose d'un droit de grief ou d'appel en vertu d'une convention collective ou d'un protocole de conditions de travail ou lorsque la plainte fait l'objet d'un recours devant une instance judiciaire ou quasi-judiciaire.

Art. 9 L'ombudsman peut refuser de se saisir d'une plainte et de faire enquête lorsqu'il juge que le plaignant ou la plaignante dispose de recours prévus selon les règlements en vigueur ou que la plainte est prématurée ou que le plaignant ou la plaignante n'a pas un intérêt suffisant, que la demande d'enquête est frivole, vexatoire ou faite de mauvaise foi, ou qu'une enquête n'est pas nécessaire eu égard aux circonstances. Lorsqu'il juge que la personne qui a déposé une plainte dispose de recours prévus selon les règlements en vigueur, l'ombudsman l'informe de l'existence de ces recours et de la manière de s'en prévaloir.

Art. 10 L'ombudsman peut refuser de se saisir d'une plainte lorsqu'il s'est écoulé plus d'une (1) année depuis l'acte ou l'omission qui en fait l'objet.

Art. 11 Lorsqu'il le juge nécessaire, l'ombudsman peut faire enquête sur toute question touchant les droits fondamentaux, la justice et l'équité de traitement des membres de la communauté universitaire.

Art. 12 Pour les fins d'une enquête, l'ombudsman peut exiger des organes de direction et du personnel de direction de l'Université, ainsi que de toute personne intéressée, l'accès à tout document ou dossier pertinent. Il peut également interroger toute personne susceptible de lui fournir les renseignements qui lui sont nécessaires.

Art. 13 L'ombudsman doit aviser l'organe de direction (autre que le Conseil d'administration et le Conseil universitaire) ou le personnel de direction intéressé et l'informer de ses recommandations chaque fois qu'au terme d'une enquête il est d'avis que la personne qui a déposé une plainte a été lésée dans les circonstances prévues à l'article 7 parce qu'un organe de direction (autre que le Conseil d'administration et le Conseil universitaire) ou un membre de l'Université:

- a agi de façon déraisonnable, injuste, abusive ou d'une manière qui contrevient aux droits fondamentaux;
- ne s'est pas conformé aux dispositions de la charte, des statuts ou des règlements de l'Université;
- a manqué à son devoir ou a fait preuve d'inconduite ou de négligence;
- dans l'exercice d'un pouvoir discrétionnaire, a agi dans un but injuste en se fondant sur des motifs qui ne sont pas pertinents ou en n'en motivant pas l'exercice lorsqu'il devait le faire.

L'ombudsman peut saisir d'une question les divers niveaux hiérarchiques, jusqu'au Conseil universitaire et au Conseil d'administration, s'il estime que l'on ne donne pas des suites satisfaisantes à ses recommandations.

Art. 14 L'ombudsman informe le plaignant ou la plaignante par écrit de ses recommandations formulées au terme d'une enquête suivant les dispositions de l'article 12 ou, le cas échéant, de sa décision de ne pas intervenir suivant les dispositions des articles 8, 9 et 10.

Art. 15 Aux termes d'une enquête à la suite d'une plainte présentée suivant l'article 7, l'ombudsman peut aussi faire rapport de ses constatations aux personnes intéressées.

Art. 16 L'ombudsman doit, au plus tard le 30 novembre, présenter au Conseil d'administration et au Conseil universitaire un rapport de ses activités pour l'année universitaire précédente ainsi qu'un exposé de ses recommandations. Il peut, en tout temps, faire des rapports spéciaux à ces deux Conseils. Il peut rendre ses rapports publics par tout moyen additionnel qu'il juge approprié.

Art. 17 L'ombudsman peut, dans son rapport annuel ou dans ses rapports spéciaux, suggérer des modifications à la charte, aux statuts et aux règlements de l'Université et formuler des commentaires sur les pratiques en vigueur à l'Université.

ANNEXE

Déclaration solennelle

Je déclare solennellement que je remplirai mes fonctions en toute honnêteté, impartialité et justice et en évitant toute situation de conflit d'intérêts. De plus, je déclare solennellement que je ne révélerai, à moins d'en avoir reçu l'autorisation de la ou des personnes intéressées, aucun renseignement confidentiel que j'aurai obtenu dans l'exercice de mes fonctions.

Décembre 2004
http://www.ulaval.ca/sg/reg/Reglements/protuniv.html

MIXTE
Papier
FSC® C100212

Achevé d'imprimer
sur les presses de l'imprimerie Gauvin,
Gatineau, Québec, Canada